Patrick Theobald

SAP R/3® Kommunikation mit RFC und Visual Basic

Aus dem Programm   **IT-Management und -Anwendungen**

Weitere Titel des Autors:

Profikurs ABAP®
von P. Theobald

Usability Management bei SAP-Projekten
herausgegeben von P. Abele, J. Hurtienne und J. Prümper

Dispositionsparameter in der Produktionsplanung mit SAP®
von J. Dittrich, P. Mertens, M. Hau und A. Hufgard

Controlling mit SAP®
von G. Friedl, C. Hilz und B. Pedell

SAP ERP® – Praxishandbuch Projektmanagement
von H. Gubbles

Investitionsmanagement mit SAP®
von J. Jandt und E. Falk-Kalms

Unternehmensführung mit SAP BI®
von H.-D. Knöll, C. Schulz-Sacharow und M. Zimpel

Produktionscontrolling und -management mit SAP® ERP
von J. Bauer

Grundkurs SAP® ERP
von D. Frick, A. Gadatsch und U. G. Schäffer-Külz

www.viewegteubner.de

Patrick Theobald

SAP R/3® Kommunikation mit RFC und Visual Basic

IDOCs, Funktionsbausteine und BAPI –
Von der librfc32.dll bis zum .NET-Connector

2., verbesserte und erweiterte Auflage

PRAXIS

VIEWEG+
TEUBNER

Bibliografische Information der Deutschen Nationalbibliothek
Die Deutsche Nationalbibliothek verzeichnet diese Publikation in der
Deutschen Nationalbibliografie; detaillierte bibliografische Daten sind im Internet über
<http://dnb.d-nb.de> abrufbar.

Warennamen werden ohne Gewährleistung der freien Verwendbarkeit benutzt.

SAP®, SAP R/3®, SAP R/2®, SAP-GUI®, mySAP.com®, SAP IDES®, ABAP®, ABAP/4®, BAPI® sind eingetragene Warenzeichen der SAP Aktiengesellschaft Systeme, Anwendungen, Produkte in der Datenverarbeitung, Neurottstr. 16, D-69190 Walldorf. Der Autor bedankt sich für die freundliche Genehmigung der SAP Aktiengesellschaft, die genannten Warenzeichen im Rahmen des vorliegenden Titels verwenden zu dürfen. Die SAP AG ist jedoch nicht Herausgeber des vorliegenden Titels oder sonst dafür presserechtlich verantwortlich. Für alle Screen-Shots des vorliegenden Titels gilt der Hinweis: Copyright SAP AG.

Microsoft®, Windows®, Windows NT®, EXCEL® sind eingetragene Warenzeichen der Microsoft Corporation.

Bei der Zusammenstellung der Informationen zu diesem Produkt wurde mit größter Sorgfalt gearbeitet. Trotzdem sind Fehler nicht vollständig auszuschließen. Verlag und Autor können für fehlerhafte Angaben und deren Folgen weder eine juristische Verantwortung noch irgendeine Haftung übernehmen. Für Hinweise und Verbesserungsvorschläge sind Verlag und Autor dankbar.

1. Auflage 2004
2., verbesserte und erweiterte Auflage 2004
Unveränderter Nachdruck 2009

Alle Rechte vorbehalten
© Springer Fachmedien Wiesbaden 2004
Ursprünglich erschienen bei Vieweg+Teubner | GWV Fachverlage GmbH, Wiesbaden 2004
Lektorat: Dr. Reinhald Klockenbusch | Andrea Broßler

www.viewegteubner.de

Das Werk einschließlich aller seiner Teile ist urheberrechtlich geschützt. Jede Verwertung außerhalb der engen Grenzen des Urheberrechtsgesetzes ist ohne Zustimmung des Verlags unzulässig und strafbar. Das gilt insbesondere für Vervielfältigungen, Übersetzungen, Mikroverfilmungen und die Einspeicherung und Verarbeitung in elektronischen Systemen.

Die Wiedergabe von Gebrauchsnamen, Handelsnamen, Warenbezeichnungen usw. in diesem Werk berechtigt auch ohne besondere Kennzeichnung nicht zu der Annahme, dass solche Namen im Sinne der Warenzeichen- und Markenschutz-Gesetzgebung als frei zu betrachten wären und daher von jedermann benutzt werden dürften.

Umschlaggestaltung: KünkelLopka Medienentwicklung, Heidelberg

Gedruckt auf säurefreiem und chlorfrei gebleichtem Papier.

ISBN 978-3-528-15878-1   ISBN 978-3-663-01612-0 (eBook)
DOI 10.1007/978-3-663-01612-0

Vorwort zur zweiten Auflage

Liebe Leser,

seit dem Erscheinen der ersten Auflage im Januar 2004 ist nicht allzu viel Zeit vergangen. Das zeigt, dass das in diesem Buch behandelte Thema von großem Interesse ist. Visual Basic ist nach wie vor eine hervorragende Umgebung für SAP-Schnittstellen, egal, ob in der Version 6.0 oder innerhalb des .NET-Frameworks.

Viele Leser sind meinem Aufruf gefolgt und haben mit Ihren zahlreichen Emails mit Kritik, Lob und Anregungen dafür gesorgt, dass die zweite Auflage dieses Buches noch besser und praxisnaher gestaltet werden konnte. Ich möchte mich an dieser Stelle herzlich für das Engagement bedanken.

Der wesentlichste Punkt, der sich in den letzten zwölf Monaten getan hat, ist die Einführung der neuen Version 2.0 des .NET-Connectors. Im Gegensatz zur ersten Version unterstützt diese den Einsatz von Visual Basic wesentlich besser als ihr Vorgänger. Vielleicht hat auch dieses Buch seinen Beitrag zu dieser Entwicklung geleistet.

Ich freue mich auch in Zukunft über Ihre Emails (Patrick.Theobald@gmx.de) und wünsche Ihnen bei der Realisierung Ihrer Schnittstellen viel Erfolg.

Herzlichst Ihr Patrick Theobald

Stuttgart im Herbst 2004

Vorwort zur ersten Auflage

Liebe Leser,

das vorliegende Buch ist ein sorgfältig erstelltes Destillat der intensiven Erfahrungen der Real-Time-Kommunikation zwischen SAP R/3 und externen Subsystemen, die ich in den letzten Jahren sammeln durfte. Ich habe versucht, die Materie in eine klare und verständliche Form zu packen und so die Möglichkeit zu schaffen, ein wenig den Mythos der großen Blackbox R/3 zu entzaubern.

Die wahrscheinlich teuerste Standardsoftware, die der Markt derzeit zu bieten hat, ist keine Blackbox, die die Ehrfurcht verdient hätte, die zu viele (insbesondere Visual-Basic-) Programmierer ihr entgegen bringen. Dieses Buch räumt auf mit den Vorurteilen, dass Schnittstellen in oder aus einem SAP-System unweigerlich eine Sache von hochspezialisierten (und entsprechend teuer bezahlten) Experten sein muss. Es werden Ihnen Werkzeuge und Methoden an die Hand gegeben, die RFC-Bibliotheken so kennen und nutzen zu lernen, dass entsprechende Schnittstellen den Komplexitätsgrad einer einzulesenden ASCII-Datei kaum übersteigen.

An dieser Stelle Jeden zu erwähnen, der mich auf dem Weg von der ersten, leeren Seite bis zum Druck dieses Buches ganz oder teilweise begleitet hat, würde mit Sicherheit den Rahmen eines Vorwortes sprengen. Aus diesem Grund beschränke ich mich auf meinen Arbeitgeber, die Würth Industrie Service GmbH & Co. KG in Bad Mergentheim, Alex, der tapfer alle meine Launen ertragen hat, und meine Eltern, die die seltene Gabe besitzen, mich zur richtigen Zeit in Ruhe zu lassen.

Bitte besuchen Sie auch meine Homepage

http://www.patrick-theobald.de

Neben den Beispieldateien, die dort heruntergeladen werden können, stehen auch noch etliche andere Ressourcen wie eine umfangreiche Link-Liste zu ergänzenden Web-Sites zur Verfügung.

Per Email erreichen Sie mich unter der Adresse Patrick.Theobald@gmx.de. Für jegliche Art von Feedback und konstruktiver Kritik bin ich dankbar und wünsche Ihnen nun viele erkenntnisreiche Aha-Erlebnisse mit dem vorliegenden Schriftstück.

Herzlichst Ihr Patrick Theobald

Stuttgart im Herbst 2003

Inhaltsverzeichnis

1 Einführung 15

1.1 SAP R/3 – Die Architektur 17
1.2 Anmeldung 18
1.3 Das GUI-Fenster 20
1.4 Funktionsbausteine und ABAP 22
    1.4.1 SE37 – Der Function-Builder 23
    1.4.2 ABAP – ein Rundumblick 30
1.5 Komponenten des RFC-SDK 39

2 RFC-Desktop-Integration und die COM-Architektur 41

2.1 Objekthierarchie 41
2.2 Logon-Prozedere: Das Connection-Objekt 42
    2.2.1 Mit R/3 verbinden 42
    2.2.2 Connection-Objekt im Überblick 46
2.3 Remote-Funktionen aufrufen: Das Function-Objekt 48
    2.3.1 Function-Objekt im Überblick 50
2.4 Tabellen-Handling: Das Table-Objekt 51
    2.4.1 Tabellen exportieren 51
    2.4.2 Tabellen importieren 52
    2.4.3 Das Table-Objekt im Überblick 53
2.5 Strukturen und das Structure-Objekt 54
    2.5.1 Structure-Objekt im Überblick 55
2.6 Praktische Beispiele 55
    2.6.1 Verbindungsstatus testen mit RFC_PING 55
    2.6.2 Dokumentationstext mit RFC_FUNCTION_DOCU_GET 56
    2.6.3 Tabellen direkt lesen mit RFC_READ_TABLE 58

	2.6.4	Outputs eines Reports Ermitteln mit Z_GET_REPORT_RESULT...... 64
2.7		Tracing 68
	2.7.1	Client-seitiges Tracing 68
	2.7.2	Server-seitiges Tracing 69
2.8		OLE-Objekte und ABAP 71
	2.8.1	Beispielobjekt VB-Seite 73
	2.8.2	Beispielobjekt ABAP-Seite 75

3 Batch Input 77

3.1		Einführung Batch Input 77
3.2		Synchroner Batch-Input per RFC_CALL_TRANSACTION 83
	3.2.1	Spezielle Bildschirmelemente 87
	3.2.2	Mehrfachtransaktionen und GUI-Dialoge 89
3.3		Asynchroner Batch Input und die Mappenverwaltung 95
3.4		Zusammenfassung, Ergänzungen und Einschränkungen 101

4 Business-Objekte und das BAPI-OCX 103

4.1		Der Business Object Builder 104
	4.1.1	Standard-Methoden von Business-Objekten 108
4.2		Das BAPI-OCX 110
4.3		Business-Objekte instanziieren 111
4.4		Parameter-Objekte und Methoden 113
4.5		Praxisbeispiel Kundenauftrag mit BAPI SalesOrder 115
4.6		Wertehilfe leicht gemacht: Das BAPI HelpValues 118
4.7		Ranges und die GetList-Methode 120
	4.7.1	Collections über Business-Objekte 124
4.8		Transaktionaler BAPI-Aufruf 125
4.9		BAPI-Control im Überblick 126

5 Der DCOM-Connector 127

5.1 Erste Schritte in der Management Console 128
5.2 RFC-Objekte zusammenstellen und erzeugen 131
5.3 Proxy-Komponenten in VB einbinden 132
5.4 BAPI-Objekte zusammenstellen und erzeugen 135
5.5 tRFC und qRFC 138
    5.5.1 Transaktionaler RFC 138
    5.5.2 Queued RFC 139
5.6 Remote Debugging 140
5.7 Proxy-Objekte im Überblick 141
5.8 Die andere Richtung: COM4ABAP 144
    5.8.1 VB-Server als Klasse 145
    5.8.2 Type-Mapping 147
    5.8.3 COM4ABAP installieren 149
    5.8.4 ABAP: Die Client-Seite 151
5.9 DCOM-Connector Admin-Bibliothek 154
    5.9.1 CCRegistry 156
    5.9.2 CCMonitor 159
    5.9.3 CCCatalog 160
    5.9.4 SAPConDir 162

6 Der .NET-Connector 165

6.1 Proxy-Klassen generieren und ansteuern 166
    6.1.1 Beispiel zur Version 1: einfacher ABAP-Interpreter 167
    6.1.2 Beispiel zur Version 2: Werksbestand abfragen 174
6.2 Die Client-Klassen 178
    6.2.1 Die Destination-Klassen 179
    6.2.2 Die Connection-Klasse 182
    6.2.3 SAPClient als Basis der Proxy-Klassen 183

6.2.4	qRFC-Funktionalität einbinden	190
6.2.5	Asynchrone Methoden	192
6.2.6	Klassen zu Strukturen und Tabellen	194
6.2.7	BAPI-Beispielszenario: Bestellung und Wareneingang	199
6.2.8	SAPClient als Basis selbst-abgeleiteter Klassen	208
6.3	RFC-Server	214
6.3.1	SAPServer als Basis überschreiben	214
6.3.2	Die ABAP-Seite	219
6.3.3	SAPServer im Überblick	223
6.3.4	Mehrfache Server-Instanzen mit SAPServerHosts	225
6.3.5	SAPServerHost im Überblick	226
6.4	Fehlerbehandlung: Die Exception-Klassen	227
6.4.1	Exceptions im Überblick	228
6.5	Idocs empfangen und versenden	229
6.5.1	Exkurs: Streams bändigen	229
6.5.2	Idocs empfangen mit SAPIdocReciever	232
6.6.3	Idocs senden mit SAPIdocSender	237

7 Die librfc32.dll 241

7.1	Client-Anwendungen	241
7.1.1	Logon am SAP-System	242
7.1.2	Exportparameter setzen	244
7.1.3	Tabellenhandling und Hardcore-HEAP-Walking	247
7.1.4	Tabellenfunktionen im Überblick	250
7.1.5	Funktionen aufrufen	254
7.1.6	Rückgabewerte / Import-Parameter auslesen	255
7.1.7	Strukturen	257
7.1.8	Gepackte Zahlen	258
7.1.9	Logoff	262
7.1.10	Beispiel: RFC_READ_TABLE	262
7.1.11	Beispiel: Preisfindung mit BAPI_SALESORDER_SIMULATE	266

7.2		Server-Anwendungen	273
	7.2.1	Funktionen der Listen-Schleife	276
	7.2.2	Funktionen der Rückantwortübermittlung	278
	7.2.3	Beispielserver ReadFile / Visual-Basic-Seite	280
	7.2.4	Beispielserver ReadFile / ABAP-Seite	284
	7.2.5	Die Königsklasse: transaktionaler IDOC-Empfang	286
	7.2.6	Beispiel: Der IDOC-Server	291

A Anhang 297

A.1		RFC-Destinationen pflegen	297
A.2		tRFC-Monitor	299
A.3		qRFC-Monitor	301
A.4		IDOC-Tabellen	302
	A.4.1	Kontrollstruktur EDI_DC40	302
	A.4.2	Datenstruktur EDI_DD40	303
	A.4.3	Satzbeschreibung zu dem EDI_DD40-Anwendungsdatenblock	304
A 5		SAP-Hinweise	305
A.6		Senden von Test-Idocs	306
A.7		Web-Ressourcen	308
A.8		Liste gängiger Transaktionen	309
A.9		Datentypen	311
A.10		Frequently Asked Questions	312

1 Einführung

Als sich 1972 im Badischen Walldorf fünf ehemalige IBM-Mitarbeiter aufmachten, die Welt der betriebswirtschaftlichen Anwendungssoftware durch Standardisierung und Vereinheitlichung in ihren Grundfesten zu erschüttern, war jedem der Beteiligten klar, dass es sich hierbei um eine revolutionäre Idee handelte. Trotzdem hätte wohl keiner zu träumen gewagt, dass heute – über 30 Jahre später – die drei klingenden Buchstaben und R/3 (die Nachfolge des damaligen R bzw. R/1) als Synonym für die größte Macht auf dem Markt für Firmen-Software stehen.

SAP-Standard und Erweiterung

R/3 als offenes System bietet aber trotz eines Höchstmaßes an Flexibilität genügend Raum für andere Software-Module, deren Funktionalität nicht durch den SAP-eigenen Standard abgedeckt werden kann oder soll. Gegenstand dieses Buches soll die Kommunikation zwischen externen Anwendungen, die in Visual Basic entwickelt wurden (bzw. mit VBA, wie es in MS Access oder anderen Office-Produkten vorliegt) und überlagerten SAP R/3-Systemen sein.

RFC

Prädestiniert für diesen Zweck ist die Kommunikation via Remote Function Call – RFC. Einer der entscheidenden Vorteile, die sich daraus ergeben, ist die Echtzeitverarbeitung. Während beispielsweise der Austausch von Dateien zum einen nur asynchron erfolgen kann, zum anderen kein direktes Feedback der Zielanwendung zur Verfügung stellt, steht RFC für schnelle Verarbeitung und Prozesssicherheit.

Dieses Buch soll speziell für Visual-Basic-Programmierer alle nötigen Werkzeuge und Techniken aufzeigen, RFC-Schnittstellen von und nach SAP zu entwickeln. Dazu wird im ersten Kapitel ein grober Einstieg in die wichtigsten Gegebenheiten eines R/3-Systems eingegangen. Hierzu zählen zum einen die Architektur des Systems und zum anderen das wichtigste Entwicklungswerkzeug: der Function Builder. Das zweite Kapitel stellt die Architektur der RFC-Desktop Integration vor, also die von der RFC-Bibliothek zur Verfügung gestellten COM-Objekte, die ureigenste Funktionen der RFC-Dll auf komfortable Weise kapseln. Ein weiterer Abschnitt gehört der Batch-Input-Technik, einem Verfahren, das es erlaubt, komplett ohne Wissen über die internen Abläufe

1 Einführung

von R/3, Anwendertransaktionen fernzusteuern. Lediglich ein 'Bedienen-Können' des SAP-Programms ist Voraussetzung. Wir werden uns den so genannten BAPIs (Business Application Interface) zuwenden, mit denen die Objektorientierung in betriebswirtschaftliche Abläufe ihren Einzug hält. Mit den entsprechenden Werkzeugen lassen sich solche Business-Objekte per RFC zu Gesamtprozessen zusammenfügen. Der DCOM und der .NET-Connector erlauben es, Proxy-Objekte in nicht-VB-Programmiersprachen zu erstellen, um sie dann in Visual Basic einzubinden. Zu guter Letzt wollen wir uns in die Niederungen der reinen API herablassen.

Lernen mit Beispielen

Alles in Allem soll dieses Buch so nah wie irgend möglich an der konkreten praktischen Umsetzung bleiben. Eine Vielzahl von praxis-tauglichen Beispielen soll ermöglichen, die entsprechenden Techniken effizient zu erlernen und zu verstehen. Es soll kein Buch sein, das von vorne bis hinten durchgearbeitet werden muss, sondern es soll Fragen beantworten, die die konkrete Umsetzung stellt.

Alle Beispiele können von der Homepage des Autors

http://www.Patrick-Theobald.de

heruntergeladen werden.

Systemzugriff

Praktischerweise sollten Sie Zugriff auf ein SAP-System haben, um den Beispielcode ausprobieren zu können. Leider hängt es auch immer von den äußeren Umständen ab, ob die Beispiele auch tatsächlich so funktionieren wie sie sollen. Oftmals wird der SAP-Standard von ABAP-Entwicklern abgeändert, um Funktionen an die Bedürfnisse der jeweiligen Firma anzupassen. In diesen Fällen kann es vorkommen, dass Standard-Komponenten nicht mehr so funktionieren, wie in diesem Buch beschrieben.

IDES und MiniSAP

Zum Experimentieren ist ein IDES-System ideal. Dabei handelt es sich um eine R/3-Installation, die zu Trainingszwecken von SAP seinen Kunden bereitgestellt wird und schon etliche Testdaten und Einstellungen enthält. Falls Sie gar keine Gelegenheit haben, auf ein System zuzugreifen, bleibt immer noch die Möglichkeit einer MiniSAP-Installation. Dabei handelt es sich um eine R/3-Installation, die keine betriebwirtschaftlichen Module enthält, dafür aber eine komplette Entwicklungsumgebung. Sie sollte auf jedem modernen Windows-PC laufen und kann für € 25 im

Knowledge-Shop auf der SAP-Homepage (www.sap.com) erstanden werden.

Hinweise zur Syntax

Folgende Konventionen werden innerhalb des vorliegenden Textes verwendet:

```
Bei dieser Schrift handelt es sich um Quellcode (entweder um ganze Prozeduren oder um Ausschnitte, deren Sinn aus dem umliegenden Text hervorgeht).
```

> Beispiel: Die grau hinterlegten Kästen enthalten Verweise auf Beispieldateien.

Zusatzinfo:

Diese Kästen enthalten Zusatzinformationen. In der Regel erklären sie bestimmte, neue Begriffe, die im Zusammenhang mit dem unmittelbar vorangegangenen Absatz stehen.

1.1 SAP R/3 – Die Architektur

Abb. 1.1 erläutert die grobe Architektur eines SAP-Systems. Wir haben es hier mit einem dreischichtigen System zu tun, bei dem jeder Schicht eine definierte Aufgabe zukommt.

Die eigentliche Intelligenz dieses Konstrukts liegt in der mittleren Schicht, der Schicht einer oder mehrerer Applikationen-Server. Hier findet die Verarbeitung der durch die Präsentationsschicht verwalteten In- und Outputs statt. Dieser kann entweder durch Benutzereingaben erfolgen oder – wie es Inhalt dieses Buches ist – durch ein externes Subsystems, welches z.B. per RFC mit den Applikationen-Servern kommuninizert.

Die Datenhaltung findet (bis auf ein paar exotische Ausnahmen, die hier nicht diskutiert werden sollen) in der Schicht der Datenbank statt. Es werden verschiedenste Datenbanken wie der Microsoft SQL-Server, Oracle oder die SAP-eigene Open-Source Datenbank SAPDB unterstützt.

1 Einführung

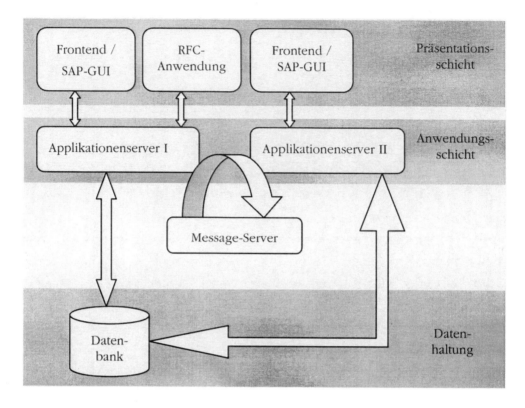

Abb. 1.1: System-Architektur

Der Message-Server (wie in der Grafik zu sehen) nimmt eine untergeordnete Sonderstellung ein. In seinem Verantwortungsbereich liegt die Lastenverteilung der Benutzeranmeldungen auf mehr als einen Applikationenserver. Er ist insbesondere für das Verständnis des Logon-Prozederes per Load Balancing wichtig.

1.2 Anmeldung

Das Anmelden an einem SAP-System erfolgt über das Logon-Pad (Abb. 1.2). Hier sind alle verfügbaren Systeme hinterlegt.

Ein Doppelklick auf das anzumeldende System öffnet das GUI-Fenster und präsentiert den Logon-Screen (Abb. 1.3). Hier ist neben den Benutzerangaben wie Name, Passwort und der gewünschten Sprache auch der Mandant (Client) anzugeben. Unter dem Mandanten versteht man die höchste Organisationseinheit, unter der die Daten abgelegt werden, aus diesem Grund muss er auch schon vor dem Anmeldevorgang vorgegeben werden. Sämtliche Anwendungstabellen haben immer den Mandanten als erste Spalte im Primärschlüssel. Lediglich manche Customizing-

Einstellungen werden mandantenübergreifend definiert und gelten dann automatisch für alle Mandanten.

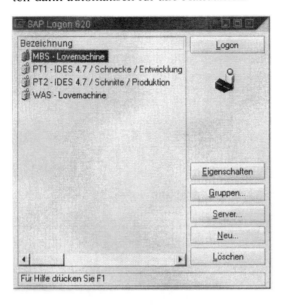

Abb. 1.2 © SAP AG: Das Logon-Pad

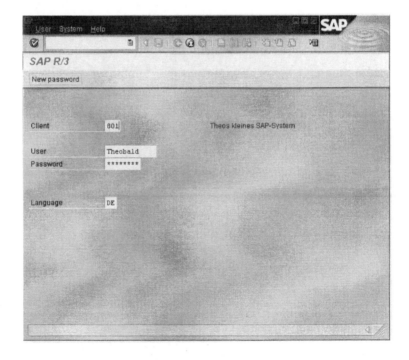

Abb. 1.3 © SAP AG: Das Anmeldefenster

1 Einführung

1.3 Das GUI-Fenster

Nach erfolgreicher Anmeldung öffnet sich die *Easy-Access*-Transaktion, wenn in den Benutzereinstellungen nicht explizit eine andere Einstiegstransaktion hinterlegt ist. Werfen wir einen Blick auf das GUI-Fenster. Neben den Standard-Elementen, die im Folgenden beschrieben sind, können einzelne Anwendungen die Oberfläche ergänzen, indem Sie die Menu-Leiste erweitern oder zusätzliche Buttons in die Funktionsleiste hinzufügen.

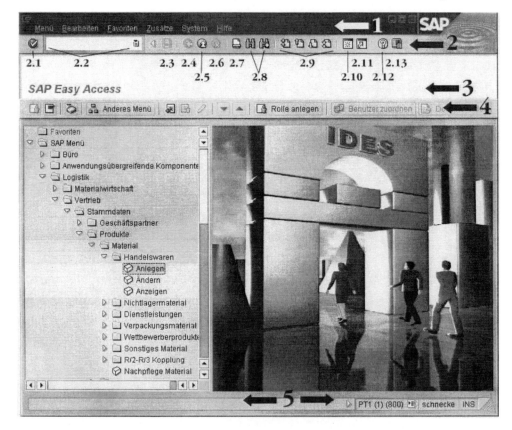

Abb. 1.4 © SAP AG: *Easy-Access*-Einstiegstransaktion

- 1 Menü-Leiste
  Die beiden Menü-Punkte *System* und *Hilfe* sind immer vorhanden. Andere Menü-Einträge werden von der jeweiligen Anwendung ergänzt.

- 2 System-Funktionsleiste
  Hinter diesen Buttons verbergen sich System-Funktionen.

1.3 Das GUI-Fenster

Die jeweilige Anwendung kann diese nur deaktivieren, vorhanden sind sie aber immer:

- 2.1 entspricht der Enter-Taste. Die aktuelle Eingabe wird verarbeitet.
- 2.2 Feld zur Eingabe von Befehlen oder Transaktions-Codes. (z.B. /n -> aus der aktuellen Transaktion herausspringen, ohne zu speichern. /nSE37 -> herausspringen und in die Transaktion SE37 hineinspringen)
- 2.3 Speichern
- 2.4 springt in der aktuellen Anwendung um ein Bild zurück.
- 2.5 springt aus der aktuellen Anwendung heraus. Falls dieses von einem anderen Programm aufgerufen wurde, wird in das aufrufende Programm zurückgesprungen.
- 2.6 aktuelle Aktion abbrechen
- 2.7 Drucken
- 2.8 Suchen bzw. Weitersuchen
- 2.9 an den Anfang, eine Seite zurück, eine Seite nach vorne, an das Ende springen.
- 2.10 öffnet einen neuen Modus (sprich ein neues SAP-Fenster)
- 2.11 erstellt eine Verknüpfung auf dem Desktop, die den SAP-GUI startet und direkt an die Stelle springt, an der sich der Benutzer im Moment befindet.
- 2.12 allgemeine Hilfe zur jeweiligen Anwendung
- 2.13 öffnet ein Konfigurationsfenster zum Einstellen der Anzeige-Optionen.

- 3 Titelleiste
Hier wird der Titel der jeweiligen Anwendung eingeblendet.
- 4 Anwendungsfunktionsleiste
Hier kann jede Anwendung ihre eigenen Buttons hinterlegen.
- 5 Statusleiste
Die Statusleiste gibt Programmmeldungen aus und bietet im rechten Teil einige Informationen zur aktuellen Anmeldung, z.B. das dreistellige Systemkürzel, der Mandant und der

Applikationenserver, auf dem der Benutzer im Moment angemeldet ist.

1.4 Funktionsbausteine und ABAP

In SAP R/3 werden Anwendung, Programmentwicklungsumgebung und Datenbank-Management in einer einzigen großen Applikation miteinander vereint. Es sind keine weiteren Tools oder Zusatzprogramme nötig (wie wir das von der traditionellen Softwareentwicklung her kennen), um jegliche betriebswirtschaftliche Prozesse abbilden zu können. Und das ist ja auch letztendlich erklärtes Ziel dieser Anwendung. Neben den Standard-Modulen (z.B. Materialwirtschaft, Produktionssteuerung usw.), die vom Kunden bei SAP zum Basis-System zugekauft werden können, ist es möglich, auch (kunden-)eigene Entwicklungen durchzuführen oder den SAP-Standard abzuändern und den eigenen Bedürfnissen und Prozessen anzupassen (letzteres nennt man Modifizieren). Unabhängig davon, wer letztendlich die jeweilige Anwendung erstellt hat (Kunde oder SAP selbst), liegt der zugehörige Quellcode immer in der R/3-eigenen Programmiersprache ABAP/4 vor.

Entwicklungswerkzeuge

Das SAP-System bietet eine Vielzahl von Werkzeugen, die einzelnen Programmkomponenten (Module, Oberflächen sog. Dynpros, Transaktionen usw.) zu verwalten. Eines dieser Werkzeuge ist der Function Builder. Hiermit werden Funktionsbausteine verwaltet, die unter anderem bei der RFC-Entwicklung eine große Rolle spielen. Aus diesem Grund werden wir auf dieses Werkzeug intensiver eingehen. Ein Funktionsbaustein ist für sich alleine nicht lauffähig bzw. vom Anwender aufrufbar und repräsentiert – wie der Name schon vermuten lässt – eine einzelne Funktion, die systemweit von beliebig vielen Programmen, anderen Funktionsbausteinen oder eben von einem externen (Sub-)System per RFC aufgerufen werden kann. Ein schönes Beispiel wäre ein Baustein zum Abfragen einer Materialbezeichnung bei Übergabe der Materialnummer. Jedes Programm (egal ob im Bereich Einkauf, Logistik oder sonst wo) wird immer dieselbe, gekapselte Funktion benutzen.

1.4 Funktionsbausteine und ABAP

Zusatzinfo Namensräume:

In der Benennung von Programmobjekten (hierunter fallen z.B. auch Funktionsbausteine) gibt es innerhalb von SAP-Systemen Restriktionen. In der Regel müssen alle selbsterstellten Objekte mit einem Z beginnen. An diesem Z kann man dann sofort erkennen, ob es sich um eine Eigenentwicklung handelt, oder um ein Programmobjekt, das aus dem SAP-Standard kommt.

Nachfolgendes Teilkapitel soll einen kurzen Einstieg in die Bedienung des *Function-Builder*-Werkzeugs vermitteln. Im Anschluss daran werden wir uns die Programmiersprache ABAP etwas näher anschauen

1.4.1 SE37 – Der Function-Builder

Der Function Builder (Transaktion SE37) bildet die zentrale Einheit der ABAP-Workbench, wenn es um das Verwalten von Funktionsbausteinen geht. Unter Angabe des Namens des Bausteins ist ein Einstieg in den Änderungs- oder Anzeigemodus möglich, sowie ein Aufruf der Testumgebung über den entsprechenden Menüpunkt.

Testumgebung Diese Testumgebung kann ein sehr hilfreiches Werkzeug sein, um sich mit unbekannten Funktionsbausteinen bekannt zu machen. Einen Baustein von außen anzusteuern, ist erfahrungsgemäß fehlerbehaftet und die Fehlersuche aufwendig. Es ist deshalb sinnvoll, sich zunächst einen Satz Testdaten in der Testumgebung anzulegen, von denen man ausgehen kann, dass sie keine Fehler innerhalb des Bausteins erzeugen. So ist ein möglicher Fehler im aufrufenden Programm dahingehend eingekreist, dass er nicht von fehlerhaften Input-Daten herrührt.

Sehen wir uns das Innenleben des Standard-Bausteins RFC_READ_TABLE an, und klicken, nachdem wir den Namen im Einstiegsbild eingegeben haben, auf den *Anzeige*-Button (Abb. 1.5).

1 Einführung

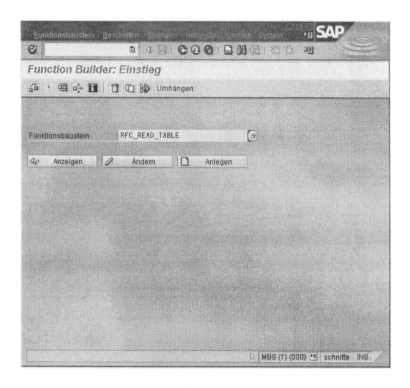

Abb. 1.5 © SAP AG: Einstiegsbild zum Function Builder

Funktionsgruppen Wir erkennen als erstes die Zugehörigkeit zu einer so genannten Funktionsgruppe (in diesem Fall SDTX, vgl. Abb. 1.6). Funktionsbausteine werden zu diesen Gruppen zusammengefasst, zum einen um eine organisatorische Einheit zu bilden (z.B. könnte man alle FBs des Bereichs Einkauf zu einer Bausteingruppe Z_ME zusammenfassen) und zum anderen, weil sich FBs einer Gruppe ein gemeinsames Rahmenprogramm teilen, das beispielsweise die Variablendeklaration und gemeinsam genutzte Unter-Routinen (so genannte Forms) enthalten kann.

Rechts unten im Eigenschafts-Bild erkennen wir den Freigabe-Modus. Im gezeigten Beispiel ist der Baustein als *Nicht freigegeben* markiert. Der Verfasser des Bausteins (in dem Fall SAP selbst) will uns damit sagen, dass bei eventuellen Release-Wechseln keine Rückwärtskompatibilität gewährleistet wird.

1.4 Funktionsbausteine und ABAP

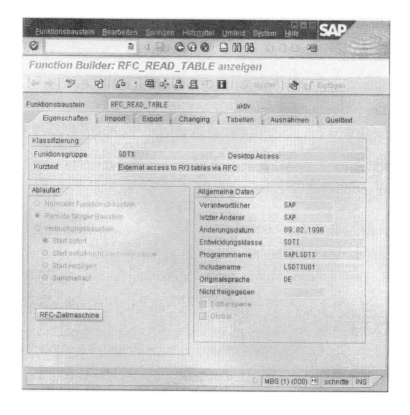

Abb. 1.6 © SAP AG: 1. Reiter; Eigenschaften

Desweiteren wird unter diesen Attributen die Ablaufart definiert. Hierunter versteht man die Art und Weise der Verarbeitung innerhalb der Laufzeitumgebung. Wichtig für uns ist, dass der Baustein das Attribut der RFC-fähigkeit aufweist, da uns sonst das System den Aufruf von außen verweigern wird.

Der Reiter *Import* (Abb. 1.7) bringt uns zu den Import-Parametern. Neben den Namen der einzelnen Parameter ist hier auch der Bezugstyp angegeben. Er muss ein globaler Typ aus dem Data Dictionary sein. Im Fall von optionalen Parametern (Häkchen bei *Optional*) ist ein Vorschlagswert eingetragen, der für den jeweiligen Parameter gilt, falls keine explizite Übergabe des Wertes an den Baustein stattfindet.

1   Einführung

Abb. 1.7 © SAP AG: Reiter 2; Import

Zusatzinfo Data Dictionary und die Pflege von Datenbankobjekten:

Das Data Dictonary (Einsteig über die Transaktion SE11) ist das zentrale Werkzeug zur Administration von Datenbankobjekten, hierzu gehören neben so genannten transparenten Tabellen (also Tabellen, so wie wir sie aus der relationalen Datenbankentwicklung kennen) auch Views (Sichten, die in der Regel eine Verknüpfung mehrerer transparenter Tabellen verkörpern) und Strukturen. Unter Strukturen versteht man global bekannte, strukturierte Datentypen. Sie werden analog zu einer transparenten Tabelle definiert, enthalten aber keine Daten.

Analog zu den Import-Parametern werden die Export- und die Changing-Parameter definiert. Changing-Parameter, die explizit eine Wertübergabe in beide Richtungen erlauben (*ByRef* heißt das entsprechende Visual-Basic-Pendant), können nur bei Aufrufen aus ABAP-Programmen heraus genutzt werden. Sie werden

1.4 Funktionsbausteine und ABAP

bei der RFC-Programmierung nicht unterstützt und tauchen auch im weiteren Verlauf dieses Buches nicht mehr auf.

Abb. 1.8 © SAP AG: Der Reiter Tabellen

Tabellen

Abb. 1.8 zeigt den Reiter zur Definition von Übergabetabellen. Auch hier werden die Tabellen über Bezugstypen definiert, die global im Data Dictionary hinterlegt sind (z.B. als transparente Tabelle oder als globale Struktur). Wenn Sie sich die Beschaffenheit der Tabelle ansehen möchten, können Sie dies direkt über einen Doppelklick auf den Namen des Bezugstyps tun, und springen so ins Data Dictionary (Transaktion SE11) ab, wie wir das jetzt mit dem Typ TAB512 machen wollen (Abb. 1.9).

Man erkennt unschwer, dass es sich hier um eine überschaubare Struktur von nur einer Datenspalte handelt, die 512 Bytes lang ist. Jede Datenspalte besteht aus einem Komponententyp, der viele seiner Merkmale aus einer so genannten Domäne erhält. Statt Komponententyp liest man oft den Begriff Datenelement. Die beiden Begriffe sind äquivalent.

1 Einführung

Die dreischichtige Hierarchie-Ebene Tabelle -> Datenelement -> Domäne kann jeweils durch Doppelklick auf das entsprechende Element oder durch F3 (bzw. den grünen *Zurück*-Button) nach hinten bzw. vorne durchschritten werden. Abb. 1.8 zeigt nur die vorderste Ebene der Tabellenhierarchie.

Abb. 1.9 © SAP AG: Absprung ins Data Dictionary

Kehren wir in den Function-Builder zurück (grüner Pfeil bzw. F3) und sehen uns den vorletzten Reiter Ausnahmen an.

Excpetions - Ausnahmen

Die hier aufgeführten Ausnahmen lassen sich von aufrufenden Programmen (egal ob aus einem ABAP- oder einem externen RFC-Programm) abfangen und auswerten, wenn innerhalb des Bausteins ein auffangbarer Fehler auftritt (Inkonsistenzen in den übergebenen Variablen oder ähnliches). Eine entsprechende, kurze Erklärung sollte immer eingetragen werden bzw. vorhanden sein.

1.4 Funktionsbausteine und ABAP

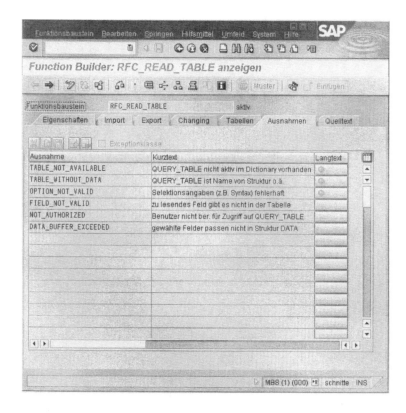

Abb. 1.10 © SAP AG: Der Reiter Ausnahmen

Quelltext

Der Reiter Quelltext bringt uns zu guter Letzt in das Herzstück des Bausteins, in dem der eigentliche ABAP-Code, der die Funktionalität abbildet, abgelegt ist.

Alle Parameter (Tabellen, skalare Parameter und Strukturen) sind dort nocheinmal auskommentiert aufgelistet. Über die Menü-Leiste können wir mit *Springen -> Rahmenprogramm* in das übergeordnete Rahmenprogramm abspringen. Dort befinden sich Verweise auf Includes, in denen Variablen-Deklarationen und Unterroutinen abgelegt sein können, die vom eigentlichen Quellcode aus aufgerufen werden.

Der Button *Dokumentation* bzw. Menü *Springen -> Dokumentation* zeigt die hinterlegte Dokumentation zum Baustein an. Sie kann neben den Kommentaren, die im Quelltext hinterlegt sind, eine große Hilfe beim Auffinden von Fehlern sein.

1 Einführung

Abb. 1.11 © SAP AG: Der Quelltext des Funktionsbausteins

1.4.2 ABAP – ein Rundumblick

Dieses Teilkapitel wird Ihnen mit Sicherheit keinen ABAP-Kurs ersetzen können, sondern es soll Ihnen einen kurzen Rundumblick verschaffen, wie sich ABAP schreibt und fühlt. Im vorigen Kapitel haben wir bereits einen scheuen Blick auf einen kleinen Teil der SAP-Entwicklungsumgebung geworfen, dem Design von Funktionsbausteinen. Jetzt wollen wir in die Anwendungsentwicklung einsteigen.

1.4.2.1 Reporting

Innerhalb der ABAP/4-Programmierung gibt es mehrere Möglichkeiten, eine Anwendung zu strukturieren. Die einfachste Methode ist das so genannte Reporting. Es entstand historisch – wie der Name schon sagt - mit dem Ziel, Auswertungen (Reports) zu erstellen, und so ist der Quellcode intern auch entsprechend organisiert. Eine Report-Anwendung startet immer mit dem *Selection Screen*, in dem der Anwender den Input (wie z.B. ein Datum, auf das sich der Verarbeitungsblock beziehen soll) eingibt. Nach der Freigabe durch den Anwender erfolgt die Verarbeitung (in der Regel mit Zugriffen auf die Datenbank) und der Output in Form einer Liste. Ein einfacher Report, der aufgrund vorgegebener Parameter in der Kundentabelle KNA1 nach Einträgen sucht, könnte wie folgt aussehen. Jeder Report beginnt mit dem Schlüsselwort REPORT.

```
REPORT  ZKUNDENLESEN.

* Deklarationsteil
TABLES KNA1.

DATA IS_KNA1 LIKE KNA1.

* Selection-Screen -> Benutzerinput abfragen
SELECT-OPTIONS PKUNNR FOR KNA1-KUNNR.

SELECT-OPTIONS PNAME1 FOR KNA1-NAME1.

* Ereignisblock der Verarbeitung nach Datenfreigabe
START-OF-SELECTION.

* Schleife über alle Zeilen der DB-Tabelle,
* die den Benutzervorgaben entsprechen
SELECT * INTO IS_KNA1 FROM KNA1
    WHERE KUNNR IN PKUNNR
    AND NAME1 IN PNAME1.

* Ausgabe jeder einzelnen Zeile
    WRITE: / IS_KNA1-KUNNR, IS_KNA1-NAME1,
    IS_KNA1-NAME2.

ENDSELECT.
```

Dieses kurze Programm enthält bereits sehr viele der gängigen ABAP-Sprachelemente. Im Deklarationsteil wird die Datenbanktabelle KNA1 deklariert und somit der Laufzeitumgebung für die weitere Verwendung bekannt gegeben. Danach deklarieren wir noch mit der DATA-Anweisung einen strukturierten Datentyp namens IS_KNA1 (das Kürzel IS steht für Interne Struktur). Hier

1 Einführung

zeigt sich schon eine der großen Vorteile der ABAP-Programmierung. KNA1 als transparente Datenbank-Tabelle bringt schon von sich aus eine gewisse Struktur mit (sie besteht ja schließlich aus verschiedenen Spalten wie der Kundennummer, dem Name usw.). Diese komplette Struktur vererben wir mit nur einer einzigen Anweisung in eine Arbeitsvariable, die alle Eigenschaften einer einzelnen Datenbankzeile aufweist.

Select-options

Im nächsten Schritt nutzen wir die so genannten *select-options*, um die Benutzereingaben abzufragen und so den schon oben erwähnten *Selection Screen* zu gestalten. Auch diese Felder haben durch die Angabe FOR KNA1-KUNNR schon das entsprechende Format, das wir erwarten. So kann der Benutzer an dieser Stelle beispielsweise nur Ziffern eingeben, da es sich um eine Kundennummer handelt, dem Schlüsselfeld der Tabelle KNA1.

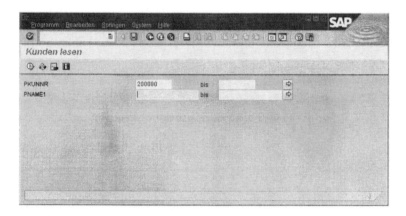

Abb. 1.12 © SAP AG: Der *Selection Screen* in Aktion

Die nächste Zeile START-OF-SELECTION kennzeichnet einen neuen Ereignisblock. An dieser Stelle wird das Programm fortgesetzt, wenn der Anwender im SELECTION SCREEN auf F8 oder das grüne Häkchen oben links klickt. Die Verarbeitung wird so angestoßen, und das Programm springt in den START-OF-SELECTION-Block.

START_OF_SELECTION

Anders als wir das beispielsweise von Visual Basic her kennen, sind Programmsteuerung und Datenbankanfragen viel enger ineinander verwoben. So löst ein SELECT-Statement auch gleich eine Schleife aus, die für jeden Satz in der Ergebnismenge einmal aufgerufen wird und bei ENDSELECT endet. Mit dem Zusatz INTO IS_KNA1 wird bei jedem Schleifendurchlauf die jeweilige Zeile in unseren strukturierten Datentyp IS_KNA1 überführt, auf den wir komfortabel zugreifen können, um dann mit der Anweisung WRITE die Bildschirmausgabe zu erzeugen. Wird eine ABAP-Anweisung öfter als einmal in Folge verwendet (wie in dem Beispiel mit WRITE), muss sie nur einmal geschrieben und mit einem Doppelpunkt versehen werden. Die einzelnen Parameter werden dann durch Komma getrennt.

Werfen wir zum Schluss noch einen Blick auf die Ausgabeliste, die unser Beispielprogramm erzeugt hat.

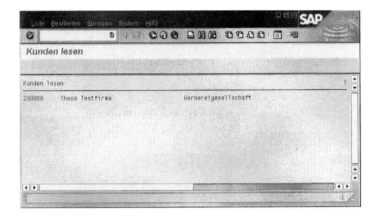

Abb. 1.13 © SAP AG: Die Listenerzeugung

Die Überschrift (*Kunden lesen*) bekommen wir geschenkt, sie wird automatisch von der Laufzeitumgebung eingefügt. Die zweite Zeile stammt aus den WRITE-Anweisungen unseres Programms.

1.4.2.2 Dialog-Programmierung

Anders als beim Reporting, folgt die Dialog-Programmierung nicht zwingenderweise dem Ablauf Benutzereingabe -> Verarbeitung -> Ausgabe. Die zentrale Einheit, um die sich die Ablauflogik spinnt, bildet hier das so genannte Dynpro, ein Bildschirmbild, das mit dem mitgelieferten Screen-Painter erzeugt werden kann. Im Wesentlichen finden wir hier zwei Ereignisse, in die sich Code einfügen lassen. Das ist zum einen der PBO-Zeitpunkt (*Process before Output*), also die Stelle, die abgearbeitet wird, kurz bevor das Bildschirmbild auf dem Anwenderschirm erscheint. Zum anderen der PAI-Zeitpunkt (*Process after Input*), der nach der Bearbeitung des Bildschirmbildes aufgerufen wird, um auf Eingaben wie das

Drücken der Enter-Taste (historisch Datenfreigabe genannt) oder das Klicken eines Buttons zu reagieren. Nach Abarbeitung des PAI-Codes wird das Folgedynpro prozessiert (in Abhängigkeit der Benutzereingaben). Das Folgedynpro kann das eben angezeigte sein oder ein anderes. Nachfolgende Grafik zeigt die Abfolge der Prozessierungszeitpunkte PBO und PAI.

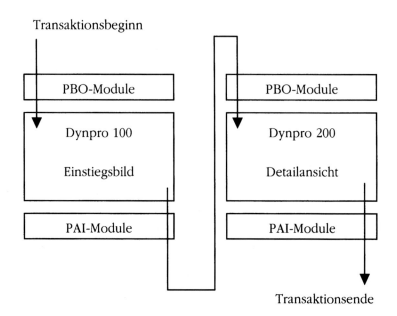

Abb. 1.14: Ablauflogik der Bildsteuerung

Ein Dynpro kann alle möglichen Steuerelemente beinhalten, wobei die Auswahl nicht annähernd so umfangreich ist, wie wir das von Visual Basic her kennen. Das wohl wichtigste ist das E/A-Feld, ein Textfeld in das der Anwender einen Wert eintragen kann. Zu jedem E/A-Feld gibt es im Deklarationsteil des Programms eine entsprechende Variable, mit demselben Namen. Dadurch wird der Wertetransport automatisiert, sprich zum PBO-Zeitpunkt wird der Inhalt der Variable ins Textfeld transportiert und zum Zeitpunkt PAI wieder zurück.

Dialogorientierte Anwendungen nennt man im SAP-Jargon Modulpools. Sie sind eine Ansammlung eines oder mehrerer Dynpros, die miteinander verknüpft sind. Für den Anwender bildet die so genannte Transaktion den Einstieg in ein definiertes Dynpro eines Modulpools, repräsentiert durch einen Transaktionscode (so ist zum Beispiel in der Warenwirtschaft der Transak-

1.4 Funktionsbausteine und ABAP

tionscode ME21 der Einstieg in das Dynpro 100 des Modulpools *SAPMM06E*. Mit ihm lassen sich neue Lieferantenbestellungen anlegen).

Beispiel-Dialog

Betrachten wir im Beispiel nun eine sehr einfache, selbstgeschriebene Dialog-Anwendung. Abb. 1.15 zeigt das Einstiegsbild in das Programm. Der Benutzer soll dort in das entsprechende E/A-Feld eine Kundennummer eingeben können. Danach drückt er entweder auf den *Anzeige*-Button (mit dem Bleistift) und springt so in das zweite Bild der Detailansicht ab; oder er drückt auf den *Löschen*-Button (die Mülltonne), um den Kunden zu löschen.

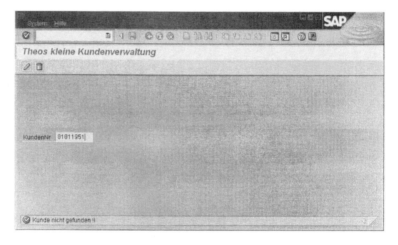

Abb. 1.15 © SAP AG: Einstiegsbild Kunden-Dialog

Codierte Ablauflogik

Das Drücken einer der Buttons löst den PAI-Zeitpunkt aus. Sehen wir uns die Ablauflogik in Abb. 1.16 an.

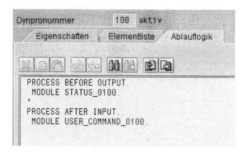

Abb. 1.16 © SAP AG: codierte Ablauflogik des Einstiegsbildes

35

1   Einführung

PBO-Modul Das Modul zum PBO-Zeitpunkt ist recht unspektakulär. Seine Aufgabe ist es lediglich, die beiden Buttons einzublenden und die Titelzeile zu setzen. Der GUI-Status 'EINSTIEG' und die Titelleiste 'EINSTIEG' sind Programm-Elemente, die innerhalb des Modulpools separat definiert werden, wie wir später sehen werden.

```
module STATUS_0100 output.

  SET PF-STATUS 'EINSTIEG'.
  SET TITLEBAR 'EINSTIEG'.

endmodule.
```

PAI-Modul Zum PAI-Zeitpunkt wird das Modul USER_COMMAND_0100 aufgerufen. Es ist zu beachten, dass in der Ablaufsteuerung kein ABAP-Code stehen darf, sondern nur eine Art Skript-Code, der ABAP-Module ausführt. Die eigentliche Programmierung findet im Modul statt.

```
module user_command_0100 input.

  case okcode.
    when 'DELETE'.

      delete from zkunden where kundennr = pkund.
      message s001.

    when 'CHANGE'.

      select single * from zkunden
        where zkunden~kundennr = kundennr.

      if sy-dbcnt = 1.
        move zkunden-kundennr to kundennr.
        move zkunden-name to name.
        move zkunden-vorname to vorname.
        move zkunden-wohnort to wohnort.
        call screen 200.
      else.
        Message e002.
```

1.4 Funktionsbausteine und ABAP

```
            endif.

        endcase.

    endmodule.
```

Wir erkennen zunächst die Unterscheidung des OK-Codes, je nachdem ob es 'DELETE' oder 'CHANGE' ist. Bei 'DELETE' wird der Datensatz gelöscht und eine entsprechende Meldung ausgegeben, bei 'CHANGE' werden die vier Felder der Tabelle in vier Variablen geschrieben und das zweite Bildschirmbild Dynpro 100 aufgerufen (Abb. 1.17). Die E/A-Felder müssen genauso heißen wie die Variablen, dann findet automatisch ein Werte-Transport zwischen Code und der Bild-Ansicht statt. Dies gilt auch für das Kundennummern-Feld (*pkund*) in der Einstiegsmaske.

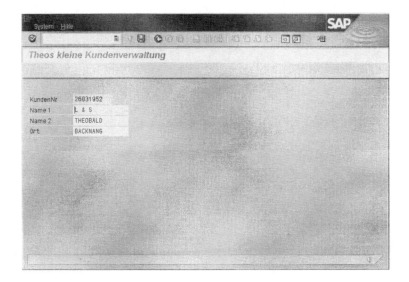

Abb. 1.17 © SAP AG: Detailansicht Kunden-Dialog

ABAP-Workbench Werfen wir zum Schluss noch einen schnellen Blick auf die SAP-Entwicklungsumgebung ABAP-Workbench; zu erreichen über die Transaktion SE80. Abb. 1.18 zeigt die Objekte des Beispielprogramms der Kundenanzeige zur Entwicklungszeit. Die einzelnen Komponenten des Modulpools sind nach Typ gruppiert. Wir erkennen neben den beiden Dynpros 100 und 200 und den PAI-

1 Einführung

und PBO-Modulen auch ein Element *GUI-Titel*. Hinter ihm verbirgt sich nichts anderes als die Titelzeile 'Theos kleine Kundenverwaltung'. Die beiden Buttons (der Mülleimer und der Bleistift) sind im GUI-Status hinterlegt. Dort können die Ikonen definiert werden und der OK-Code, der hinter dem jeweiligen Button liegt.

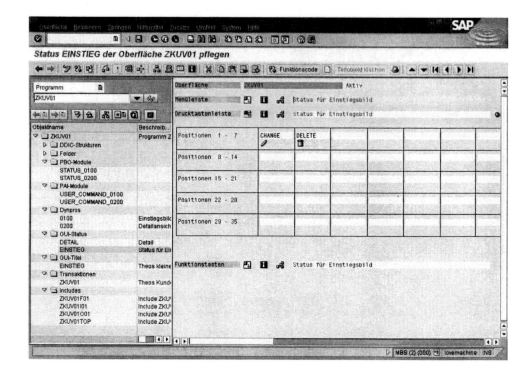

Abb. 1.18 © SAP AG: SE80; ABAP-Workbench

1.4.2.3 Der Debugger

Der ABAP-Debugger wird auch später in der RFC-Programmierung ein wichtiges Hilfsmittel zu Fehlersuche werden. Er wird durch den Befehl */h* im Befehlsfeld aktiviert. Jede Benutzeraktivität (bzw. jedes Absetzen eines OK-Codes) öffnet dann das Debugger-Fenster wie in Abb. 1.19. Durch einen Doppelklick auf eine Variable wird sie im unteren Bereich in die Anzeige übernommen und kann dort angesehen oder verändert werden.

1.5 Komponenten des RFC-SDK

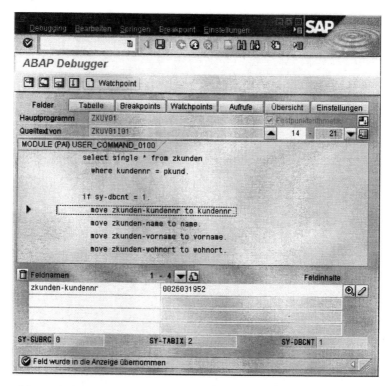

Abb. 1.19 © SAP AG: Der ABAP-Debugger in Aktion

1.5 Komponenten des RFC-SDK

Neben dem ursprünglichsten Bestandteil des RFC-SDK, der *librfc32.dll*, die alle zentralen Funktionen zur RFC-Kommunikation bereitstellt, sind mit der Zeit noch einige weitere Komponenten entstanden, die die Ansteuerung der Dll insbesondere für COM-fähige Programmiersprachen (wie z.B. Visual Basic) entscheidend vereinfacht und erweitert. Im letzten Kapitel werden wir uns der direkten Implementierung dieser dll-exportierten Funktionen widmen.

Das Function-Control

Das *Function*-Control (bzw. dessen nahen Verwandten: das *Logon*-Control und das *Table*-Control) stellen einen Satz von Objekten zur Verfügung, die fast die komplette *librfc32.dll* kapseln. Wir werden uns gleich im zweiten Kapitel diesen Controls widmen, da sie sehr einfach zu programmieren sind und viele praxisnahe Probleme lösen können. Zentrale Aufgabenstellung wird das Aufrufen von Funktionsbausteinen sein.

39

1 Einführung

Batch Input und die Transaktionsfernsteuerung

Bei Batch Input handelt es sich um eine Technik, die zur Datenübernahme in ein SAP-System schon zu R/2-Zeiten vorhanden war. Wir werden Verfahren kennen lernen, wie wir uns die ganze Bandbreite der Vorteile von Batch Input von Visual Basic aus zu Nutze machen können.

Das BAPI-OCX

Die zunehmende Tendenz zur objektorientierten Programmierung hat in den letzten Jahren auch nicht vor betriebswirtschaftslastigen Anwendungen halt gemacht, und so lassen sich sämtliche unterstützten Geschäftsvorfälle in Form von Business Objects, als kleinste Einheit eines betriebswirtschaftlichen Prozesses darstellen. Um das Handling dieser Objekte von außen möglichst effizient zu gestalten, bedienen wir uns des BAPI-OCX.

DCOM-Connector

Der DCOM-Connector wird in einer komplett anderen Technik programmiert. Zum einen erzeugt er so genannte Proxy-Objekte, die erst separat kompiliert werden müssen, zum anderen erlaubt er ein Tabellen-Handling mit ADO-Recordsets.

.NET-Connector

Als neueste Errungenschaft aus dem Hause Microsoft erfreut sich das .NET-Framework wachsender Beliebtheit. Der .NET-Connector bringt einen Satz von Klassen mit, die eine volle SAP-Integration in das Framework ermöglichen.

Welche der hier angesprochenen Techniken nun letztendlich die beste ist, hängt ausschließlich von den gegebenen Umständen ab. Jede für sich hat ihre Daseins-Berechtigung. Um eine gute, zukunftssichere Entscheidung zu treffen, sollten alle Gegebenheiten genau geprüft werden. Dieses Buch wird Ihnen hoffentlich das nötige Wissen dazu vermitteln können.

2 RFC-Desktop-Integration und die COM-Architektur

Mit der Integration der RFC-API in eine Objekthierarchie, die vollständig der Windows-COM-Architektur folgt, öffnet sich ein komfortabler Weg, RFC-Funktionalität in COM-fähige Programmiersprachen (Visual Basic, oder andere VBA-Applikationen wie MS Word, MS Excel usw.) zu integrieren. Dieses Kapitel widmet sich zuerst dem so genannten *Function*-Control, das zumindest im Einstieg ausreichend ist, Verbindungen zu R/3-Systemen zu koordinieren und Funktionen aufzurufen. Es werden neben dem Anmelden am SAP-System auch Objekte zur Verfügung gestellt, die einfache und komplexe Im- und Export-Parameter auslesen und setzen lassen. Unter einfachen Parametern versteht man die Übergabe einzelner Werte. Komplexe Parameter hingegen sind durch flache, strukturierte Datentypen (Strukturen) oder durch Tabellen (tiefe, strukturierte Datentypen) definiert.

2.1 Objekthierarchie

Abb. 2.1 zeigt, wie die Objekte untereinander zusammenhängen und welche Vater-Kind-Beziehungen sich ergeben, die in der weiteren Diskussion wichtig sind.

Der Einfachheit halber sind die *Ranges*- und die *Views*-Collection des *Table*-Objekts weggelassen. Sie spielen zum Verständnis der Hierarchie nur eine untergeordnete Rolle. Es ist zu beachten, dass die gezeigten Klassen in 3 AchtiveX-Steuerelementen abgelegt sind. Dem wdtfuncs.ocx für die *Functions*-Collection, dem wdtlog.ocx für das *Connection*-Ojekte sowie dem *wdtaocx*.ocx für das Tabellenhandling. Wir werden in den folgenden Beispielen die Objekte nicht über eingebundene ActiveX-Dateien (Early Binding) ansteuern, sondern über den *CreateObject*-Befehl (Late Binding), so lassen sich Versionskonflikte vermeiden.

2 RFC-Desktop-Integration und die COM-Architektur

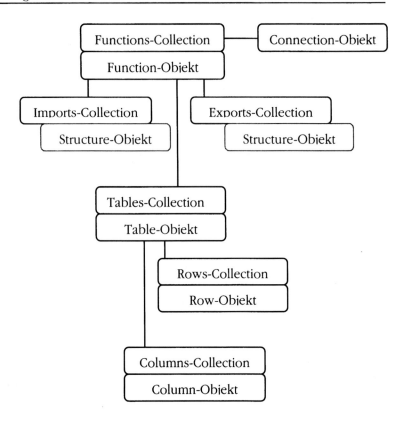

Abb. 2.1 Die Object-Hierarchie der RFC-COM-Objekte

2.2 Logon-Prozedere: Das Connection-Objekt

2.2.1 Mit R/3 verbinden

Betrachten wir im Beispiel zunächst die Erzeugung des *Connection*-Objekts aus dem *Function*-Objekt heraus mit dem darauffolgenden Logon-Vorgang an einem einzelnen Applikationenserver. Ohne gültige Verbindung ist ein *Function*-Objekt wertlos. Es sind alle Angaben an das *Connection*-Objekt zu übergeben, die beim Anmelden an ein SAP-System als normaler Anwender auch nötig sind. Hierzu gehören neben dem Server-Namen und der Systemnummer auch die Benutzerdaten wie Sprache, Name Passwort und anzumeldender Mandant.

```
Dim FunctionCtrl As Object
Dim SapConnection As Object
```

2.2 Logon-Prozedere: Das Connection-Objekt

```
Set FunctionCtrl = CreateObject("SAP.Functions")
Set SapConnection = FunctionCtrl.Connection

SapConnection.client = "000"
'-> Angabe des Mandanten
SapConnection.user = "Theobald"
'-> Angabe des Benutzers
SapConnection.password = "pw"
'-> Passwort
SapConnection.language = "DE"
'-> Anmeldesprache
SapConnection.HostName = "schnitte"
'-> Angabe des Applikationenservers
SapConnection.SystemNumber = "16"
'-> Angabe der R/3-Systemnummer

If Not SapConnection.Logon(0, True) Then
    MsgBox "Logon failed !!"
Else
    MsgBox "Logon erfolgreich!!"
    SapConnection.logoff
End If
```

Silent-Login oder Standard-Anmeldebildschirm

Sollten Sie es vorziehen, auf eine hart-codierte Angabe der Anmelde-Daten zu verzichten, kann alternativ als zweiter Parameter der *logon*-Methode ein *False* übergeben werden. Die RFC-API fordert nun alle Anmeldedaten selbst beim Benutzer an, und wir brauchen uns um nichts mehr zu kümmern (Abb. 2.2).

```
SapConnection.Logon(0, False)
```

Ein Klick auf den System-Button bringt uns die System-Auswahl (Abb. 2.3). Falls auf dem System ein SAP-GUI installiert ist, wird die Liste der verfügbaren Systeme hier angezeigt, kann über den zweiten (Anmeldung via eines Message-Servers) und dritten Reiter (direkte Verbindung zum Applikationenserver) aber auch unabhängig des Logon-Pads individuell angepasst werden.

2 RFC-Desktop-Integration und die COM-Architektur

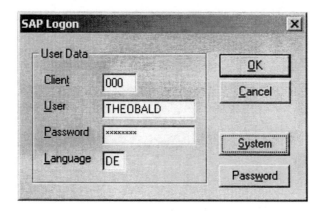

Abb. 2.2 © SAP AG: Der Anmeldebidschirm des *Function-Controls*

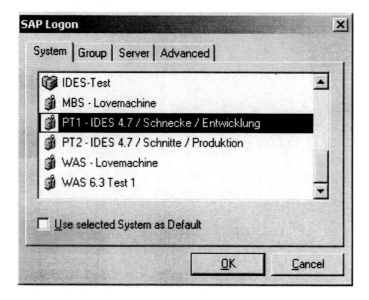

Abb. 2.3 © SAP AG: Systemauswahl analog zum Logon-Pad

Auf dem vierten Reiter (*Advanced*) können noch zusätzliche Angaben zur Verbindung definiert werden. Beispielsweise das so genannte Tracing. Bei eingeschaltetem Tracing werden Fehlermeldungen mitprotokolliert (siehe weiter unten in diesem Kapitel). Außerdem ist es möglich den ABAP-Debugger zu aktivieren (nur wenn ein SAP-GUI auf dem System verfügbar ist) oder die Anmeldedaten aus der *saprfc.ini* zu ziehen. Die *saprfc.ini* ist eine einfache Textdatei, die im Verzeichnis der jeweiligen An-

2.2 Logon-Prozedere: Das Connection-Objekt

wendung liegen muss, und enthält vom SAP-GUI unabhängige Definitionen von Zielsystemen. Für jedes Zielsystem ist ein Typ zu hinterlegen. Im Fall der Anmeldung an einen einzelnen Applikationenserver ist dies der Typ 'A':

```
DEST=<Name des Einrrags>
TYPE=A
ASHOST=<Applikationen-Server>
SYSNR=<Systemnummer>
RFC_TRACE=<0/1>
ABAP_DEBUG=<0/1>
USE_SAPGUI=<0/1>
```

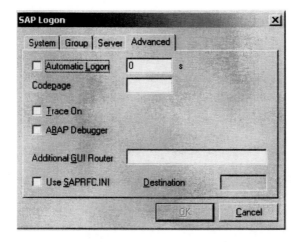

Abb. 2.4 © SAP AG: *Advanced* Einstellungen

Logon per Load-Balancing

Manche SAP-Systeme fordern zur Anmeldung das Verbinden zu einem Message-Server, der je nach Auslastung die anzumeldenden Benutzer auf mehrere Applikationen-Server verteilt. Unter Angabe des Message-Servers und des Gruppen-Namens können Sie dieser Methode gerecht werden und vom Load-Balancing Gebrauch machen:

```
sapConnection.MessageServer = _
        "Schnecke"
sapConnection.GroupName = "PUBLIC"
sapConnection.System = "PT1"
```

2　RFC-Desktop-Integration und die COM-Architektur

Alternativ auch hier wieder über die saprfc.ini mit einem Eintrag vom Typ 'B':

```
DEST=<Name des Eintrags>
TYPE=B
R3NAME=<dreistelliges Systemkürzel>
MSHOST=<Message-Server>
GROUP=<Anmeldegruppe>
RFC_TRACE=<0/1>
ABAP_DEBUG=<0/1>
USE_SAPGUI=<0/1>
```

LogOff　　Nach getaner Arbeit sollte das Abmelden mit

```
sapConnection.LogOff
```

nicht vergessen werden.

2.2.2　Connection-Objekt im Überblick

Eigenschaften	
ApplicationName	Zur Identifikation der aufrufenden Anwendung innerhalb der SAP-Verbindungsverwaltung.
System	R/3-Systemname (i.d.R. dreistelliger Code, z. B. MBS, nur bei Anmeldung per Load-Balancing)
ApplicationServer	Adresse des zugehörigen Applikationenservers (nur bei direkter Anmeldung)
SystemNumber	Systemnummer (nur bei direkter Anmeldung)
GroupName	Gruppenname (nur bei Anmeldung per Load-Balancing)

2.2 Logon-Prozedere: Das Connection-Objekt

TraceLevel	Definiert, wie detailliert das Tracing geschehen soll (0=gar nicht, 7=alles)
RFCWithDialog	Zulassen des Aufrufens von Funktionsbausteinen, die Dialog-Elemente mitbringen (Achtung!! SAP-GUI muss installiert sein)
Client	Angabe des anzumeldenden Mandanten
User	Name des anzumeldenden Benutzers
Password	Passwort des anzumeldenden Benutzers
Language	Gewünschter Sprachencode (z.B. DE)
UseSaprfcIni	Der unter *Destination* hinterlegte Eintrag in der *saprfc.ini* enthält die Anmeldedaten (*true* / *false*).
Destination	Eintrag in der *saprfc.ini* mit diesem Namen.
IsConnected	Verbindungsstatus 0 Keine Verbindung vorhanden 1 Verbindung vorhanden / aufgebaut 2 Beim nicht-Silent-Login hat der Benutzer auf *Abbrechen* geklickt 4 Beim Silent-Login wurden nicht alle nötigen Parameter übergeben, keine Verbindung vorhanden. 8 Verbindungaufbau fehlgeschlagen. Methode LastError gibt genauere Informationen darüber.

2 RFC-Desktop-Integration und die COM-Architektur

Methoden	
Logon • HWND (long) • Silent (bool)	Initiiert den Verbindungsaufbau Das Handle zum aufrufenden Fenster HWND braucht nur übergeben zu werden, wenn Funktionsbausteine mit SAP-GUI-Unterstützung genutzt werden, oder es sich um einen nicht-silent-Logon handelt.
Logoff	Beendet die Verbindung
Reconnect	Versucht einen Wiederaufbau der Verbindung nach einem Verbindungsabbruch.
LastError	Öffnet ein Fenster mit Informationen zum letzten aufgetretenen Fehler.
SystemInformation	Öffnet ein Fenster mit Systeminformationen. (vgl. Abb. 2.5)

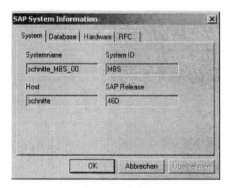

Abb. 2.5 © SAP AG: Systeminformationen per *SystemInformation*

2.3 Remote-Funktionen aufrufen: Das Function-Objekt

Wenn Sie einmal den Logon am Zielsystem erfolgreich hinter sich gebracht haben, sollte es nun ein Leichtes sein, Funktionsbausteine direkt im SAP aufzurufen. Wir werden dazu den Baustein Z_GET_CUSTOMER_ADDRESS wählen, da er eine überschaubare Anzahl an Parametern hat, nämlich I_KUNDENNR als

2.3 Remote-Funktionen aufrufen: Das Function-Objekt

Import-Variable und E_NAME1, E_NAME2, E_STRASSE, E_PLZ und E_ORT als Ausgabe bzw. Export-Parameter.

Rufen Sie sich bitte zunächst die Grafik der *Functions*-Objekthierarchie ins Gedächtnis. Eine einzelne Funktion wird repräsentiert durch ein einzelnes Objekt der *Functions*-Collection, das wir dieser hinzufügen wollen. Bereits beim Hinzufügen wird die Gültigkeit des Funktionsnamens überprüft. Ist die Funktion nicht vorhanden, wird innerhalb von VB ein auffangbarer Laufzeitfehler ausgelöst.

```
Dim Func1 As Object
Set Func1 = FunctionCtrl.Add( _
    "Z_GET_CUSTOMER_ADDRESS ")
```

Nun füllen wir den Export-Parameter mit

```
Func1.Exports("I_KUNDENNR") = "200080"
```

und lösen mit

```
Ret = Func1.call
```

den eigentlichen Aufruf aus. Achtung!! Bitte machen Sie sich die Begriffe Import und Export klar. Aus Sicht des Funktionsbausteins ist in unserem Beispiel die übergebene Kundennummer ein Import, aus Sicht des aufrufenden Programms ein Export.

Rückgabe auswerten

Das Überprüfen des Rückgabewertes und der *Exception*-Eigenschaft gibt Auskunft über das erfolgreiche Ausführen des Bausteins:

```
If Func1.Exception <> "" or not Ret Then
        Msgbox "Beim Aufruf ist ein " & _
            "Ausnahmefehler " & _
            "aufgetreten: " & Func1.Exception
Else
        Msgbox "Der Aufruf war erfolgreich. " & _
            "Die Postadresse des " & _
            "Kunden lautet " & vbcrlf & _
```

```
                    Func1.Exports("E_NAME1") & _
                    VbCrLf & Func1.Exports("E_NAME2")
      Endif
```

Wie Sie sehen, ist es kein Hexenwerk, Funktionsbausteine aufzurufen und Im- und Export-Parameter zu übergeben und auszulesen. Wir werden uns im nächsten Abschnitt schon etwas anspruchsvolleren Dingen widmen, nämlich dem Austausch von Tabellen und Strukturen, die aber auch nur wenig mehr Programmieraufwand bedeuten.

2.3.1 Function-Objekt im Überblick

Eigenschaften	
Exception	Enthält den Ausnahmefehler nach dem Aufruf einer Funktion. Nur eine leere Zeichenfolge in Verbindung mit einer positiven Rückgabe der *Call*-Methode lässt auf eine erfolgreiche Ausführung der Funktion schließen.
Name	Enthält den Namen des aufzurufenden Funktionsbausteins

Exports(index)	Enthält alle Export-Paramter. Auf die einzelnen Werte kann entweder über die Ordinalzahl
	
	    `<Control>.Exports(1)`
	
	oder über den Namen
	
	    `<Control>.Exports("E_NAME1")`
	
	zugegriffen werden. Handelt es sich nicht um einen einfachen Parameter, sondern um eine Struktur, gibt die Eigenschaft ein Objekt vom Typ *Structure* zurück

Imports(index)	Enthält die Import-Parameter. Der Zugriff erfolgt analog zu *Exports*.

Tables	Gibt eine Instanz der *Tables*-Collection zurück, so wie im nächsten Teilabschnitt dieses Kapitels gezeigt. Auf einzelne *Table*-Objekte kann ebenfalls wieder über Ordinalzahl oder den Namen zugegriffen werden.
Parent	Enthält einen Verweis auf die übergeordnete *Functions*-Collection (vgl. auch Objekthierarchie vom Anfang dieses Kapitels)
Methoden	
Call	Ruft den mittels *Name* definierten Funktionsbaustein im R/3 auf. Der Rückgabewert (*True / False*) gibt Auskunft über den Erfolg dieser Aktion. Parallel zum Rückgabewert ist unbedingt auch die Eigenschaft *Exception* zu prüfen.

2.4 Tabellen-Handling: Das Table-Objekt

Im Gegensatz zu den Im- und Export-Parametern ist der Austausch von Tabellen nicht getrennt in Ein- oder Ausgang. Eine Tabelle kann also bereits gefüllt an Funktionsbausteine übergeben werden, und dieser kann die Tabelle in veränderter Form zurückgeben. Sehen wir uns zunächst den Export von Tabellen an.

2.4.1 Tabellen exportieren

Analog der bereits erläuterten Objekthierarchie besorgen wir uns die Instanzen der *Table*-Objekte (pro übergebene Tabelle eine Instanz) aus der *Tables*-Collection des bereits instanziierten *Function*-Objekts (siehe vorangegangen Abschnitt).

```
Dim Table1 as object
Set Table1 = func1.Tables("TAB1")
```

Dieses *Table*-Objekt stellt nun wiederum einen Container in Form der *Rows*-Collection dar, die die einzelnen Tabelleneinträge verkörpert. Über die Standard-Methoden *Add*, *Remove* und den

Zugriff über die Ordinalzahl lässt sich so der Tabelleninhalt komfortabel manipulieren. Dies wollen wir jetzt anhand unseres Beispiels ausführen und unsere Tabelle TAB1 mit den Feldern FELD1 und FELD2 um zwei Zeilen erweitern:

```
Dim Row as object

Set Row = Tables1.rows.Add
Row("FELD1") = "200080'
Row("FELD2") = 75

Set Row = Tables1.rows.Add
Row("FELD1") = "200081'
Row("FELD2") = 84
```

Über

```
Debug.Print "Anzahl Zeilen" & _
        cstr(Tables1.Rows.count)
```

können wir uns dann das Vorhandensein unserer zwei neuen Tabellenzeilen bestätigen lassen.

2.4.2 Tabellen importieren

Das Importieren bzw. Auslesen vom Funktionsbaustein übergebenen Tabellen lässt sich analog bewerkstelligen. Wir machen hierzu von einem *for-each*-Konstrukt Gebrauch. Bitte sehen Sie dazu auch in den VB-Hilfetext für eine genauere Erläuterung:

```
Dim Row as Object

For Each Row in func1.Tables("TAB2")
    Debug.Print "Tabelleninhalt: FELD1:" & _
        Row("FELD1") & _
        "Feld1: " & Row("FELD2")
Next
```

Sie könnten aber auch genauso gut über die Ordinalzahl zugreifen und einen eigenen Zähler mitlaufen lassen:

2.4 Tabellen-Handling: Das Table-Objekt

```
Dim x as long

For x=0 to func1.Tables("TAB2").RowCount
        Debug.Print "Zeile " & cstr(x)
        Debug.Print "FELD1:" & _
             func1.Tables("TAB2").Rows(Zaehler)._
             Item("FELD1") & _
             "FELD2:" & _
             Func1.Tables("TAB2").Rows(Zaehler)._
             Item("FELD2") & _
Next x
```

2.4.3 Das Table-Objekt im Überblick

Eigenschaften	
RowCount	Enthält die Zeilenanzahl
ColumnCount	Enthält die Spaltenanzahl
RFCParameter	Objekt vom Typ RFCTable, diesen werden wir diskutieren, wenn wir auf rudimentärerer Funktion der RFC-API eingehen
Rows	Enthält eine Collection von Typ *Row*
Columns	Enthält eine Collection von Typ *Column*.
Ranges	Enthält eine Collection von Typ *Range*
Views	Enthält eine Collection vom Typ *View*
Data	Enthält den kompletten Tabelleninhalt in Form eines Arrays. Die Datenmanipulation kann so bei bestimmten Anforderungen schneller erfolgen.

Value	Durch Übergabe eines Zeilen-Spalten-Vektors kann direkt auf einen einzelnen Wert aus der Tabelle zugegriffen werden. Beispiel: Tab1.Value(1,2) = "200080" setzt den entsprechenden Wert in die erste Zeile, in die zweite Spalte

Achtung! Das *Table*-Objekt enthält mehr Features als die hier angegebenen. Sie werden an diese Stelle nicht vollständig diskutiert. Dies zum einen aus Platzgründen, zum anderen werden sie in der praktischen Programmierung in der Regel nicht benötigt. Bitte sehen Sie in die Original-Dokumentation zur Desktop-Integration (Web-Adressen hierzu im Anhang)

2.5 Strukturen und das Structure-Objekt

Sicher durch Tabellen navigieren zu können, wie wir es im vergangenen Teilkapitel getan haben, ist bereits die halbe Miete für Strukturen. Sie sind eigentlich nichts anderes als einzelne Tabellenzeilen. Wir haben bereits kennengelernt, dass das *Function*-Objekt eine *Imports*- und *Exports*-Collection mitbringt, die einen Satz von Im- bzw. Export-Parametern enthält. Neben ganz 'normalen' skalaren Werten enthält sie auch die gewünschten *Structure*-Objekte, die wiederum die Elemente der Struktur als Collection skalarer Werte enthält:

```
Dim StrucObject as Object

Set StrucObject = func1.Exports("Struktur1")

MsgBox "1. Element:" & StrucObject("Element1")
MsgBox "2. Element:" & StrucObject("Element2")
```

Über die Methode *IsStructure* kann in der *Imports/Exports*-Collection abgefragt werden, ob es sich um ein skalares oder strukturelles Element handelt.

2.5.1 Structure-Objekt im Überblick

Eigenschaften	
ColumnCount	Liefert die Anzahl der Elemente
Function	Verweis auf das übergeordnete *Function*-Objekt
Width	Gibt die Gesamtbreite der Struktur in Bytes zurück.
ColumnName(index)	Gibt den Namen des Elements an der Stelle *index* zurück
Value(index)	Gibt den Wert des Elements an der Stelle *index* zurück.
Methoden	
IsStructure	Immer True, da es sich um eine Struktur handelt.
Clear	Setzt alle Elemente auf den Initialwert zurück, es bleibt also nur die leere Hülle der Struktur zurück.

2.6 Praktische Beispiele

2.6.1 Verbindungsstatus testen mit RFC_PING

RFC_PING macht nicht mehr und nicht weniger als Funktionieren oder Fehlschlagen. Jedes RFC-System (bzw. jede RFC-Destination wie es korrekterweise heißt) stellt diese Funktion zu Testzwecken zu Verfügung. Es werden keine Parameter und keine Tabellen ex- oder importiert.

```
Dim Func1 As Object

Set Func1 = FunctionCtrl.Add("RFC_PING")

Ret = Func1.Call
```

```
            If Func1.Exception = "" and Ret then
                MsgBox "Verbindung zum R/3-System steht."
            Else
                    MsgBox "Fehler beim Verbindungstest: " & _
                        Func1.Exception
                    FunctionCtrl.ReConnect
                    '-> Wiederaufbau wird eingeleitet
            EndIf
```

2.6.2 Dokumentationstext mit RFC_FUNCTION_DOCU_GET

> Beispiel: \COM – FBDoku\FBDoku.vbp

RFC_FUNCTION_DOCU_GET bietet eine Schnittstelle zum Auslesen des Dokumentationstextes eines beliebigen Funktionsbausteins. Die Export-Tabelle FUNCDOCU enthält den Text für den Baustein selbst und dessen Im- und Export-Parameter.

RFC_FUNCTION_DOKU_GET

Import-Parameter		
FUNCNAME	Name des Funktionsbausteins	
LANGUAGE	Sprache, in der die Dokumentation geliefert werden soll	
Tabellen-Parameter		
FUNCDOCU	Text	
	FUNCNAME	Name des Funktionsbausteins
	PARAMCLASS	Parameterart
	PARAMETER	Parametername
	TDFORMAT	Formatspalte
	TDLINE	132-Byte lange Textzeile
Exceptions		
FUNCTION_NOT_FOUND	Funktionsname unbekannt	
NOTHING_SPECIFIED	Keine Dokumentation vorhanden	

2.6 Praktische Beispiele

Sehen wir uns das Beispielprogramm an. Der Name des auszulesenden FBs wird vom Benutzer vorgegeben und steht im Textfeld *Text1*. Die Textzeilen der Doku werden in die zweite Maske *frmFBDokuOut* in das Listenfeld *List1* geschrieben:

```
Dim FunctionCtrl As Object
Dim sapConnection As Object
Dim func1 As Object
Dim Row As Object

Set FunctionCtrl = CreateObject("SAP.Functions")
Set sapConnection = FunctionCtrl.Connection

' wir lassen den Benutzer das R/3-System
' selber auswählen -> silent logon
If Not sapConnection.Logon(0, False) Then
    MsgBox "logon failed !!"
    Exit Sub
End If

' Instanziieren des Function-Objektes
Set func1 = _
        FunctionCtrl.Add("RFC_FUNCTION_DOCU_GET")

' Export-Parameter definieren
func1.Exports("FUNCNAME") = Text1.Text


If Not func1.Call Then
    If func1.exception <> "" Then
        MsgBox "Bei der Kommunikation mit" & _
            "SAP ist ein Fehler aufgetreten: " & _
            func1.exception
    End If
Else
    frmFBDokuOut.Show

    ' wir laufen durch jede Tabellenzeile
    ' einmal durch
    For Each Row In func1.Tables("FUNCDOCU").Rows
        ' und geben Zeile für Zeile in einem
```

2 RFC-Desktop-Integration und die COM-Architektur

```
                        ' ListBox-Steuerelement aus
            frmFBDokuOut.List1.AddItem Row("TDLINE")
         Next Row
      End If

      sapConnection.Logoff
```

Selbstverständlich könnte man die Rückgabe-Tabelle noch differenzierter auswerten. Die Spalte PARAMETER gibt Informationen darüber, auf welchen Parameter sich die jeweiligen Doku-Zeilen konkret beziehen. Außerdem sind noch Formatierungszeichen mitgegeben; '&' grenzt Textbereiche, die in Fettschrift ausgegeben werden sollen. Abb. 2.6 zeigt die ausgelesene Dokumentation zu RFC_READ_TABLE, den Baustein, den wir uns im nächsten Beispiel genauer ansehen wollen.

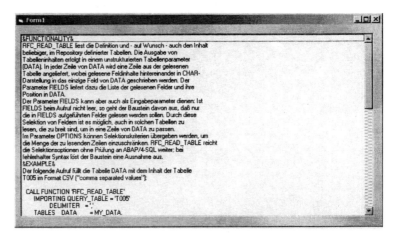

Abb. 2.6: Output des Beispielprogramms, das die Dokumentationstexte zu RFC_READ_TABLE abruft

2.6.3 Tabellen direkt lesen mit RFC_READ_TABLE

💾 Beispiel: \COM – ReadTable\ReadTable.vbp

Bevor Funktionsbausteine für das reine Auslesen von Daten im R/3-System selbst entwickelt werden, sollte immer erst geprüft werden, ob RFC_READ_TABLE eingesetzt werden kann, um

2.6 Praktische Beispiele

Tabelleninhalte direkt auszulesen. Sehen wir uns zunächst den Baustein in der Theorie an:

RFC_READ_TABLE

Import-Parameter	
QUERY_TABLE	Name der Datenbank-Tabelle, auf die zugegriffen werden soll
DELIMITER	Definiert das Spaltentrennzeichen. Es werden in der Rückgabe-Tabelle nur Zeilen der Breite 512 ausgegeben. Die einzelnen Spalten lassen sich durch dieses vorgegebene Zeichen wieder auseinanderschneiden.
NO_DATA	Um die Gültigkeit des übergebenen *where*-Strings (Tabelle OPTIONS) zu testen, kann bei NO_DATA ein 'X' übergeben werden. Es wird dann keine explizite Selektion ausgeführt.
ROWSKIPS	Anzahl der zu überspringenden Zeilen
ROWCOUNT	Maximale Zeilenzahl.
Tabellen-Parameter		
---	---	---
OPTIONS	Übergabe der Selektionskriterien, die auf die Datenbankabfrage angewendet werden soll. Es kann mit dieser Tabelle ein beliebig langes *Where*-Statement übergeben werden, pro Zeile aus historischen Gründen maximal 72 Zeichen.	
	TEXT	72-Byte lange Einzelzeile
FIELDS	In dieser Tabelle müssen in der Spalte FIELDNAME die Feldnamen der auszulesenden Datenbank-Tabelle enthalten sein, die vom Baustein zurückgegeben werden sollen. Alle verbleibenden Angaben werden ergänzt und zurückgegeben.	
	FIELDNAME	Feldname.
	OFFSET	Offset eines Feldes
	LENGTH	Länge (Anzahl der Zeichen)

	TYPE	ABAP-Datentyp (C,D,N,...)
	FIELDTEXT	Kurzbeschreibung
DATA		Enthält die eigentlichen Daten der Datenbankabfrage in einer Tabelle mit Spalte der Länge 512:
	WA	Charakterfeld der Länge 512
Exceptions		
TABLE_NOT_AVAILABLE		Name der Tabelle unbekannt
TABLE_WITHOUT_DATA		Der übergebene Name in QUERY_TABLE ist zwar vorhanden, enthält aber keine Daten, weil es sich nicht um eine transparente Tabelle handelt
OPTION_NOT_VALID		Syntax-Fehler in der OPTIONS-Tabelle. (Bitte auch den Zusatzinfo-Kasten am Ende dieses Teilkapitels beachten!)
FIELD_NOT_VALID		Unbekanntes Feld in FIELDS-Tabelle angefordert.
NOT_AUTHORIZED		Der angemeldete Benutzer verfügt nicht über die nötige Berechtigung.
DATA_BUFFER_EXCEEDED		Die ausgewählten Felder übersteigen zusammen die Länge von 512 Bytes.

Beispiel

Im nachfolgenden Beispiel, wollen wir die Tabelle USR01 auslesen. Es handelt sich hierbei um die zentrale Benutzer-Tabelle. Sie enthält 17 Spalten, von denen uns aber nur zwei interessieren, nämlich SPLD (der Name des Ausgabegerätes des jeweiligen Benutzers) und LANGU (die Sprache, unter der sich der Benutzer am System anmeldet). Um alle Features des Bausteins auszureizen, wollen wir uns auf Benutzer beschränken, deren Name mit 'T' anfängt.

```
' Instanziieren des Function-Objekts
Set func1 = FunctionCtrl.Add("RFC_READ_TABLE")
```

2.6 Praktische Beispiele

```
' Export-Paramter definieren
func1.Exports("QUERY_TABLE") = "USR01"
func1.Exports("DELIMITER") = "|"
```

NO_DATA, ROWSKIPS und ROWCOUNT übergeben wir nicht und belassen sie auf dem Standardwert (' ', 0 und 0).

Übergabe-Tabellen füllen

Jetzt füllen wir die FIELDS- und die OPTIONS-Tabelle mit den geforderten Feldnamen und einem entsprechenden SQL-Statement:

```
Dim oRowOPTIONS As Object
Dim oRowFields As Object

Set oRowOPTIONS = func1.tables("OPTIONS").rows.Add
oRowsOPTIONS("TEXT") = "BNAME like 'T%'"

Set oRowFields = func1.tables("FIELDS").rows.Add
oRowFields("FIELDNAME") = "BANME"
Set oRowFields = func1.tables("FIELDS").rows.Add
oRowFields("FIELDNAME") = "SPLD"
Set oRowFields = func1.tables("FIELDS").rows.Add
oRowFields("FIELDNAME") = "LANGU"
```

Wir sind jetzt an einer Stelle angelangt, an der das *Function*-Objekt mit allen nötigen Informationen versorgt ist, um den Funktionsbaustein zu starten und die Datenbank-Tabelle auszulesen:

```
Ret = func1.Call
```

Auswerten der Rückgabe

Nach erfolgreichem Aufruf müssen wir nun die beiden Ausgabe-Tabellen DATA und FIELDS gegeneinander abgleichen, um die Ergebnismenge unserer Abfrage analysieren zu können. Zu diesem Zweck laufen wir einmal durch jede Datenzeile (DATA) und extrahieren aus dieser die entsprechenden Spalten. An welcher Stelle sich die Spalten befinden, steht im Offset-Feld der FIELDS-Tabelle:

```
Dim oData As Object
```

```
             Dim DataZeile As String
             Dim Offset As Long
             Dim Length As Long
             Dim Username As String
             Dim Sprache As String
             Dim Ausgabegeraet As String
             Dim Spaltenname As String

             For Each oData In func1.tables("DATA").rows

                 DataZeile = oData("WA")

                 For Each oRowFields In func1.tables("FIELDS").rows
                     Offset = oRowFields("OFFSET")
                     Length = oRowFields("LENGTH")
                     Spaltenname = oRowFields("FIELDNAME")

                     If Spaltenname = "BNAME" Then
                         Username = Mid(DataZeile, Offset _
                             + 1, Length)
                     ElseIf Spaltenname = "SPLD" Then
                         Ausgabegeraet = Mid(DataZeile, _
                             Offset + 1, Length)
                     ElseIf Spaltenname = "LANGU" Then
                         Sprache = Mid(DataZeile, Offset _
                             + 1, Length)
                     End If

                 Next oRowFields

                 MsgBox "Benutzer: " & Username & vbCrLf & _
                     "Ausgabegerät: " & Ausgabegeraet & vbCrLf & _
                     "Sprache: " & Sprache

             Next oData
```

Alternative zum for-each-Konstrukt

Vor dem Aufruf haben wir als DELIMITER ein ' | ' -Zeichen übergeben, das die einzelnen Spalten in der DATA-Tabelle separiert. Daraus resultierend bietet sich die folgende Alternative zum letzten Code-Block. Bei großen Datenmengen (Tabellen größer als 30000 Sätze) empfiehlt es sich, aufgrund des erhöhten Speicherbedarfes auf großzügiges Jonglieren mit *Row*-Objekten zu verzichten.

```
For Each oData In func1.tables("DATA").rows

        DataZeile = oData("WA")
        Username = Split(DataZeile, "|")(0)
        Ausgabegeraet = Split(DataZeile, "|")(1)
        Sprache = Split(DataZeile, "|")(2)

        MsgBox "Benutzer: " & Username & vbCrLf & _
            "Ausgabegerät: " & Ausgabegeraet & _
            vbCrLf & "Sprache: " & Sprache

Next oData
```

Zusatzinfo Open SQL:

Bei dem Where-Statement handelt es sich nur fast um Standard-SQL. Innerhalb von ABAP wird Open-SQL genutzt, was manchmal zu schwer zu findenden Fehlern führen kann. So müssen immer genügend Leerzeichen bei logischen Verknüpfungen vorgesehen werden. Es darf beispielsweise nicht

   (BNAME='THEOBALD' OR BNAME='HUGO)

heißen, sondern

   (BNAME = 'THEOBALD' OR BNAME = 'HUGO')

Ohne Leerzeichen ist der SAP-eigene SQL-Interpreter von dem Statement so verwirrt, dass er seinen Dienst verweigert.

2.6.4 Outputs eines Reports Ermitteln mit Z_GET_REPORT_RESULT

> 💾 Beispiel: \COM – GetReportResult\GetReport.vbp
>
> 💾 Beispiel: Z_GET_REPORT_RESULT.txt enthält den ABAP-Souce-Code des Funktionsbausteins.

Es ist an der Zeit, nun einmal auf selbstgeschriebene ABAP-Funktionalität zurückzugreifen und einen eigenen Funktionsbaustein ins Leben zu rufen, der den Ergebnisbildschirm eines vorgegebenen Standard-Reports ausliest und in Form einer Tabelle die Ergebniszeilen zurückliefert. Sehen wir uns im Function Builder (SE37) den Import-Parameter I_REPORTNAME an.

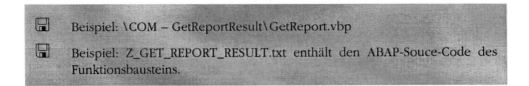

Abb. 2.7 © SAP AG: Importe von Z_GET_REPORT_RESULT

Der zugehörige Bezugstyp heißt SY-REPID. Ein Systemfeld, das Programmnamen enthält (40 Bytes) und in dem der Name des auszulesenden Reports übergeben wird.

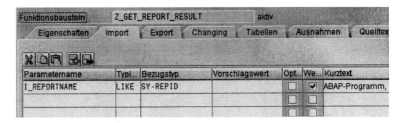

Abb. 2.8 © SAP AG: Tabellen von Z_GET_REPORT_RESULT

2.6 Praktische Beispiele

Das Ergebnis, also die einzelnen Zeilen des Ausgabebildes des Reports, werden in der (uns schon bekannten) Tabelle TAB512 übergeben.

Wenden wir uns nun den einzelnen ABAP-Code-Abschnitten zu. Zunächst wollen wir den übergebenen Parameter I_REPORTNAME gegen die Systemtabelle TRDIR prüfen und so sicher stellen, dass der Programmname auch wirklich vorhanden ist. TRDIR ist streng genommen keine transparente Tabelle, sondern eigentlich nur eine View auf die transparente Tabelle D010SINF. Sie enthält die Namen aller Programme des Systems. Die View hat den Sinn, nur die Namen aktiver Programme herauszudestillieren. Eine Exception (im vorliegenden Fall REPORT_NICHT_GEFUNDEN) bricht die Verarbeitung im Fehlerfall sofort ab.

```
TABLES trdir.

SELECT SINGLE * FROM trdir WHERE name = i_reportname.

IF sy-dbcnt NE 1.
  RAISE report_nicht_gefunden.
ENDIF.
```

Mit dem Befehl SUBMIT wird das übergebene Programm ausgeführt und durch den Zusatz EXPORTING LIST TO MEMORY AND RETURN nicht wie üblich in Listenaufbereitung für die Benutzeranzeige weitergeleitet, sondern im globalen ABAP-Memory zwischengeparkt.

```
SUBMIT (i_reportname) EXPORTING LIST
   TO MEMORY AND RETURN.
```

Und genau dort holen wir es im nächsten Schritt mit dem Standardbaustein LIST_FROM_MEMORY wieder ab und lassen es in die interne Tabelle *list* exportieren.

```
DATA list LIKE abaplist OCCURS 0.

CALL FUNCTION 'LIST_FROM_MEMORY'
```

```
        TABLES
             listobject         = list
*    EXCEPTIONS
*        NOT_FOUND              = 1
*        OTHERS                 = 2

     IF sy-subrc <> 0.
       RAISE error_list_from_memory.
     ENDIF.
```

Der Inhalt der Tabelle *list* ist jetzt schon ziemlich nah an dem, was wir als späteren Output haben möchten. Leider sind noch Formatanweisungen enthalten, die die Listenaufbereitung dazu veranlassen sollen, Zeilen farbig auszugeben und verschönendere Zwischenlinien einzuziehen. Praktisch, wenn wir in diesem Fall den LIST_TO_ASCI-Baustein hervorzaubern können, um die lästigen Formatierungen loszuwerden. Der Output dieses letzten Bausteins exportiert im übrigen direkt in unsere Export-Tabelle *listout*, die wir später von VB-Seite aus weiterverarbeiten werden.

```
     CALL FUNCTION 'LIST_TO_ASCI'
        TABLES
           listasci                   = listout
           listobject                 = list
        EXCEPTIONS
           EMPTY_LIST                 = 1
           LIST_INDEX_INVALID         = 2
           OTHERS                     = 3

     IF sy-subrc <> 0.
       RAISE error_list_to_asci.
     ENDIF.
```

VB-seitig könnten wir nun wieder den altbekannten Weg gehen und in einer *for-each*-Schleife die *Rows*-Collection abarbeiten. Dies wollen wir nicht tun, sondern uns der bisher noch nicht angesprochenen Eigenschaft *Value* des *Table*-Objekts widmen. Mit *Value* lässt sich sehr komfortabel über einen (x,y)-Vektor auf den Tabelleninhalt zugreifen (*x* ist die Zeile, *y* die Spalte). Wir

2.6 Praktische Beispiele

wollen den Output direkt in einen Standard-Listobjekt schreiben. Die *font*-Eigenschaft sollte auf eine nicht-Proportional-Schrift eingestellt sein, um ein sauberes Layout zu präsentieren:

```
Set ListOut = func1.tables("LISTOUT")

For x = 1 To ListOut.rows.Count
    ReportResultOut.List1.AddItem _
        ListOut.Value(x, 1)
Next x
```

Beispielprogramm in Aktion

Zum Testen sehen wir uns den Report SAPMS07A an (auch zu erreichen über die Transaktion ST07). Es handelt sich hierbei um ein Monitorprogramm, das die Verteilung der angemeldeten Benutzer über die einzelnen Anwendungen ermittelt. Abb. 2.9 zeigt das Original, Abb. 2.10 unsere Kopie.

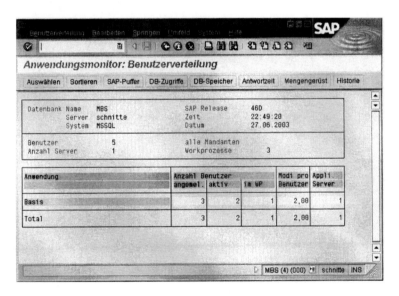

Abb. 2.9 © SAP AG

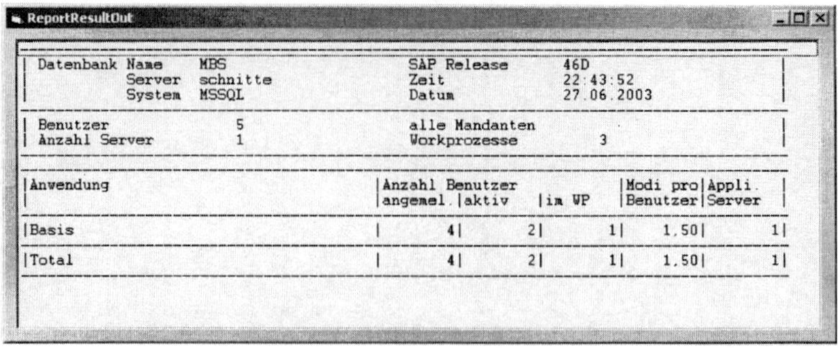

```
┌─ ReportResultOut ─────────────────────────────────── _□×┐
│ Datenbank Name    MBS              SAP Release    46D        │
│         Server   schnitte         Zeit           22:43:52    │
│         System   MSSQL            Datum          27.06.2003  │
│ Benutzer          5                alle Mandanten            │
│ Anzahl Server     1                Workprozesse    3         │
│ Anwendung                         |Anzahl Benutzer     |Modi pro|Appli.│
│                                   |angemel.|aktiv |im WP|Benutzer|Server│
│ |Basis                            |    4|   2|    1|  1.50|   1| │
│ |Total                            |    4|   2|    1|  1.50|   1| │
└──────────────────────────────────────────────────────────────┘
```

Abb. 2.10: Der Output in Visual Basic

Ausblicke

Abschließend seien noch einige Erweiterungen im Zusammenhang mit dem Beispiel oben erwähnt. So ließe sich der Baustein um die Übergabe einer Report-Variante erweitern, die dann mit dem SUBMIT-Befehl mitgegeben werden kann, oder gleich eine zweite geschickt designte Tabelle, die zu füllende *select-options* des Zielreports enthält.

2.7 Tracing

Beim Tracing von Funktionsbaustein-Aufrufen unterscheiden wir grundsätzlich zwischen dem Client-seitigen Tracing (die Trace-Information wird also beim aufrufenden Programm abgelegt) und dem Server-seitigen Tracing, in dem die Trace ins R/3-System protokolliert wird

2.7.1 Client-seitiges Tracing

Das Tracing direkt beim aufrufenden Programm wird mit Hilfe der Eigenschaften *LogLevel* und *LogFileName* der *Functions*-Collections zur Laufzeit eingestellt (wir erinnern uns an die Grafik: Die *Functions*-Collections hält alle *Function*-Objekte, sowie das *Connection*-Objekt). *LogLevel* = 0 schaltet alle Aufzeichnungen aus, 7 protokolliert sehr detailliert.

Das Auffangen von VB-Laufzeitfehlern bringt uns bei der Fehlersuche im Fall einer falsch programmierten Schnittstelle nicht weiter, da das Hinzufügen eines nicht-vorhandenen Funktionsbausteins

```
FunctionCtrl.LogLevel = 7
FunctionCtrl.LogFileName = App.Path & "\rfctrace.txt"
```

```
Set func1 = FunctionCtrl.Add("Z_NICHT_VORHANDEN")
```

semantisch zwar durchaus korrekt ist, aber das Objekt *func1* nicht instanziiert, sondern als leere Hülle zurückgibt. Ein Blick ins Log-File gibt Aufschluss darüber, welche Parameter nicht korrekt gesetzt wurden (die Datums- und Zeitangaben wurden aus Platzgründen weggelassen):

```
Constructing Z_NCHT_VORHANDEN.
Packing Parameters for RFC_GET_FUNCTION_INTERFACE
Packing Table 0.
```

RFC_GET_FUNCTION_INTERFACE wird intern von der RFC-API aufgerufen, um die Funktionsbaustein-Schnittstelle zu konstruieren:

```
*** Calling  RFC Function
'RFC_GET_FUNCTION_INTERFACE'
RFC CALL status = RFC_EXCEPTION
RFC Error:
  -Status:EXCEPTION FU_NOT_FOUND RAISED
```

Und genau hier läuft die Kommunikation auf einen Fehler, da der von API zu untersuchende Baustein nicht vorhanden ist:

```
Failed to call GetFunctionDef function for
"Z_NCHT_VORHANDEN"
(Z_NCHT_VORHANDEN) failed.
```

2.7.2 Server-seitiges Tracing

Wesentlich komfortabler als das Client-seitige Tracing stellt sich die Tracing-Funktionalität dar, die SAP selbst mitbringt. Neben RFC-Untersuchungen kann die Transaktion ST05 (*Werkzeuge -> Administration -> Monitor -> Traces -> Performance Trace*) auch interessante Aufschlüsse über reine ABAP-Programme (es muss ja nicht immer RFC sein) und deren Verhalten gegenüber der Datenbank, Sperranfragen oder ähnliches geben. Abb. 2.11 zeigt uns das Einstiegsbild in die ST05.

2 RFC-Desktop-Integration und die COM-Architektur

Trace anschalten Vor der zu untersuchenden RFC-Kommunikation schalten wir den Trace mit dem Button *Trace On* an. Falls sich sehr viele andere Anwender im System tummeln, ist es empfehlenswert, einen differenzierteren Filter (*Trace On with Filter*) über die Aufzeichnung zu legen, um die Performance nicht allzu sehr zu belasten. Nach erfolgtem Aufruf des Bausteins von Client-Seite aus wird die Aufzeichnung wieder abgestellt (*Trace Off*) und kann dann über *Trace List* analysiert werde.

Abb. 2.12 zeigt den Filter. Bei großen Datenmengen kann hier vorselektiert werden, welche aufgezeichneten Aktionen in der Ergebnisliste erscheinen sollen. Wir erkennen auf Abb. 2.13 die Ergebnisliste. Das COM-Framework selbst setzt bereits etliche Funktionsaufrufe ab, um sich selbst zu initialisieren. Hierzu gehören unter anderem RFC_GET_STRUCTURE, um die *Table*- und *Structure*-Objekte entsprechend zu definieren. Erst am Schluss taucht unser zu analysierender Aufruf RFC_READ_TABLE auf.

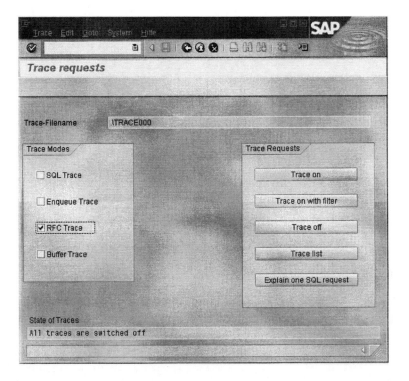

Abb. 2.11 © SAP AG: Einstiegsbild ST05

2.8 OLE-Objekte und ABAP

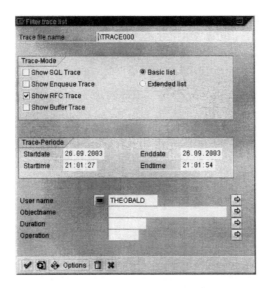

Abb. 2.12 © SAP AG: Trace-Filter

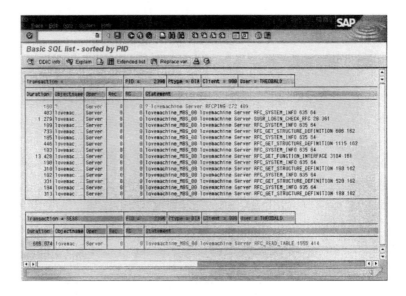

Abb. 2.13 © SAP AG: Ausgabe der Trace-Liste

2.8 OLE-Objekte und ABAP

Wir haben in den vergangenen Teilkapiteln ausführlich über die COM-Objekte diskutiert, die eine RFC-Kommunikation mit einem SAP-System aufbauen. Unabhängig von RFC, aber keinesfalls uninteressant, ist das Handling von OLE2-Objekten aus der ABAP-

Laufzeitumgebung heraus. ABAP bietet in seiner objektorientierten Erweiterung ABAP-Objects alle entsprechenden Funktionen dafür. Wir wollen uns zunächst diese Funktionen ansehen, um danach in einem Beispiel ein selbstgeschriebenes Objekt anzusteuern.

Diese Technik bietet vor allem dann enorme Chancen, wenn der SAP-GUI an seine Grenzen stößt. So lassen sich dadurch beliebige Erweiterungen des GUI realisieren.

```
CREATE OBJECT <ObjektName> '<Bibliothek.Klasse>'
```

Instanziiert ein OLE2-Objekt. Es muss vorher mit

```
INCLUDE OLE2INCL.
DATA: <ObjektName> TYPE OLE2_OBJECT.
```

deklariert worden sein.

Nun lassen sich Methoden des Objektes aufrufen. Dies geschieht mit

```
CALL METHOD OF <Objektname> '<NameDerMethode>'
   = <Rückgabewert>
EXPORTING
   <NameDesParameters> = <Parameterwert>
```

Der Name der Methode und der einzelnen Parameter sind in einfache Hochkomma zu setzen. Alternativ zum Parameternamen kann auch über die Ordinalzahl #<Ordinalzahl> zugegriffen werden.

Das Setzen und Auslesen der Eigenschaften funktioniert analog mit GET / SET PROPERTY zum Auslesen bzw. Setzen des Eigenschaftswertes.

```
SET PROPERTY OF <ObjektName>
   '<EigenschaftName' = <Eigenschaftwert>

SET PROPERTY OF <ObjektName>
   '<EigenschaftName>' = <Eigenschaftwert>
```

2.8 OLE-Objekte und ABAP

Um die Instanz zu löschen und den Speicherbereich freizugeben bedienen wir uns

```
FREE OBJECT <ObjektName>
```

2.8.1   Beispielobjekt VB-Seite

 Beispiel: \COM - OLE2\TheosTestObjekt.vbp

Sehen wir uns nun ein Beispielobjekt in Visual Basic an. Beim Erstellen des Projektes ist die Option *ActiveX-Dll* zu wählen. Visual Basic erstellt dann gleich einen Rahmen für eine jungfräuliche Klasse. Diesem soll noch eine Form mit hinzugefügt werden, da unser Objekt ein Auswahlfenster anzeigen soll, in dem der Anwender eine Zeile in eine ListBox auswählen kann. Er hat die Möglichkeit, das Fenster mit *Abbrechen* oder *OK* wieder zu verlassen. Das aufrufende Programm der ActiveX-Dll kann vor dem Aufruf mit *ShowBox()* mit Hilfe der Methode *AddLine* die ListBox füllen und über die Eigenschaft *CancelButton* bestimmen, ob in der Maske beide Buttons oder nur der *OK*-Button erscheinen soll.

```
Dim frmUserSelection As UserSelection
Dim pCancelButton As Long
```

Laden der Klasse
```
Private Sub Class_Initialize()
    Set frmUserSelection = New UserSelection
End Sub
```

Eigenschaft CancelButton
```
Public Property Get CancelButton() As Long
    CancelButton = pCancelButton
End Property

Public Property Let CancelButton(New_CancelButton _
    As Long)
    pCancelButton = New_CancelButton
End Property
```

2 RFC-Desktop-Integration und die COM-Architektur

Die Methode AddLine erweitert die ListBox

```
Public Sub AddLine(Line As String)
    frmUserSelection.List1.AddItem Line
End Sub
```

Die Methode ShowBox öffnet das Fenster, lässt den Benutzer auswählen und bereitet den Rückgabewert an das aufrufende Programm entsprechend auf

```
Public Function ShowBox() As String
If pCancelButton = 1 Then
    frmUserSelection.cmdAbbrechen.Visible = True
Else
    frmUserSelection.cmdAbbrechen.Visible = False
End If

frmUserSelection.Show 1

If frmUserSelection.Abbrechen Then
    ShowBox = ""
Else
    ShowBox = frmUserSelection.SelLine
End If
End Function
```

Auf der Form *UserSelection* befinden sich die beiden Buttons *cmdAbbrechen* und *cmdOK*. Ihre Aufgabe ist es lediglich, die Form wieder zu schließen und die Listbox zu lesen, wenn der Benutzer seine Auswahl beendet hat.

```
Public Abbrechen As Boolean
Public SelLine As String

Private Sub cmdAbbrechen_Click()
    Me.Abbrechen = True
    Me.Hide
End Sub

Private Sub cmdOK_Click()
    Me.Abbrechen = False
    Me.SelLine = List1.List(List1.ListIndex)
    Me.Hide
End Sub
```

2.8.2 Beispielobjekt ABAP-Seite

> Beispiel: \COM - OLE2\ZOLE2_DEMO.txt

Auf der ABAP-Seite werden wir nun einen kleinen Report schreiben, der die oben beschriebenen Befehle nutzt. Das Beispielobjekt wird instanziiert und mittels *AddLine* mit Daten versorgt. *ShowBox* zeigt dann die in Abb. 2.14 dargestellte Form für die Benutzerauswahl. Obwohl sie nicht Teil des GUIs ist, nimmt sie das schicke SAP-Style an. Der Rückgabewert wird dann in ABAP weiterverwertet und per WRITE ausgegeben.

```
REPORT  ZOLE2_DEMO.
```

Deklarationsteil
```
INCLUDE OLE2INCL.
DATA: THEOSOBJEKT TYPE OLE2_OBJECT.
DATA RUECKGABE(200).
```

Objekt instanziieren
```
CREATE OBJECT THEOSOBJEKT
    'TheosTestObjekt.UserBoxes'.

IF SY-SUBRC > 0.
  WRITE: / 'Objekt konnte nicht '.
  WRITE 'instanziiert werden !!'.
ENDIF.
```

Listbox via AddLine füllen
```
CALL METHOD  OF THEOSOBJEKT 'AddLine'
EXPORTING
   #1 = 'Erste Zeile'.

CALL METHOD  OF THEOSOBJEKT 'AddLine'
EXPORTING
   #1 = 'zweite Zeile'.
```

Auswahlfenster anzeigen
```
SET PROPERTY OF THEOSOBJEKT 'cancelbutton' = 1.

CALL METHOD OF THEOSOBJEKT 'ShowBox' = RUECKGABE.

WRITE: /'Rückgabe wert: ' , RUECKGABE.
```

2 RFC-Desktop-Integration und die COM-Architektur

Objekt freigeben

```
FREE OBJECT THEOSOBJEKT.

WRITE: / 'Objekt entladen'.
```

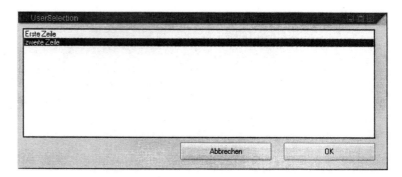

Abb. 2.14: Auswahlfenster im SAP-Style, aber durch VB erzeugt

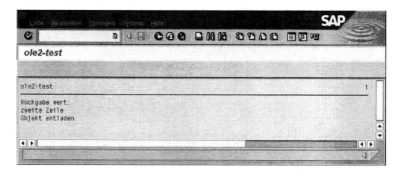

Abb. 2.15 © SAP AG: Output des Beispielreports

3 Batch Input

Der Begriff Batch Input verkörpert eine alt-bewährte Methode, eine größere Datenmenge in ein SAP-System zu transportieren. Insbesondere für Altdatenübernahmen bei R/3-Neuinstallationen oder bei Datenerfassung in einem externen System leistet Batch Input seine Dienste. Die Idee, die hinter der ganzen Sache steckt, ist nicht schwierig zu verstehen. Batch Input simuliert einfach nur einen Benutzer, der vor seinem SAP-Frontend sitzt und die Datenerfassung vollzieht. Wir werden uns im ersten Schritt mit allen wichtigen Grundfunktionalitäten und Begrifflichkeiten der Batch-Input-Verarbeitung vertraut machen, um dann dazu überzugehen, diesen Automatisierungsprozess aus einer Visual-Basic-Anwendung heraus zu steuern und zu kontrollieren.

Der enorme Vorteil für uns als VB-Programmierer ist dadurch gegeben, dass in der Regel keinerlei Programmierung im SAP-System selbst notwendig ist, da wir ja wie gesagt nicht mehr oder weniger machen, als einen Benutzer zu simulieren, der mit Anwendungen arbeitet, die bereits vorhanden sind. Nachteilig zeigt sich die Technik, wenn es darum geht, Daten aus dem System herauszuziehen. Hier sollten andere der in diesem Buch vorgestellten Techniken priorisiert werden.

3.1 Einführung Batch Input

Den besten Einstiegspunkt in die Welt der Batch-Input-Verarbeitung finden wir unter der Transaktion SHDB, dem so genannten Transaktionsrekorder (Abb. 3.1). Mit seiner Hilfe können Batch-Input-Vorgänge aufgezeichnet werden, die später dann als Referenz für einen einzelnen Verarbeitungsschritt in unserer Massenverarbeitung dienen sollen.

Für ein besseres Verständnis werden wir jetzt Schritt für Schritt das Anlegen eines Benutzers im SAP-System durchgehen und aufzeichnen. Die so angefertigte Aufzeichnung werden wir dann im weiteren Verlauf aus Visual Basic heraus so verallgemeinern, dass eine Massenanlage erfolgen kann.

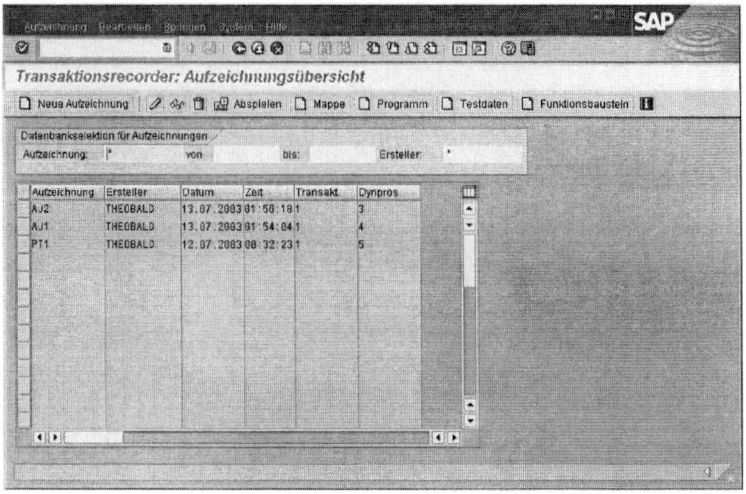

3 Batch Input

Abb. 3.1 © SAP AG: Der Transaktionsrekorder

Eine Beispieltransaktion aufzeichnen

Der Button *Neue Aufzeichnung* bringt uns in das Fenster, das in Abb. 3.2 gezeigt ist. Der Name der Aufzeichnung sowie der Code der aufzuzeichnenden Transaktion ist auszufüllen. Im vorliegenden Fall wollen wir in die Transaktion SU01 (Benutzerverwaltung) abspringen.

Mit *Aufzeichnung starten* zeigt sich das Einstiegsbild der Benutzerverwaltung (Abb. 3.3), dort ist ein neuer Name für den anzulegenden Benutzer zu wählen. Danach springen wir mit dem ersten Button (das leere Blatt, bzw. Funktionstaste F8) in den Anlagemodus.

Die Felder *Vorname*, *Nachname* und *Funktion* sind auszufüllen, um dann auf dem zweiten Reiter (*Logondaten*) das Initialkennwort zu pflegen (Unter Initialkennwort versteht man das Kennwort, mit dem sich der Benutzer zum ersten Mal am System anmelden soll; traditionell ist das 'init01'). Diese beiden Schritte sind auf Abb. 3.4 und 3.5 dokumentiert.

3.1 Einführung Batch Input

Abb. 3.2 © SAP AG: Aufzeichnungsbeginn

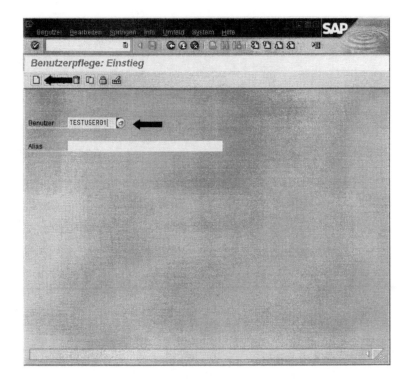

Abb. 3.3 © SAP AG: Einstieg in die Benutzerverwaltung

3 Batch Input

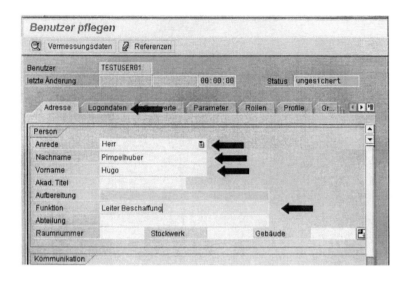

Abb. 3.4 © SAP AG: Benutzerverwaltung 1

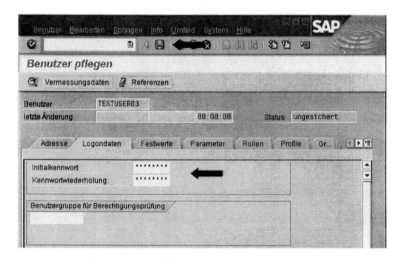

Abb. 3.5 © SAP AG: Benutzerverwaltung 2

Jetzt nur noch Speichern (die Diskette in der Menüleiste oder Strg+S). SAP springt dann direkt wieder zurück in den Transaktionsrekorder (Abb. 3.6).

3.1 Einführung Batch Input

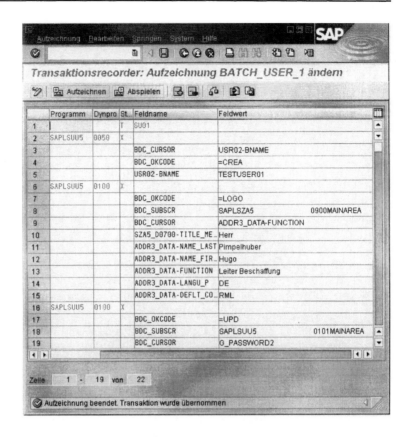

Abb. 3.6 © SAP AG: Rücksprung in den Transaktionsrekorder

Die BDC-Tabelle   Hier wird uns eine so genannte BDC-Tabelle präsentiert (BDC = Batch Data Command). Sie besteht aus 5 Spalten und enthält alle Informationen, um den eben aufgezeichneten Ablauf exakt nachzuvollziehen. Die erste Zeile enthält in der Spalte *Startkennzeichen* ein 'T', das den Start der Transaktion SU01 – wie im Feldnamen angegeben – symbolisiert. Ein 'X' im Startkennzeichen erzeugt den Aufruf eines neuen Dynpros, nämlich das mit der Nummer 50 im Programm bzw. im Modulpool SAPLSUU5. Wir erinnern uns an das Einstiegsbild der Benutzerverwaltung.

Zunächst hat der Transaktionsrekorder erkannt, dass wir den Cursor auf das Feld *Benutzername* gestellt haben. In diesem Zusammenhang ist die Überschrift *Feldname* in der BDC-Tabelle etwas verwirrend, da hier auch eine beschränkte Anzahl von Anweisungen für die Batch-Input-Verarbeitung stehen können, wie zum Beispiel BDC_CURSOR für das Setzen des Cursors in ein Dynpro-Feld. In diesem Fall hat unter *Feldname* der techni-

3 Batch Input

Ausfüllen der Dynpro-Felder

sche Name des Dynpro-Feldes zu stehen, also USR02-BNAME im aktuellen Beispiel.

Im weiteren Verlauf der Tabelle erfolgt das Ausfüllen der Dynpro-Felder unter Angabe des Feldnamens und des einzutragenden Wertes (zum Beispiel USR02-BANAME -> 'TEST-USER01'), um dann durch Absetzen des OK-Codes 'CREA' in das nächste Dynpro 200 in den Benutzeranlagemodus der SU01-Transaktion abzuspringen. Wir hatten in Kapitel 1 im Zusammenhang mit der Dynpro-Ablauflogik (PAI und PBO) und der Reaktion auf Benutzerereignisse bereits den Begriff des OK-Codes diskutiert. Im vorliegenden Fall steht hinter dem OK-Code 'CREA' im Einstiegsbild der Benutzerpflegetransaktion das Drücken auf den *Anlage*-Button.

Subscreens

Das Ausfüllen der einzelnen Felder in der Benutzeranlage (Dynpro 100) erfolgt anlog zur obigen Beschreibung und Angabe der Feldnamen und des einzutragenden Wertes. Erwähnenswert sei hier noch das Handling so genannter Subscreens. Wir haben es in der Benutzerverwaltung mit einer Anordnung von Registrierreitern zu tun (Adresse, Logondaten usw.). Jeder Reiter enthält einen Subscreen, also quasi ein Dynpro im Dynpro. Beziehen wir uns auf Felder, die sich in diesen Subscreens befinden, muss in die Aufzeichnung zuerst mit dem Befehl BDC_SUBSCR dorthin verzweigt werden.

Vereinfachung

Die aufgezeichnete Transaktion lässt sich für unsere Zwecke noch etwas vereinfachen. Wie vielleicht schon vermutet, können die Anweisungen zum Setzen des Cursors komplett eliminiert werden, denn zum Füllen eines Dynpro-Feldes muss nicht zwingendermaßen der Cursor im betreffenden Feld stehen. Außerdem hat der Transaktionsrekorder auch das Füllen von schon vorbelegten Feldern aufgezeichnet, hierzu gehören in unserem Fall die Anmeldesprache (ADDR3-LANGU_P) und die Kommunikationsart (ADDR3_DATA-DEFLT_COMM). Wir wollen es bei der Vorbelegung belassen und eliminieren diese Zeilen ebenfalls. Die so überarbeitete BDC-Tabelle wird uns nun als Referenz dienen, um den aufgezeichneten Batch-Input-Prozess aus einer Visual-Basic-Anwendung heraus aufzurufen.

Manuelles Zusammenstellen von BDC-Tabellen

Der Transaktionsrekorder eignet sich hervorragend, um die BDC-Tabelle einer Batch-Input-Abfolge ohne größeren Aufwand zu ermitteln, ist hierfür aber nicht zwingenderweise notwendig. Alle benötigten Informationen lassen sich auch auf anderem Wege beschaffen. Programmname und Dynpro-Nummer werden in der Status-Maske angegeben (Menü *System -> Status*). Zum Ermitteln des OK-Codes einer Funktion, wählen Sie die Funktion in der Menü-Leiste aus und drücken bei gedrückter, rechter Maustaste auf F1. Das sich dann öffnende Systemfenster zeigt den OK-Code, der hinter der jeweiligen Funktion liegt. Die Datenfreigabe bzw. das Drücken der Entertaste hat immer den OK-Code '/00'. Feldnamen werden ähnlich ermittelt. Den Cursor auf das betreffende Feld stellen und F1 drücken. Die Anwenderhilfe zum Feld öffnet sich. Je nach Release-Stand gibt es dann entweder im oberen oder unteren Rand des Hilfe-Fensters einen Button *technische Info*. Dem dann geöffneten Fenster kann der Feldname entnommen werden (Feldbezeichnung für Batch Input).

Falls für Sie die beschriebenen Techniken komplettes Neuland sind, zeigen Sie sich lernwillig und spielen Sie mit dem Transaktionsrekorder, um ein Gefühl für die Möglichkeiten dieser Technik zu bekommen.

3.2 Synchroner Batch-Input per RFC_CALL_TRANSACTION

Beispiel: \ Batch Input - CreateUsers_Sync\CreateUsers_Sync.vbp

Die größte Hürde haben wir mit dem Erstellen der BDC-Tabelle bereits genommen. Jetzt gilt es nur noch die Tabelle per Visual Basic zu dynamisieren (sprich mit Echtdaten zu füllen), um diese dann mit Hilfe des Standard-Funktionsbausteins RFC_CALL_TRANSACTION abzuspielen. Sehen wir uns dessen Schnittstelle an:

RFC_CALL_TRANSACTION

Import-Parameter	
TRANCODE	Code der aufzurufenden Transaktion
UPDMODE	Update-Modus A – BDC-Tabelle wird übergeben und im Hintergrund abgearbeitet. S – aufrufendes Programm wartet bis die BDC-Tabelle vollständig prozessiert ist.
Tabellen-Parameter	
BDCTABLE	BDC-Tabelle mit Batch-Input-Ablauf.

3 Batch Input

	PROGRAM	Name des Programms	
	DYNPRO	Dynpro-Nummer	
	DYNBEGIN	Start- bzw. Steuerkennzeichen	
	FNAM	Feldname	
	FVAL	Feldinhalt	
MESSG	Die letzte von der aufgerufenen Transaktion gesendete Nachricht		
	MSGTY	Einstelliges Kennzeichen.	
		E	Fehler. Die Transaktion ist aufgrund eines Fehlers nicht zuende ausgeführt wurden
		S	Erfolgsmeldung
		W	Warnung
		I	Information
	MSGID	Nachrichtenklasse, in der die Meldung abgelegt ist	
	MSGNO	Nachrichtennummer innerhalb der Nachrichtenklasse	
	MSGTX	Ausgeschriebener Nachrichten-Text	

Exceptions

Keine, da eventuelle Fehler in der MESSG-Struktur angegeben werden.

Nachfolgendes Beispielprogramm zeigt das Füllen der BDC-Tabelle auf Basis unseres Musters, das wir mit Hilfe des Transaktionsrekorders erstellt haben.

```
Dim FunctionCtrl As Object
Dim SapConnection As Object
Dim func1 As Object
Dim BDCTable As Object
Dim MsgStruc As Object
```

3.2 Synchroner Batch-Input per RFC_CALL_TRANSACTION

```
            Set FunctionCtrl = CreateObject("SAP.Functions")
            Set SapConnection = FunctionCtrl.Connection

            If Not SapConnection.Logon(0, False) Then
                MsgBox "Logon failed !!"
                Exit Sub
            End If

            Set func1 = _
                FunctionCtrl.Add("RFC_CALL_TRANSACTION")

            func1.exports("TRANCODE") = "SU01"
            Set BDCTable = func1.tables("BDCTABLE")
```

Einstiegsbild füllen und Anlagemodus aktivieren

```
            BDCTableAddRow BDCTable, _
                "SAPLSUU5", 50, "X", "", ""
            BDCTableAddRow BDCTable, _
                "", 0, "", "USR02-BNAME", NeuerBenutzer
            BDCTableAddRow BDCTable, _
                "", 0, "", "BDC_OKCODE", "=CREA"
```

Adressdaten füllen (erster Reiter in Transaktion)

```
            BDCTableAddRow BDCTable, _
                "SAPLSUU5", 100, "X", "", ""
            BDCTableAddRow BDCTable, _
                "", 0, "", "BDC_SUBSCR", _
                "SAPLSZA5                         0900MAINAREA"
            BDCTableAddRow BDCTable, _
                "", 0, "", "SZA5_D0700-TITLE_MEDI", Anrede
            BDCTableAddRow BDCTable, _
                "", 0, "", "ADDR3_DATA-NAME_FIRST", Vorname
            BDCTableAddRow BDCTable, _
                "", 0, "", "ADDR3_DATA-NAME_LAST", Nachname
            BDCTableAddRow BDCTable, _
                "", 0, "", "ADDR3_DATA-FUNCTION", Funktion
            BDCTableAddRow BDCTable, _
                "", 0, "", "BDC_OKCODE", "=LOGO"
```

Initalpasswort setzen (zweiter Reiter Logondaten)

```
            BDCTableAddRow BDCTable, _
                "SAPLSUU5", 100, "X", "", ""
```

3 Batch Input

```
                BDCTableAddRow BDCTable, _
                    "", 0, "", "BDC_SUBSCR", _
                    "BDC_SUBSCR  SAPLSUU5                 0101MAINAREA"
                BDCTableAddRow BDCTable, _
                    "", 0, "", "G_PASSWORD1", "init01"
                BDCTableAddRow BDCTable, _
                    "", 0, "", "G_PASSWORD2", "init01"
                BDCTableAddRow BDCTable, _
                    "", 0, "", "BDC_OKCODE", "=UPD"
```

BDC-Tabelle abspielen

```
                If Not func1.call Then
                    MsgBox "Fehler beim Aufrufen von " & _
                        "RFC_CALL_TRANSACTION"
                    Exit Sub
                Else
                    If func1.exception <> "" Then
                        MsgBox "Exception " & func1.exception & _
                            " aufgetreten"
```

Der Aufruf war erfolgreich, wir geben die SAP-Meldung aus.

```
                    Else
                        Set MsgStruc = func1.imports("MESSG")
                        Text8.Text = MsgStruc("MSGTX")
                    End If
                End If

                SapConnection.logoff
```

Aus Gründen der Praktikabilität benutzen wir die Unterprozedur *BDCTableAddRow*, um die BDC-Tabelle zu füllen.

```
        Sub BDCTableAddRow(BDCTableObj As Object, _
                PROGRAM As String, _
                DYNPRO As Long, DYNBEGIN As String, _
                FNAM As String, FVAL As String)
                ' BDCTableAddRow fügt eine einzelne Zeile
                ' der BDC-Tabelle hinzu

                Dim row As Object
                Set row = BDCTableObj.rows.Add

                row("PROGRAM") = PROGRAM
                row("DYNPRO") = DYNPRO
```

3.2 Synchroner Batch-Input per RFC_CALL_TRANSACTION

```
row("DYNBEGIN") = DYNBEGIN
row("FNAM") = FNAM
row("FVAL") = FVAL
```

End Sub

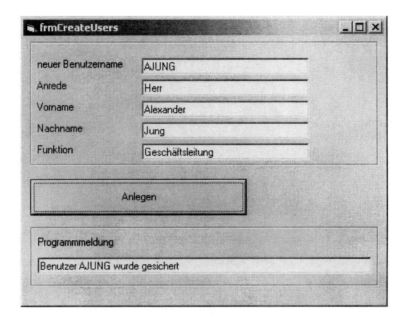

Abb. 3.7 © SAP AG: Output des Beispielprogramms

3.2.1 Spezielle Bildschirmelemente

Im vergangen Beispielprogramm haben wir neben simplen Textfeldern, die es zu füllen galt, Subscreens als einer der Spezialfälle kennengelernt, bei denen es etwas zu beachten gibt. Darüber hinaus existieren noch einige andere Bildschirmelemente, die wir im folgenden diskutieren wollen.

Table-Controls Betrachten wir zunächst die Table-Controls, also die innerhalb von SAP-Transaktionen oft vorkommenden Grids, in die der Anwender fast wie in einer Excel-Tabelle erfassen kann. In einem solchen Fall ist in Klammern hinter dem Feldname die anzusteuernde Zeile anzugeben, um das auszufüllende Feld eindeutig zu identifizieren. Der Feldname allein kommt auf diesem Dynpro ja mehrfach vor. Sehen wir uns Abb. 3.8 an: Die Positionserfassung für einen Standardauftrag (Transaktion VA01). Der zugehörige Ausschnitt aus der BDC-Tabelle lautet wie folgt.

3 Batch Input

FNAM	FVAL
RV45A-MABNR(01)	P-100
RV45A-MABNR(02)	500-900
RV45A-KWMENG(01)	100
RV45A-KWMENG(02)	120

Abb. 3.8 © SAP AG: Batch-Input-Ansteuerung von Table-Control-Feldern

Checkboxen

In Abb. 3.9 sehen wir ein weiteres Steuerelement: Die Checkbox. Auch hinter Checkboxen stehen Feldvariablen. Wenn sie angeklickt ist, enthält der Feldwert ein 'X' ansonsten ein Leerzeichen.

FNAM	FVAL
CHECK_SPDB	P-100
CHECK_SPDA	X

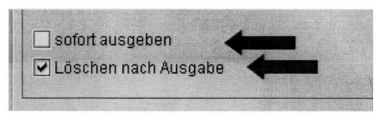

Abb. 3.9 © SAP AG: Ansammlung von Checkboxen

Radio-Buttons

Auch Radio-Buttons (Abb. 3.10) setzen wir analog den Checkboxen mit einem X im Feldinhalt. Das Feld eines Radio-Buttons, der nicht selektiert wurde, muss explizit auf ' ' gesetzt werden. Es ist nicht ausreichend, nur das angekreuzte Feld zu setzen.

3.2 Synchroner Batch-Input per RFC_CALL_TRANSACTION

FNAM	FVAL
USERTYPE1	
USERTYPE2	X
USERTYPE3	
USERTYPE4	

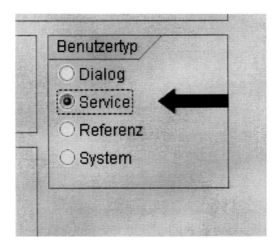

Abb. 3.10 © SAP AG: Ansammlung von Radio-Buttons

3.2.2 Mehrfachtransaktionen und GUI-Dialoge

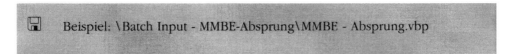

Beispiel: \Batch Input - MMBE-Absprung\MMBE - Absprung.vbp

Mit dem bereits kennengelernten Baustein RFC_CALL_TRANSACTION ist es möglich, eine einzelne Abfolge von Transaktionsschritten abzuspielen, die sich auf einen definierten Transaktionscode beziehen. Wenn Sie allerdings mehrere Transaktionen nacheinander mit einem Aufruf abspielen möchten, wird das Abfangen möglicher Fehler unmöglich, da nur die letzte Systemmeldung zurückgegeben wird. Der Baustein RFC_CALL_TRANSACTION_USING dagegen erlaubt es, eine ganze Tabelle an Systemmeldungen zu empfangen, die sich dann nach Fehlern durchsuchen lässt.

3 Batch Input

Transaktionen interaktiv abspielen

Desweiteren bringt der Baustein einen zusätzlichen Import-Parameter mit, nämlich MODE. Er bestimmt, ob die Transaktion sichtbar oder unsichtbar abgespielt wird. Mit dem sichtbaren Modus lassen sich in Verbindung mit der Eigenschaft *RFCUseDialog* des *Connection*-Objekts beeindruckende Funktionalitäten entwickeln. Wir wollen dazu ein Beispielprogramm erstellen, in dem der Benutzer in einer Visual-Basic-Form eine Materialnummer und ein Werk vorgibt. Auf Knopfdruck wird dann eine Hintergrundverarbeitung angestoßen, die die beiden Felder an die Transaktion MMBE übergibt (Bestandsanzeige im SAP-Standard). Die Eingangsmaske der Transaktion bekommt der Benutzer gar nicht zu sehen, erst wenn der Ergebnisbildschirm angezeigt wird, schalten wir um in den sichtbaren Modus.

Neue OK-Codes

Das Umschalten der Modi (sichtbar, Hintergrund usw.) erfolgt über OK-Codes, die im Folgenden aufgelistet sind.

/n	Beendet die aktuelle Transaktion
/bend	Bricht die aktuelle Transaktion als fehlerhaft ab
/bda	Ändert den Anzeigemodus von *nur Fehler anzeigen* auf *alle Schritte anzeigen*
/bde	Ändert den Anzeigemodus *von alle Schritte anzeigen* auf *nur Fehler anzeigen*

RFC_CALL_TRANSACTION_USING

Der Baustein RFC_CALL_TRANSACTION_USING ist wie folgt definiert.

Import-Parameter	
TCODE	Transaktionscode
MODE	A Anzeigen der Dynpros E Anzeigen nur, wenn ein Fehler auftrat N keine Anzeige
Export-Parameter	
SUBRC	Systemvariable *sy-subrc* des ABAP-Aufrufs CALL TRANSACTION innerhalb des Bausteins. Werte größer 0 deuten auf einen Fehler hin.

3.2 Synchroner Batch-Input per RFC_CALL_TRANSACTION

Tabellen			
BT_DATA	BDC-Tabelle wie bei RFC_CALL_TRANSACTION		
L_ERRORS	Tabelle mit allen Programmmeldungen der Verarbeitung.		
	TCODE	Transaktionscode	
	DYNAME	Name des Moduls	
	DYNUMB	Nummer des Dynpros	
	MSGTYP	Art der Meldung S Erfolg W Warnung E Fehler	
	MSGSPRA	Sprache der Meldung	
	MSGID	Name der Nachrichtenklasse	
	MSGNR	Nummer der Nachricht innerhalb der Nachrichtenklasse	
	MSGV(1-4)	Vier Variablen für die Platzhalter innerhalb der Nachricht	
	ENV	ABTC	Mappen für die Hintergrundverarbeitung übergeben.
		ANAL	Mappen und Protokolle analysieren.
		AONL	Mappen im Dialogbetrieb abspielen.
		DELE	Mappen löschen.
		FREE	Mappen freigeben.
		LOCK	Mappen sperren und entsperren.
		REOG	Mappen und Protokolle reorganisieren
	FLDNAME	Name des Feldes, das den Fehler verursacht hat	

3 Batch Input

Exceptions	
AUTHORITY_NOT_AVAILABLE	Nicht genügend Benutzerrechte vorhanden

Beispielprogramm Sehen wir uns nun das Beispielprogramm an. Abb. 3.11 zeigt die Inputmaske für den Benutzer. Zu beachten ist unbedingt, dass die Eigenschaft *RFCUseDialog* des *Connection*-Objekts auf '1' gesetzt sein muss, da wir ja aktiv den SAP-GUI mit in unsere Anwendung integrieren. Der Export-Parameter *MODE* muss auf E gesetzt werden, da der erste Teil der Transaktion im Hintergrund stattfinden soll.

```
Dim FunctionCtrl As Object
Dim SapConnection As Object
Dim func1 As Object
Dim BDCTable As Object

Set FunctionCtrl = CreateObject("SAP.Functions")
Set SapConnection = FunctionCtrl.Connection

SapConnection.RFCWithDialog = 1

If Not SapConnection.Logon(0, False) Then

    MsgBox "Logon failed !!"
    Exit Sub

End If

Set func1 = _
    FunctionCtrl.Add("RFC_CALL_TRANSACTION_USING")

func1.exports("TCODE") = "MMBE"
func1.exports("MODE") = "E"

Set BDCTable = func1.tables("BT_DATA")
```

3.2 Synchroner Batch-Input per RFC_CALL_TRANSACTION

Umschalten auf sichtbares GUI-Fenster muss in der BDC-Tabelle verankert werden

Das Füllen der Tabelle kennen wir ja schon. Man beachte, dass auf dem zweiten Dynpro (Programm SAPMSSYO, Dynpro 120) der Anzeigemodus mit Hilfe des OK-Code '/BDA' auf die Vordergrundverarbeitung umgeschaltet wird. Dadurch wird das SAP-GUI-Fenster geladen und die gewünschte Ergebnisliste angezeigt (Abb. 3.12).

```
BDCTableAddRow BDCTable, "RMMMBEST", _
    1000, "X", "", ""
BDCTableAddRow BDCTable, "", 0, "", _
    "BDC_OKCODE", "=ONLI"
BDCTableAddRow BDCTable, "", 0, "", _
    "MS_MATNR-LOW", Text1.Text
BDCTableAddRow BDCTable, "", 0, "", _
    "MS_WERKS-LOW", Text5.Text

BDCTableAddRow BDCTable, "SAPMSSYO", 120, "X", "", ""
BDCTableAddRow BDCTable, "", 0, "", _
    "BDC_OKCODE", "=/BDA"

If Not func1.call Then

    MsgBox "Fehler beim Aufrufen von " & _
        "RFC_CALL_TRANSACTION_USING"
    Exit Sub

Else

    If func1.exception <> "" Then
        MsgBox "Exception " & func1.exception & _
            " aufgetreten"
    Else
        MsgBox "Ende der Transaktion. SAPGUI " & _
            "wird jetzt geschlossen"
    End If

End If

SapConnection.logoff
```

3 Batch Input

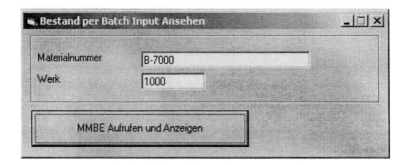

Abb. 3.11: Eingabemaske für den Benutzer

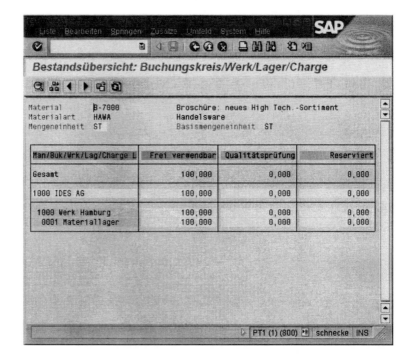

Abb. 3.12: Das SAP-GUI-Fenster mit der Bestandsanzeige erscheint nach dem Absprung

3.3 Asynchroner Batch Input und die Mappenverwaltung

> Beispiel: \Batch Input - CreateUsers_Async\CreateUsers_Async.vbp

In den vorangegangenen Beispielen haben wir den synchronen Batch-Input diskutiert, also das Absetzen von Batch-Input-Anweisungen mit direkter Ausführung und Auswertung der Rückgabemeldung. Es muss nicht immer gewollt sein, Batch Input direkt zu verarbeiten. Beispielsweise bei sehr großen Datenmengen, die über den Tag hinweg anfallen, aber erst nachts vom System verarbeitet werden sollen. Systemressourcen werden so effizienter genutzt. Zu diesem Zweck wurden die so genannten Batch-Input-Mappen erfunden. Sie sind nichts anderes als ein komfortables Ablagesystem für BDC-Tabellen, so wie wir sie bereits kennen gelernt haben. Um eine solche Mappe anzulegen und mit Leben zu füllen, bedarf es dreier Bausteine:

BDC_OPEN_GROUP	legt eine neue, leere Mappe an
BDC_INSERT	füllt die Mappen mit BDC-Daten
BDC_CLOSE_GROUP	schließt die Mappe und legt sie in der Mappenverwaltung ab

BDC_OPEN_GROUP

Import-Parameter	
CLIENT	Mandant
GROUP	Mappenname
HOLDDATE	Mappe bis zu diesem Datum als gesperrt kennzeichnen
KEEP	X, wenn die Mappe nach dem Abspielen in der Mappenverwaltung gehalten werden soll.
USER	Benutzername, unter dem die Mappe angelegt werden soll.
PROG	Name des Programms, das die Mappe erstellt hat.

3 Batch Input

Export-Parameter	
QID	Eindeutige ID, unter der die Mappe in der Datenbank abgelegt wird.
Exceptions	
CLIENT_INVALID	Ungültiger Mandant
GROUP_INVALID	Ungültiger Mappenname
GROUP_IS_LOCKED	Mappe ist gesperrt
HOLDDATE_INVALID	Ungültige Datumsangabe in HOLDDATE
INTERNAL_ERROR	Interner Systemfehler
QUEUE_ERROR	Systemfehler beim Abarbeiten der Mappe
RUNNING	Mappe wird derzeit verarbeitet
USER_INVALID	Ungültige Benutzerangabe

BDC_INSERT

Import-Parameter	
TCODE	Transaktionscode
POST_LOCAL	Mappenname
Tabellen-Parameter	
QID	BDC-Tabelle. Die Spaltendefinitionen können aus der Definition des Bausteins RFC_CALL_TRANSACTION entnommen werden
Exceptions	
INTERNAL_ERROR	Interner Systemfehler
NOT_OPEN	Mappe ist noch nicht geöffnet
QUEUE_ERROR	Systemfehler beim Einfügen
TCODE_INVALID	Transaktionscode nicht vorhanden

BDC_CLOSE_ GROUP	Exceptions	
	NOT_OPEN	Mappe nicht geöffnet
	QUEUE_ERROR	Systemfehler

Leider sind diese Funktionsbausteine nicht Remote-fähig, da sie ausschließlich für den internen Gebrauch in ABAP-Programmen vorgesehen sind. Das muss aber nicht heißen, dass uns die Möglichkeit der Remote-Mappen-Anlage vorenthalten bleibt, wir müssen lediglich etwas tiefer in die Trickkiste greifen und uns eben selbst Bausteine besorgen, die unseren Anforderungen entsprechen. Die wohl einfachste Möglichkeit bestände darin, drei RFC-Bausteine anzulegen, die die Schnittstelle der drei internen Bausteine exakt nachbildet und die Parameter, die Tabellen und die Exceptions an die Originale einfach durchreicht. Diese Möglichkeit soll hier aus Gründen der Übersichtlichkeit nicht diskutiert werden, der erforderliche Quelltext kann aber in den beiliegenden Dateien ZRFC_BDC_OPEN_GROUP.txt, ZRFC_BDC_ CLOSE_GROUP.txt und ZRFC_BDC_INSERT.txt eingesehen werden.

Die zweite, elegantere Möglichkeit wird auch durch einen selbstgeschriebenen Baustein realisiert, aber eben nur durch einen. Wir imitieren hier den Original-Baustein RFC_CALL_ TRANSACTION mit seiner Schnittstelle im neuen Baustein Z_RFC_MAPPE_ERZEUGEN und ergänzen ihn um einen Parameter, nämlich GROUP als zu übergebenden Mappennamen. Die Rückgabestruktur MESSG, die die letzte Nachricht der aufgerufenen Transaktion enthält, kann entfallen, da durch die asynchrone Abarbeitung keine direkte Rückgabe zu erwarten ist. Die Anlage und das Füllen der Mappe mit BDC_OPEN_GROUP, BDC_INSERT und BDC_CLOSE_GROUP erledigen wir somit auf ABAP-Seite wie nachfolgender Code zeigt.

```
FUNCTION Z_RFC_MAPPE_ERZEUGEN.
*"----------------------------------------------
*"
*"Lokale Schnittstelle:
*"      IMPORTING
*"           VALUE(TRANCODE) LIKE  TSTC-TCODE
*"           VALUE(GROUP) LIKE  APQI-GROUPID
*"      TABLES
```

```
*"               BDCTABLE STRUCTURE   BDCDATA
*"       EXCEPTIONS
*"             FEHLER_BDC_CLOSE_GROUP
*"             FEHLER_BDC_OPEN_GROUP
*"             FEHLER_BDC_INSERT
*"----------------------------------------------


     CALL FUNCTION 'BDC_OPEN_GROUP'
         EXPORTING
             CLIENT            = SY-MANDT
             GROUP             = GROUP
             KEEP              = 'X'
             USER              = SY-UNAME
*        IMPORTING
*            QID               =
         EXCEPTIONS
             CLIENT_INVALID       = 1
             DESTINATION_INVALID  = 2
             GROUP_INVALID        = 3
             GROUP_IS_LOCKED      = 4
             HOLDDATE_INVALID     = 5
             INTERNAL_ERROR       = 6
             QUEUE_ERROR          = 7
             RUNNING              = 8
             SYSTEM_LOCK_ERROR    = 9
             USER_INVALID         = 10
             OTHERS               = 11.

     IF SY-SUBRC NE 0.
       RAISE FEHLER_BDC_OPEN_GROUP.
     ENDIF.

     CALL FUNCTION 'BDC_INSERT'
         EXPORTING
             TCODE             = TRANCODE
         TABLES
             DYNPROTAB         = BDCTABLE
         EXCEPTIONS
             INTERNAL_ERROR    = 1
             NOT_OPEN          = 2
```

```
                QUEUE_ERROR        = 3
                TCODE_INVALID      = 4
                PRINTING_INVALID   = 5
                POSTING_INVALID    = 6
                OTHERS             = 7.

    IF SY-SUBRC NE 0.
      RAISE FEHLER_BDC_INSERT.
    ENDIF.

    CALL FUNCTION 'BDC_CLOSE_GROUP'
         EXCEPTIONS
                NOT_OPEN      = 1
                QUEUE_ERROR   = 2
                OTHERS        = 3.

    IF SY-SUBRC NE 0.
      RAISE FEHLER_BDC_CLOSE_GROUP.
    ENDIF.

ENDFUNCTION.
```

Durch die sehr ähnliche Schnittstelle zu RFC_CALL_TRANSACTION müssen wir auch unser Beispielprogramm von der synchronen Verbuchung nur dahingehend ändern, dass wir die aufzurufende Funktion austauschen gegen

```
Set func1 = FunctionCtrl.Add("Z_RFC_MAPPE_ERZEUGEN")
```

Und als zusätzlichen Export-Parameter GROUP den Mappennamen mit

```
func1.exports("GROUP") = "THEOS_MAPPE"
```

füllen. Bei der Rückgabe wird nicht die Meldungsstruktur ausgewertet, sondern lediglich die Exception, um sicherzustellen, dass die drei ABAP-internen Aufrufe ohne Fehler abgelaufen sind.

Wenn alles geklappt hat, sollte nun die unverarbeitete Mappe im SAP bereitstehen. Um das zu prüfen bedienen wir uns der

3 Batch Input

Transaktion SM35 (*System -> Dienste -> Batch Input -> Bearbeiten*). Hier können Mappen abgespielt, analysiert und nachbereitet werden. Um das Beispiel wiederzufinden selektieren wir im Einstiegsbild nach dem Mappennamen.

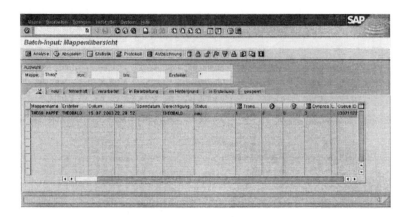

Abb. 3.13 © SAP AG: Einstieg SM35

Das Abspielen erfolgt über den *Abspielen*-Button.

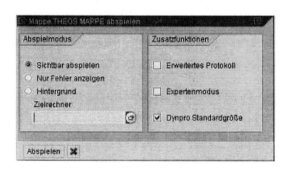

Abb. 3.14 © SAP AG: Abspielen einer Mappe

Sichtbar Abspielen Beim sichtbaren Abspielen werden nacheinander alle Dynpros, die in der Mappe gefüllt sind, angezeigt. Jeder einzelne Schritt muss mit *Enter* quittiert werden. Dieser Modus eignet sich am besten, wenn in der Verarbeitung Fehler auftreten, die zwar nicht explizit eine Fehlermeldung nach sich ziehen (eine rote Error-Meldung unten in der Status-Zeile), aber trotzdem ein inhaltlich falsches Ergebnis liefern.

Nur Fehler anzeigen Die Option *Nur Fehler Anzeigen* spielt die Mappe im Hintergrund, also ohne Anzeige ab und wechselt in den Anzeige-

3.4 Zusammenfassung, Ergänzungen und Einschränkungen

Hintergrund

Modus, wenn Fehlermeldungen von der fernzusteuernden Anwendung ausgegeben werden.

Hintergrund spielt die Mappe komplett ohne Anzeige ab. Eventuell auftretende Fehler müssen nach dem Abspielen von Hand korrigiert werden. Wir sehen im Übersichtsbild der Mappenverwaltung die Mappe dann unter dem Karteireiter 'fehlerhaft'.

3.4 Zusammenfassung, Ergänzungen und Einschränkungen

An den Beispielen der vergangenen beiden Teilkapiteln wurden die Möglichkeiten von Batch-Input-Verarbeitungen ausgiebig diskutiert. Diese Technik stellt für bestimmte Aufgaben ein sehr mächtiges und flexibles Werkzeug dar, wenn es darum geht, Daten in ein SAP-System hineinzubringen. Es bestehen aber auch gewisse Einschränkungen, so kann bei der asynchronen Verbuchung überhaupt nicht und bei der synchronen Einspielung nur bedingt sichergestellt werden, dass die zu übertragenden Daten auch wirklich im Zielsystem angekommen sind. Der vorgestellte Baustein RFC_CALL_TRANSACTION übermittelt ja nur die letzte ausgegebene Nachricht an das aufrufende Programm. Diesem Manko lässt sich mit der erweiterten Fassung RFC_CALL_TRANSAKTION_USING begegnen. Hier erhalten wir als Rückgabewert eine komplette Tabelle mit allen Meldungen, die von der Zielanwendung abgesetzt werden. Aus Platzgründen wird hier nicht auf diese neue Variante eingegangen, aber es sollte keine allzu schwere Anforderung darstellen, die erweiterte Schnittstelle selbst im Function-Builder nachzusehen und das Beispielprogramm entsprechend anzupassen.

Release-Wechsel

Unter Umständen stellen auch Release-Wechsel ein Problem dar. Wir sind bei der Verwendung der Batch-Input-Techniken darauf angewiesen, dass die Eingabemasken der Zielanwendung in ihrer Funktionalität gleich bleiben. Ein einzelnes, neues Feld kann so dafür sorgen, dass die BDC-Tabellen nicht mehr funktionieren und überarbeitet werden müssen. Von einer Realease-Kompatibilität nach unten oder oben ist in der Regel nicht auszugehen.

Commit-Befehle

Commit-Befehle innerhalb von ABAP in der Zieltransaktion sind ebenfalls ein unschönes Problem. Der Befehl COMMIT WORK schreibt alle bisherigen Änderungen, die die Transaktion durchgeführt hat, in die Datenbanktabellen (wie wir das von jeder anderen Datenbank-Programmierung her auch kennen). Ein COMMIT WORK lässt den Batch Input an dieser Stelle abbrechen:

Wenn Sie eine Transaktion fernsteuern, versuchen Sie Ihre Eingabe so zu gestalten, dass ein mögliches COMMIT WORK erst ganz am Schluss kommt, sonst besteht keine Chance, diese Transaktion per Batch Input zu Ende zu bringen.

4 Business-Objekte und das BAPI-OCX

Objektorientierung ist kein Begriff, der unmittelbar an eine Programmiersprache gekoppelt ist, vielmehr ist es als eine Art 'Sicht der Dinge' zu verstehen. Eine Denkweise, die es erlaubt, Gegenstände (egal ob real oder abstrakt) der realen Welt zu kapseln und strukturell zu verallgemeinern.

Moderne Softwareentwicklung und die alten Griechen

Streng genommen hat der alte Grieche Platon die Grundzüge der Objektorientierung erfunden. Er postulierte den Begriff der Idee. Ein Pferd als solches hat 4 Füße, eine definierte Größe und etliche andere Eigenschaften, die ein Pferd eben charakterisieren. Alle diese Merkmale zusammengenommen bilden die Idee *Pferd*. Die Farbe des Fells aber ist nicht durch die Idee charakterisiert, sie kann variabel sein (es gibt schwarze, braune und weiße Pferde). Allein die Tatsache, dass das Pferd ein Fell mit einer definierten Farbe haben muss, ist Teil der Idee, wir nennen diesen Teil ein *Attribut*. Den Wert des Attributs (also braun, schwarz usw.) ist durch die bloße Idee nicht definiert, denn wir müssen das Pferd erst instanziieren, also die Idee in die reale Welt abbilden.

Platons Idee heißt in der objektorientierten Programmierung *Klasse* und im SAP-Jargon *Objekttyp*. Die von der Klasse instanziierten Abbildungen nennt man *Objekte*.

Methoden und Ereignisse

Objekte werden zwar durch Eigenschaften genauer bestimmt, aber sie bringen noch einiges mehr mit. So können wir die Objekte von außen zu bestimmten Aktionen veranlassen, alles andere wäre ja auch langweilig. Diese Aktionen nennen wir *Methoden des Objekts*. Während Methoden immer von außen angewendet werden, so kann auch innerhalb des Objekts irgendetwas passieren, das vom Objekt veranlasst wird. Diesen Vorfall nennen wir *Ereignis*. Um noch einmal auf das Pferde-Beispiel zurückzukommen, nehmen wir an, wir würden das Pferd – auf welchem konkreten Weg auch immer – dazu veranlassen loszulaufen, woraufhin es wiehert. Wir haben soeben die Methode *LosLaufen* angewendet und dadurch das Ereignis *Wiehern* ausgelöst.

4 Business-Objekte und das BAPI-OCX

Vererbung

Ein weiteres Merkmal der Objektorientierung ist die Vererbung. Sie besagt, das Objekttypen aus anderen Objekttypen hervorgehen können und die Attribute und Methoden dadurch mitnehmen. Der Objekttyp *Tier* hat ein Attribut *Name*. Da der Objekttyp *Pferd* vom Objekttyp *Tier* durch Vererbung hervorgegangen ist, verfügt auch *Pferd* über das Attribut *Name*.

Mit Sicherheit haben Sie schon viel Zeit damit verbracht, objektorientiert zu programmieren, aber das Wesen der Objektorientierung wirklich zu verstehen, ist eine hervorragende Vorraussetzung für das Verständnis der SAP-Business-Objekte.

Während der Begriff BAPI letztendlich eine Kapselung von Funktionsbausteinen darstellt, die die Datenbank-Operationen durchführen, ist das BAPI-OCX eine zusätzliche Ummantelung um die RFC-Kommunikation zu bewerkstelligen. So ergibt sich ein vierschichtiges Modell, wie es Abb. 4.1 zeigt.

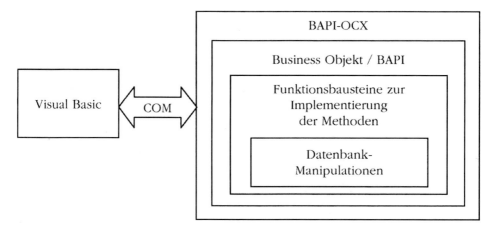

Abb. 4.1: Vierschichtiges Modell des BAPI-OCX

4.1 Der Business Object Builder

Wir haben in den vergangenen Kapiteln schon einige Werkzeuge zur Administration und Entwicklung innerhalb des SAP-Systems kennengelernt. Ein weiteres ist der Business Object Builder, das zentrale Tool zum Verwalten, Ansehen und Entwerfen von Business-Objekten. Über den *Transaktionscode SWO1 (Werkzeuge -> Business Framework -> BAPI-Entwicklung -> Business Object Builder)* offenbart sich das Einstiegsbild ähnlich dem Function Builder.

4.1 Der Business Object Builder

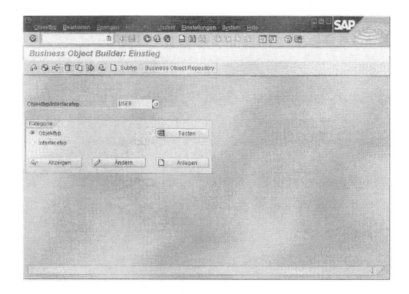

Abb. 4.2 © SAP AG: Einstieg in den Object Builder

Der Buisiness Object Builder

Unter Angabe des Namens kann direkt in den Objekttyp (bzw. die Klasse) verzweigt werden; es stehen dort Funktionen zum Ändern, Anzeigen, Testen oder Vererben von Objekttypen zur Verfügung. Wir wollen mit Hilfe des Buttons *Business Object Respository* (BOR) in den BAPI-Explorer abspringen, in dem sich uns alle im System abgelegten Business-Objekte in hierarchischer Anordnung präsentieren. Bei der Frage nach dem Einstieg in den BAPI-Explorer wählen wir BAPI, sehen uns also direkt die Schnittstellen nach außen an, die die Business-Objekte zur Verfügung stellen (Abb. 4.3).

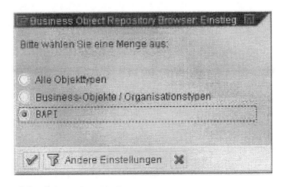

Abb. 4.3 © SAP AG

105

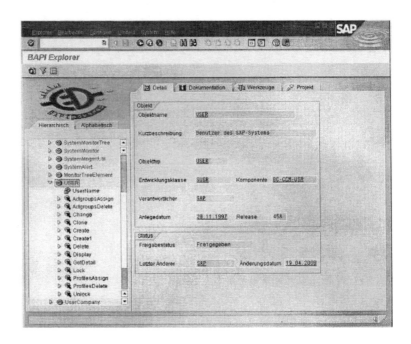

Abb. 4.4 © SAP AG: Der BAPI-Explorer

Der BAPI-Explorer Auf der linken Seite präsentieren sich uns in hierarchischer Form die einzelnen Business-Objekte in Abhängigkeit zueinander, gruppiert nach deren Anwendungsgebiet. Jedes Business-Objekt bringt neben den Methoden (den eigentlichen BAPIs) auch Schlüsselfelder mit sich. Diese Schlüsselfelder identifizieren eine Instanz des Objekttyps eindeutig. Betrachten wir das Objekt *User*, so ist der Benutzername *UserName* der eindeutige Schlüssel auf genau einen Benutzer im System.

Wir erkennen in Abb. 4.4, dass SAP zwischen den Begriffen Objektname und Objekttyp unterscheidet. Im Beispiel von USER gleichen sich die beiden Werte. Das muss nicht so sein. Der Objekttyp BUS2032 hat den Objektnamen *SalesOrder*. Beide Werte müssen systemweit eindeutig sein und sind äquivalent. Die Unterscheidung der beiden Begriffe hat historische Gründe. Der Begriff Objekttyp war zuerst da, bis jemand auf die Idee kam, den Objekten klingende Namen zu geben und trotzdem die Rückwärtskompatibilität zu wahren.

Methoden genauer untersuchen Betrachten wir die Methode *GetDetail* genauer, indem wir den Zweig per Mausklick aufklappen (Abb. 4.5). Es werden eine Fülle von Strukturen und Tabellen an die Methode über- bzw. zurückgegeben, zum Beispiel *Address*. Auf der rechten Seite des

4.1 Der Business Object Builder

Anzeigebildes können wir die Struktur genauer untersuchen und weitere Infos einsehen, so zum Beispiel die zugehörige Dokumentation (wenn sie denn hinterlegt ist).

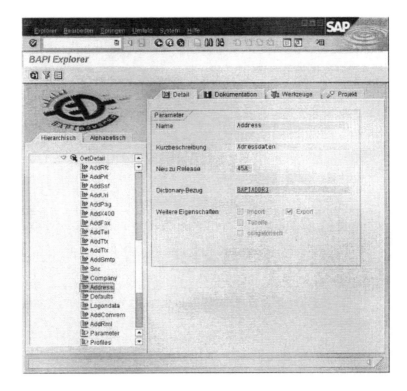

Abb. 4.5 © SAP AG: *Address* als Übergabestruktur von *GetDetail*

Einzelne Struktur einer Methode

Es handelt sich um eine optionale Struktur (kein Häkchen bei obligatorisch). Dieser Umstand ist wichtig, wie sich nachher im Beispiel herausstellen wird, weil alle optionalen Strukturen beim Aufruf der Methode weggelassen werden können, wenn Sie vom aufrufenden Programm nicht benötigt werden. Ein Doppelklick auf die Struktur springt direkt ins Data Dictionary ab (Abb. 4.6).

Die Namen der Strukturelemente stimmen oft nicht mit den Namen der Tabellenspalten überein, in die Daten letztendlich nach dem Speichern abgelegt werden. Hier gilt es, entweder den Bezeichnungstext zu interpretieren oder das Interface-Repository zu bemühen. Sie erreichen es im Internet unter der Adresse ifr.sap.com, dort können neben den BAPIs aller Realease-Stände auch hilfreiche Dokumentationen recherchiert werden. Manche Business-Objekte sind in Ihrer Beschaffenheit (sprich in den

Übergabe-Strukturen der Methode) sehr kompliziert. Das Interface-Repository hilft oft, den Überblick nicht zu verlieren.

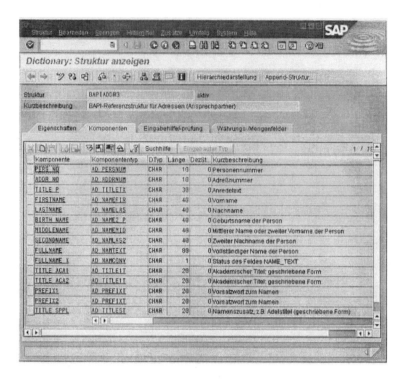

Abb. 4.6 © SAP AG: Absprung ins DD zur Struktur BAPIADDR03

4.1.1 Standard-Methoden von Business-Objekten

Grundsätzlich ist es nicht verboten, die Methoden der Business-Objekte beliebig zu benennen. In der Praxis stellt sich allerdings eine gewisse Standardisierung heraus, die es einem Programmierer (oder wer auch immer mit den Objekten zu tun hat) ermöglichen, der Methode direkt anzusehen, welche Funktionalität sich dahinter verbirgt. Nachfolgende kurze Liste erläutert diese Quasi-Standard-Methoden, an denen sich zumindest die Standard-Objekte im Wesentlichen orientieren.

- **GetList**
  lässt sich auch auf ein uninstanziiertes Objekt anwenden und liefert unter Übergabe von verschiedensten Selektionskriterien eine Liste von Schlüsseln bzw. Schlüsselwerten

(Beispiel: *Material.GetList* sucht nach Materialnummern und ist Teil eines später nachfolgenden Beispielprogramms).

- **GetDetail**
  ruft Details eines Objekts ab (Beispiel: *User.GetDetail* liefert alle Informationen, die für einen bestimmten Benutzer im System hinterlegt sind).

- **GetStatus**
  ermittelt den Status eines Objekts, ohne wie *GetDetail* gleich alle Informationen abzurufen (Beispiel: *SalesOrder.GetStatus* gibt eine Tabelle der Lieferpositionen zurück, die unter anderem Auskunft über den Lieferstatus der einzelnen Position, sowie über den Gesamtbearbeitungsstatus des Auftrags gibt).

- **ExistenceCheck**
  ermittelt, ob ein persistentes Objekt eines bestimmten Schlüssels vorhanden ist. Diese Methode wird auch beim Instanziieren eines Objekts aus Visual Basic heraus implizit aufgerufen, um die Gültigkeit eines übergebenen Schlüsselfeldes zu prüfen.

- **Create/CreateFromData**
  legt ein neues Objekt mit einem neuen Schlüssel an. Der Schlüssel muss entweder vorgegeben werden (z.B. bei der Materialanlage mit *Material.CreateFromData*) oder wird systemseitig vergeben (z.B. beim Anlegen eines Kundenauftrags mit *SalesOrder.CreateFromData*).

- **Change**
  Ein mit *GetDetail* angefordertes, persistent abgelegtes Objekt kann mit *Change* nach dem Ändern wieder persistent zurückgeschrieben werden. (Beispiel: *User.Change*)

- **Delete**
  löscht ein persistent abgelegtes Objekt (Beispiel: mit *User.Delete* einen angelegten Benutzer löschen).

- **Clone**
  kopiert ein bestehendes, persistentes Objekt und legt es unter einem anderen Schlüssel ab (Beispiel: *User.Clone* kopiert einen bereits angelegten Benutzer und speichert die Kopie unter einem anderen Benutzernamen).

4.2 Das BAPI-OCX

Hinter dem Dateinamen WDOBAPI.ocx verbirgt sich eine Zusammenfassung der COM-Komponenten, die wir bereits im 2. Kapitel ausführlich diskutiert hatten. Sie ist optimiert auf das Handling der SAP-Business-Objekte und ist in der Lage, nur durch Kenntnis des entsprechenden Business-Objekts alle Anforderungen zu bewerkstelligen. Die unter dem BAPI liegenden Funktionsbausteine brauchen uns nicht zu interessieren, da wir es nur mit der Ummantelungsschicht zu tun haben.

Wir fügen das BAPI-OCX dem Visual-Basic-Projekt hinzu. (Menü *Projekt -> Komponenten*). Es erscheint nun in der VB-Toolbox als eigenes Symbol und kann auf eine Form gezogen werden. Zur Laufzeit ist es unsichtbar.

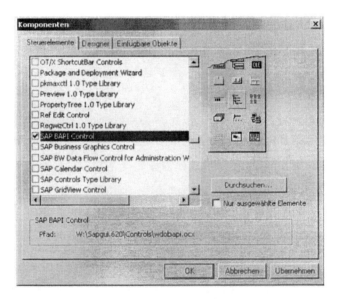

Abb. 4.7 © SAP AG: Einfügen der Komponente

Dynamische Erzeugung

Alternativ dazu können Instanzen des BAPI-Controls auch dynamisch erzeugt werden, wie wir das von den COM-Objekten aus Kapitel 2 kennen.

```
Dim SAPBAPIControl1 as Object
Set SAPBAPIControl1= CreateObject("SAP.BAPI")
```

Vorteil der dynamischen Erzeugung ist die Versionsunabhängigkeit. ActiveX-Steuerelemente fest an VB-Projekte zu binden, machen es immer erforderlich, dass mindestens die beim Entwicklungsvorgang eingebundene Version auf dem Zielsystem vorhanden ist. Das dynamische Binden lässt eher eine Rückwärtskompatibilität zu, wenn die Versionsunterschiede zwischen Entwicklungs- und Anwendersystem nicht allzu groß sind, ansonsten macht Ihnen die VB-Laufzeitumgebung aus formalen Gründen einen Strich durch die Rechnung (die Auswirkungen von Versionsunterschieden bei ActiveX-Controls sind oftmals auch einfach Glückssache).

Das BAPI-Control bringt analog zu der in Kapitel 2 diskutierten *Functions*-Collection das Element *Connection* mit. Es kann über die *Connection*-Eigenschaften (vgl. ebenfalls Kapitel 2) zum Leben erweckt werden. Der Einfachheit halber wählen wir den nicht-silent-Login, lassen also den Anwender selber entscheiden, auf welchem System er sich anmelden möchte:

```
If Not SAPBAPIControl1.Connection.logon(0, False)
Then
    MsgBox "Login failed"
    Exit Sub
End If


....


SAPBAPIControl1.Connection.logoff
```

4.3 Business-Objekte instanziieren

Wir nutzen die Methode *GetSAPObject*, um das Business-Objekt abzurufen und für die weitere Verarbeitung nutzbar zu machen. Sehen wir uns die Syntax dieses Aufrufes an:

```
Object.GetSAPObject(ObjectType as String, _
    ObjectKey1 as Variant, ... , _
    ObjectKey10 as Variant)
```

Der erste Parameter *ObjectType* identifiziert das anzusprechende Business-Objekt eindeutig und ist natürlich zwingend zu übergeben. Es folgen 10 optionale Schlüsselfelder. Je nach dem, was das Ziel unserer augenblicklichen Bemühungen ist, sind Schlüsselfelder anzugeben oder nicht.

Schlüsselfelder sind zu übergeben, wenn

- das zu bearbeitende Objekt bereits in persistentem Zustand existiert (z.B. soll ein Artikel geändert werden, dann ist die Übergabe der Materialnummer als Schlüsselfeld Pflicht).
- ein Objekt nicht unbedingt persistent vorhanden, aber eindeutig ist.

Schlüsselfelder sind nicht zu übergeben, wenn

- das Objekt sowieso nicht persistent gespeichert wird oder persistent nur genau einmal existiert.
- Die Schlüsselfeldvergabe eines neuen Objekts erst beim Anlegen im SAP-System erfolgt (z.B. ein Kundenauftrag. Hier wird die Auftragsnummer - also das erste Schlüsselfeld - erst beim Abspeichern vom System automatisch vergeben. Sie steht zum Zeitpunkt der Objektinstanziierung nicht fest).
- das zu bearbeitende Objekt zu einem späteren Zeitpunkt persistent abgelegt werden soll und keine automatische Vergabe des Schlüsselfeldes stattfindet (Es soll beispielsweise ein neuer Artikel im Materialstamm angelegt werden. Die zukünftige Materialnummer wird nicht automatisch vom System vergeben, sondern muss über entsprechende Eigenschaften oder Methoden gesetzt werden. Sie geht dann beim Speichern in das Schlüsselfeld über)

Wir wollen in unserem Beispiel Daten eines SAP-Benutzers auslesen und ggfs. verändern, also übergeben wir als Schlüsselfeld den Benutzernamen:

```
Dim UserObj As Object
Set UserObj = SAPBAPIControl1.GetSAPObject( _
    "USER", "THEOBALD")
```

Nach erfolgreicher Instanziierung verfügt *UserObj* über alle Eigenschaften und Methoden, die das Business-Objekt mitbringt (vgl. BAPI-Browser). Achtung! Bei Schlüsselfeldern ist die Groß/Klein-Schreibung wichtig. Der Versuch, ein persistentes Objekt mit einem Schlüssel abzurufen, den es nicht gibt, zum Beispiel mit

```
Set UserObj = SAPBAPIControll.GetSAPObject( _
    "USER", "Theobald_XXX")
```

wird uns die Laufzeitumgebung sofort mit einem Fehler quittieren.

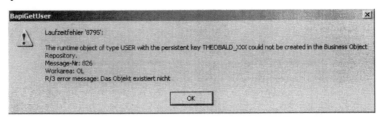

Abb. 4.8: Laufzeitfehler bei ungültiger Schlüssel-Übergabe

4.4 Parameter-Objekte und Methoden

Methoden, die auf Business-Objekte angewendet werden, bringen in der Regel eine größere Anzahl von Übergabe-Strukturen und Tabellen mit, um die jeweilige Methode ausreichend mit Daten zu versorgen bzw. auszulesen.

Wir haben in Kapitel 2 schon das Handling von Übergabe-Strukturen und Tabellen diskutiert. Jede Struktur wird durch ein *Structure*-Objekt dargestellt. Die Initialisierung dieser *Structure*-Objekte erfolgt über die *DimAs*-Methode des Bapi-Controls.

```
Object.DimAs(Object BusinessObject, String Method,
    String Parameter)
```

Businessobject
Übergabe des instanziierten VB-BAPI-Objekts.
Method
Die aufzurufende Methode innerhalb des BAPIs.
Parameter
Der Name des Parameters (Struktur oder Übergabetabelle).

Rückgabe

Structure- bzw. *Table*-Objekt

Die Methode *GetDetail* des *User*-BAPIs stellt unter anderem die Struktur *Address* zur Verfügung, die alle relevanten Daten zur Adresse des Benutzers enthält. Darüber hinaus wird eine obligatorische Tabelle *Return* übergeben. Sie enthält Statusmeldungen des BAPIs und ist insbesondere für den Fehlerfall gedacht. Wir besorgen uns zunächst mit Hilfe der *DimAs*-Methode eine Instanz der *Address*-Struktur und eine Instanz der *Return*-Tabelle:

```
Dim oAddress As Object
Dim oReturn As Object

Set oAddress = SAPBAPIControl1.DimAs(UserObj, _
    "GetDetail", "Address")
Set oReturn = SAPBAPIControl1.DimAs(UserObj, _
    "GetDetail", "Return")
```

Und lösen dann die Methode *GetDetail* aus:

```
UserObj.Getdetail Address:=oAddress, Return:=oReturn
```

Methode des Business-Objekts auslösen

Die Parameter der Methode sollten – wie hier gezeigt - benannt übergeben werden, also unter Angabe des Parameternamens. *GetUserDetail* bringt sehr viele Übergabe-Strukturen mit, wir benötigen aber nur die beiden und lassen den Rest leer.

Nach erfolgreichem Aufruf steht uns nun die geforderte Rückgabe-Struktur *Address* zum Auslesen zur Verfügung:

```
MsgBox "Benutzer: " & Username & vbclrf & vbCrLf & _
    "Name: " & oAddress("FIRSTNAME") & " " &_
    oAddress("LASTNAME")
```

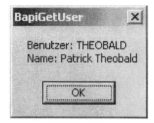

Abb. 4.9: Output des Beispielprogramms

4.5 Praxisbeispiel Kundenauftrag mit BAPI SalesOrder

> Beispiel: \BAPI - SalesOrder\CreateSalesOrder.vbp
>
> Hinweis: Die angegebenen Parameter wie Kunden- oder Materialnummer sind so gewählt, dass der Auftrag mit einer IDES-Installation aller Releases funktionieren sollte.

Das Beispiel zeigt die Anlage eines Kundenauftrags mit Hilfe des BAPIs *SalesOrder*. Es ist zu beachten, dass beim Befehl *GetSAPObject* kein Schlüsselfeld übergeben wird, da die Auftragsnummer erst während der Anlage im SAP vergeben wird, also zu diesem Zeitpunkt noch gar nicht feststeht. Die Übergabe des Kunden erfolgt nicht in einer Struktur, sondern in einer Tabelle. Das mag verwundern, liegt aber an der internen Organisation eines SAP-Auftrags. Es können pro Auftrag mehrere Kundennummern hinterlegt werden, z.B. ein Debitor, der die Ware bestellt hat, einen, der sie bekommt, und einen, der sie bezahlt. Um die Sache einfach zu halten, übergeben wir nur eine Kundennummer mit der Partnerrolle 'AG' für *Auftraggeber* und keine weiteren.

```
Dim oOrder As Object
Dim oPartners As Object
Dim oHeader As Object
Dim oItemsIn As Object
Dim oReturn As Object
```

4   Business-Objekte und das BAPI-OCX

Instanziieren eines leeren Objekts *SalesOrder*, ohne Angabe von Schlüsselfeldern:

```
Set boOrder = SAPBAPIControl1. _
   GetSAPObject("SalesOrder")
```

Instanziieren der Strukturen und Tabellen:

```
Set oPartners = SAPBAPIControl1.DimAs(boOrder, _
   "CreateFromDat1","OrderPartners")
Set oHeader = SAPBAPIControl1.DimAs( _
   boOrder, _
   "CreateFromDat1","OrderHeaderIn")
Set oItemsIn = SAPBAPIControl1.DimAs(boOrder, _
   "CreateFromDat1","OrderItemsIn")
```

Auftragskopf füllen

Das Füllen der Header-Struktur, also des Auftragskopfes, erfolgt analog zur Auftragserfassung in der Transaktion VA01 (Anlegen Standardauftrag). In der Transaktion sind wie im BAPI die Auftragsart (DOC_TYPE), die Verkaufsorganisation (SALES_ORG), der Vetriebsweg (DISTR_CHAN) und der Sparte (DIVISION) zwingend anzugeben.

```
oHeader.Value("DOC_TYPE") = "TA"
oHeader.Value("SALES_ORG") = "1000"
oHeader.Value("DISTR_CHAN") = "10"
oHeader.Value("DIVISION") = "00"
```

Kunde definieren

Die Partner-Tabelle muss mindestens mit dem Auftraggeber (Partner-Rolle='AG') gefüllt sein. Bei Bedarf kann noch ein abweichender Warenempfänger (Partner-Rolle='WE') hinzugefügt werden. Unter PARTN_NUMB ist eine gültige Debitoren-Nummer anzugeben (Vorsicht!!!! Die führenden Nullen nicht vergessen. Das BAPI ist leider nicht intelligent genug, sich die führenden Nullen dazuzudenken).

```
oPartners.Rows.Add
oPartners.Value(1, "PARTN_ROLE") = "AG"
oPartners.Value(1, "PARTN_NUMB") = "0000001172"
```

Positionen füllen   Am überschaubarsten sind da noch die Auftragspositionen, hier genügt es, die gewünschte Materialnummer (MATERIAL) in der gewünschten Menge (REQ_QTY) zu setzen.

```
oItemsIn.Rows.Add
oItemsIn.Value(1,"REQ_QTY") = "1"
oItemsIn.Value(1,"MATERIAL") = "M-05"
```

Auslösen der Methode   Schlussendlich erzeugen wir nun den Auftrag mit *CreateFromDat1*.

```
Dim AuftragsNr As String

boOrder.CreateFromDat1 OrderHeaderIn:=oHeader, _
    OrderPartners:=oPartners, _
    OrderItemsIn:=oItemsIn, _
    Return:=oReturn , SalesDocument:=AuftragsNr
```

Auswertung der Rückgabe   Eventuelle Fehlermeldungen bei Falschangaben können in der *Return*-Struktur abgefragt werden. Das Abprüfen der gefüllten Auftragsnummer gibt Aufschluss darüber, ob beim Anlegen Fehler aufgetreten sind.

```
If Trim(AuftragsNr) = "" Then
    MsgBox oReturn("MESSAGE")
Else
    MsgBox "Auftrag angelegt. " & _
        "AuftragsNr " & AuftragsNr
End If
```

Abb. 4.10: Output des Beispielprogramms

Der Vollständigkeit halber überzeugen wir uns in der Transaktion VA03 (Anzeigen Kundenauftrag) davon, dass unser Auftrag auch tatsächlich angelegt wurde (Abb. 4.11).

Abb. 4.11 © SAP AG: angelegter Auftrag in der VA03

4.6 Wertehilfe leicht gemacht: Das BAPI HelpValues

R/3 und seine Benutzeroberfläche bietet etliche Hilfen, um das Leben von gestressten Anwendern leichter zu machen. Hierzu gehören vor allem die umfangreichen Wertehilfen, die in jedem Feld zur Verfügung stehen, in dem irgendwelche Kürzel oder Steuerkennzeichen einzutragen sind. Beim Einstieg in die Transaktion VA01 (Anlage eines Kundenauftrags) ist eine Auftragsart zu wählen. Die Taste F4 oder das Anklicken des kleinen, runden Buttons rechts neben dem Feld öffnet ein neues Fenster und zeigt eine Liste von möglichen Werten an.

Das Business-Objekt *HelpValues* ermöglicht es, genau solch eine Liste sinnvoller und zugelassener Werte auszulesen. Die Methode *Getlist* liefert unter Angabe des genutzten BAPI-Feldes eine ent-

4.6 Wertehilfe leicht gemacht: Das BAPI HelpValues

sprechende Tabelle zurück. Im folgenden Beispiel betrachten wir das BAPI *SalesOrder* mit seiner Methode *CreateFromData* und dem Übergabe-Parameter *OrderHeaderIn* mit dem zugehörigen Feld SALES_ORG. Die Ergebnisliste ist eine Wertehilfe für alle zugelassenen Verkaufs-Organisationen, auf die ein Kundenauftrag erfasst werden kann.

```
If Not SAPBAPIControll.Connection._
    logon(0, False) Then
        MsgBox "Login failed"
        Exit Sub
End If


Dim oHelpValues As Object
Set oHelpValues = SAPBAPIControll._
    GetSAPObject("Helpvalues")


Dim oTabHelpValues As Object

Set oTabHelpValues = SAPBAPICon-
troll.DimAs(oHelpValues, _
    "GetList", "Helpvalues")


Dim oReturn As Object

oHelpValues.GetList OBJTYPE:=txtObjectType, _
    OBJNAME:=txtObjectName, METHOD:=txtMethod, _
    PARAMETER:=txtParameter, FIELD:=txtField, _
    HELPVALUES:=oTabHelpValues, RETURN:=oReturn


Dim oZeile As Object

If oTabHelpValues.rows.Count = 0 Then
    MsgBox oReturn("MESSAGE")
Else
    For Each oZeile In oTabHelpValues.rows
        List1.AddItem oZeile("HELPVALUES")
    Next
End If


SAPBAPIControll.Connection.logoff
```

4 Business-Objekte und das BAPI-OCX

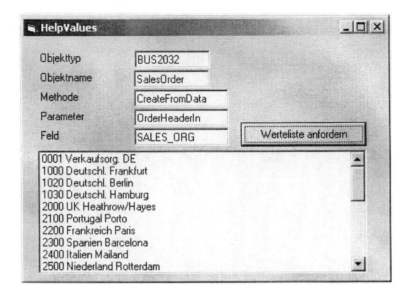

Abb. 4.12: Werteliste zum VK-Org-Feld

4.7 Ranges und die GetList-Methode

> Beispiel: \BAPI - MatGetList\ MaterialGetList.vbp

Wir haben bereits kennengelernt, wie ein BAPI-Objekt über einen eindeutigen Schlüssel instanziiert werden kann. Es wird in Anwendungen aber immer wieder nötig sein, Objekte zu selektieren, von denen man den entsprechenden Schlüssel unter Umständen nicht kennt.

Viele BAPI-Objekte stellen die Methode *GetList* zu Verfügung. Es werden - sofern *GetList* vorhanden - nur Muster bestimmter Eigenschaften übergeben, um so eine Ergebnismenge von Objekten bzw. deren Schlüssel zurückzubekommen.

Bevor wir uns *GetList* an einem konkreten Beispiel anschauen, sollten wir erst definieren, wie diese Eigenschaftsmuster konkret aussehen. Es handelt sich dabei prinzipiell um eine einfache Tabelle, die man in dieser Form Range nennt. Sie besteht aus vier Spalten: SIGN, OPTION, LOW und HIGH.

4.7 Ranges und die GetList-Methode

LOW und HIGH sind Wertebereiche, die je nach OPTION interpretiert werden. Das zweistellige Kürzel in OPTION hat folgende Bedeutungen:

EQ   Gleichheit
NE   Ungleichheit
BT   Zwischen unterem und oberem Wert
NB   Außerhalb unterem und oberem Wert
CP   Enthält das Muster
NP   Enthält das Muster nicht
LT   Kleiner als
LE   Kleiner oder gleich als
GT   Größer als
GE   Größer oder gleich als

Bei Vergleichsoperatoren, bei denen eine zweite Wertangabe keinen Sinn macht (z.B. EQ) wird die Spalte HIGH ignoriert.

SIGN kennt nur 2 Zustände: I für Inkludieren und E für Exkludieren der in dieser Zeile angegebenen Eigenschaften in bzw. aus der Zielergebnismenge.

Das alles hört sich komplizierter an als es ist, deshalb ein Beispiel:

Beispiel

Wir haben eine Menge an Namen und wollen daraus nur die selektieren, deren Anfangsbuchstabe zwischen A und G liegt (1. Zeile), aber nicht der Name 'Bernd' (2. Zeile), und auch nur die, die ein 'N' enthalten (3. Zeile). Unsere Range-Tabelle würde dann wie folgt aussehen:

SIGN	OPTION	LOW	HIGH
I	BT	'A'	'G'
E	EQ	'Bernd'	
E	NP	'*N*'	

Beispiel

Sehen wir uns nun die Verwendung von Ranges in der Praxis an und basteln uns ein Beispielprogramm, in dem der Anwender eine Liste von Materialnummern selektieren kann. Er kann MaterialNr von / bis oder ein Muster für die Kurzbezeichnung angeben.

Vor dem BAPI-Aufruf besorgen wir uns ein leeres *Material*-Objekt, indem wir keinen Schlüssel übergeben. Das Objekt bleibt dann unspezifiziert und leer.

```
If Not SAPBAPIControl1.Connection.logon( _
    0, False) Then
      MsgBox "Login failed"
      Exit Sub
End If

Dim oMat As Object
Set oMat = SAPBAPIControl1.GetSAPObject("Material")

Dim oRangeMatNr As Object
Dim oRangeMatText As Object

Set oRangeMatNr = SAPBAPIControl1.DimAs(oMat, _
    "GetList", "MatnrSelection")
Set oRangeMatText = SAPBAPIControl1.DimAs(oMat, _
    "GetList", "MaterialShortDescSel")

Dim oMatList As Object
Set oMatList = SAPBAPIControl1.DimAs(oMat, _
    "GetList", "MatnrList")
```

Füllen der Range-Tabellen

Die beiden Range-Tabellen *oRangeMatNr* und *oRangeMatText* werden um jeweils eine Zeile mit der Benutzereingabe ergänzt, wenn denn eine gesetzt ist.

```
Dim oRangeRow As Object

If txtMatNrVon.Text <> "" And _
    txtMatNrBis.Text <> "" Then

    Set oRangeRow = oRangeMatNr.rows.Add
    oRangeRow("SIGN") = "I"
    oRangeRow("OPTION") = "BT"
```

4.7 Ranges und die GetList-Methode

```
            oRangeRow("MATNR_LOW") = txtMatNrVon.Text
            oRangeRow("MATNR_HIGH") = txtMatNrBis.Text

        End If

        If txtBez.Text <> "" Then

            Set oRangeRow = oRangeMatText.rows.Add
            oRangeRow("SIGN") = "I"
            oRangeRow("OPTION") = "CP"
            oRangeRow("DESCR_LOW") = txtBez.Text

        End If
```

Ergebnis auswerten und anzeigen

Mit der Methode *GetList* füllen wir die Ergebnis-Tabelle *oMatList* und laufen mit dem bekannten *for-each*-Konstrukt durch die Collection um das List-Control für die Ausgabe zu füllen. Abb. 4.13 zeigt das Ergebnis. Es ist unbedingt zu beachten, dass mehrere Range-Tabellen die Ergebnismenge vergrößern. Würde man wie im Beispiel die Material-Bezeichnung ausfüllen und zusätzlich noch die beiden Felder für die Materialnummer, addieren sich die Ausgabelisten.

```
        oMat.GetList MatnrSelection:=oRangeMatNr, _
            MaterialShortDescSel:=oRangeMatText, _
            MatnrList:=oMatList


        Dim oZeile As Object

        For Each oZeile In oMatList.rows

            List1.AddItem oZeile("MATERIAL") & vbTab & _
                oZeile("MATL_DESC")

        Next
```

4 Business-Objekte und das BAPI-OCX

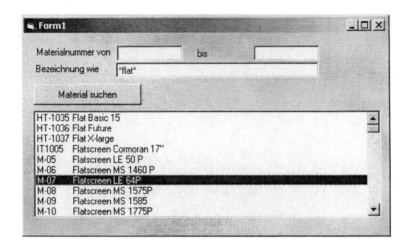

Abb. 4.13: Beispielprogramm Material-Suche mit *GetList*

4.7.1 Collections über Business-Objekte

Die Methode *CreateCollectionOfSAPObjects* des BAPI-Controls gibt ein leeres Collection-Objekt zurück, das dazu verwendet werden kann, eine größere Menge oder zum Entwurfszeitpunkt unbekannte Anzahl von Business-Objekten zu halten. Das Beispielprogramm des letzten Teilkapitels wollen wir abändern und zu jedem zurückgegebenen Objekt-Schüssel (in unserem Fall die Materialnummer) ein instanziiertes Objekt der Collection hinzuzufügen.

```
...

Dim oZeile As Object
Dim otempMat as object

Dim MatCol as object

set MatCol  = SAPBAPICon-
troll.CreateCollectionOfSAPObjects

For Each oZeile In oMatList.rows
   MatCol.add _
      SAPBAPIControll.GetSAPObject("Material", _
      oZeile("MATERIAL"))
Next
```

4.8 Transaktionaler BAPI-Aufruf

Um die Prozesssicherheit zu erhöhen, bietet das BAPI-Control Möglichkeiten, die RFC-Aufrufe transaktional zu gestalten. Jedem BAPI-Aufruf wird eine eindeutige ID zugewiesen und während des Aufrufs in der so genannten tRFC-Schicht gehalten.

Die TID

Eine Transactions-ID (TID) wird mit der Methode *CreateTransationID* erzeugt und kann über die Eigenschaft *TransactionID* ausgelesen werden. Vor dem Aufrufen der BAPI-Methode muss sie in einem internen Transaktionsmanagement gespeichert werden. Das kann eine simple Dateiablage sein. Stürzt das Programm unvorhergesehen ab, sind beim Wiederanlauf alle nötigen Daten zu rekonstruieren und unter Angabe der gemerkten Transaktions-ID erneut zu übergeben. SAP kann nun anhand der ID erkennen, ob der Aufruf bereits abgearbeitet wurde. Ist dies der Fall, wird er kein zweites Mal ausgelöst. So kann sichergestellt werden, dass keine Aufrufe doppelt ins System gelangen.

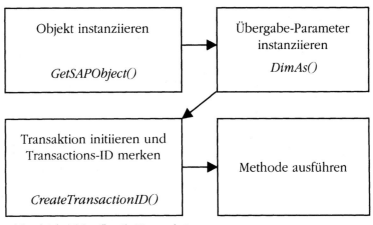

Abb. 4.14: Ablauflogik Transaktion

4.9 BAPI-Control im Überblick

Eigenschaften	
Connection	*Connection*-Objekt der aktuellen Verbindung, genauer spezifiziert in Kapitel 2.
LogFileName	Name des Tracing-Files. Falls nicht anders angegeben, werden die Dateien unter *dev_bapi.trc* für das BAPI-Control und unter *dev_func.trc* für das *Function*-Objekt angelegt.
LogLevel	Definiert, wie detailliert das Tracing geschehen soll (0=gar nicht, 7=alles)
BAPIException Codes	Tritt ein Fehler innerhalb des BAPI-Controls auf, kann über diese Eigenschaft abgefragt werden, ob nur ein Code (dann *true*) oder auch eine Beschreibung (*false*) abgefragt werden kann. Im zweiten Fall steht die Beschreibung im VB-eigenen *Error*-Objekt unter *Err.Description*.
TransactionID	Enthält die aktuelle TID beim tRFC.
Methoden	
AboutBox	Zeigt ein Meldungsfenster mit Versionsinformationen zum BAPI-OCX.
GetSAPObject • ObjectType (String) • 10 optionale Schlüsselfelder (Variant)	Erstellt eine Instanz des unter *ObjectType* angegebenen BAPI-Objekts. Je BAPI und / oder Ziel des Aufrufs müssen die Schlüsselfelder übergeben werden.
DimAs • ObjectType (Objekt) • Methode (String) • Parameter (String)	Gibt ein *Table*- oder *Structure*-Objekt zurück, das dem unter *Parameter* angegeben BAPI-Parameter der angegebenen Methode entspricht.
CreateTransactionID	Erzeugt eine Transaktions-ID für die Verwendung beim tRFC

5 Der DCOM-Connector

Der DCOM-Connector bildet ein weiteres Kapitel in der langen Geschichte der RFC-Komponenten, die von SAP entwickelt wurden, um den Zugriff auf SAP-interne Funktionalität von COM-fähigen Programmiersprachen aus zu ermöglichen. Ziel unserer Bemühungen wird es nicht sein – wie wir das von der Desktop Integration aus Kapitel 2 her kennen – bestehende Komponenten zu laden und zu nutzen, sondern unsere Komponenten selbst zu erzeugen. Wir werden also mit den mitgelieferten Werkzeugen C++-Code generieren, diesen zu einer Dll kompilieren und so von Visual Basic aus die generierte Komponente nutzen, als hätten wir nie von der Existenz eines SAP-Systems gewusst. Derartige Komponenten werden Proxy-Objekte genannt, weil sie eine hermetische Schnittstelle zwischen der Visual-Basic-Anwendung und dem SAP-System bilden.

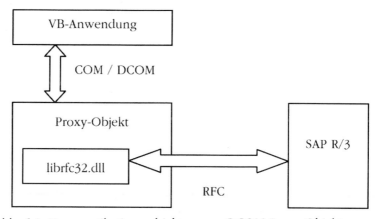

Abb. 5.1: Kommunikationsschichten von DCOM-Proxy-Objekten

Installation

Folgende Komponenten sollten installiert oder zumindest über das Netzwerk erreichbar sein, um die volle Funktionalität des DCOM-Connectors nutzen zu können.

- Der DCOM-Connnector selbst (falls er nicht mit der SAP-Gui-Installation schon mitinstalliert wurde, kann er im Download-Bereich der SAP-Homepage heruntergeladen werden).

5 Der DCOM-Connector

- Die Microsoft Data Access Components (MDAC 2.1 oder höher)
- Visual C++ (alle 32-Bit-Versionen sollten funktionieren, empfohlen ist Version 6.0)
- Der Microsoft-Transaction-Server (ab Version 2.0), falls Sie die Komponenten in DCOM-Manier verteilen möchten
- Ein IIS (zur Not tut es auch ein Personal Web Server), falls Sie statt der Management Console lieber die HTML-Administration nutzen möchten.

5.1 Erste Schritte in der Management Console

Die Management Console lässt sich über den entsprechenden Eintrag im Programm-Ordner starten und sollte in der Bedienung keine größeren Fragen aufwerfen, da sie sich am allgemeinen Microsoft-Standard orientiert. Es existieren Versionen des DCOM-Connectors, die keine Management Console, sondern nur eine HTML-basierte Administration mitbringen. Diese weist aber dieselben Funktionen auf, und die nachfolgenden Erläuterungen sind problemlos übertragbar.

Betrachten wir nun, wie in Abb. 5.2, gezeigt die einzelnen Punkte der Management Console.

Settings

Im Untermenü *DCOM Connector Params* wird das Tracing eingestellt. Die Genauigkeit kann zwischen 0 (kein Tracing) und 4 (jeden Funktionsaufruf mit allen Parametern protokollieren) gewählt werden. Standardmäßig wird die Tracing-Datei in den Pfad geschrieben, in dem sich die aufrufende Anwendung befindet, er kann aber auch direkt spezifiziert werden. Möchten Sie zusätzlich alle übergebenen und empfangen Tabellen ebenfalls in Dateiform mitspeichern, ist ein Häkchen bei *Dump Tables* zu setzen. Die *Ressource*-Parameter steuern das Speicher-Verhalten der Proxy-Komponente in Verbindung mit dem Microsoft Transaction Server.

5.1 Erste Schritte in der Management Console

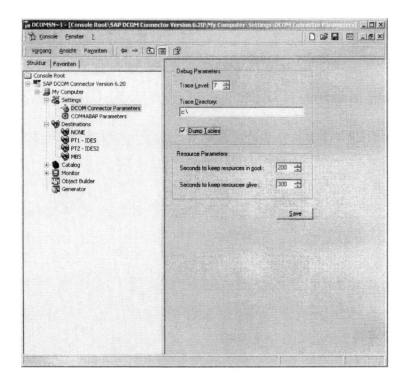

Abb. 5.2 © SAP AG: Management Console

COM4ABAP   Diese Einstellungen diskutieren wir im separaten COM4ABAP-Kapitel.

Destinations   Im Unterknoten *Destinations* sind alle erreichbaren SAP-Systeme einzutragen. Die Anmeldung kann entweder an einen spezifischen Applikationen-Server (*Dedicated Server*) oder per *Load Balancing* geschehen.

Die restlichen Anmeldedaten sollten mittlerweile keiner Erklärung mehr bedürfen. Über die Angabe der MTS-Role wird der Verbindung ein Sicherheitskontext des MTS-Servers zugewiesen.

Nach dem Speichern der Destination (*Save*-Button) kann die nun korrekt hinterlegte Verbindung mittels *Test Connection* ausprobiert werden.

129

5 Der DCOM-Connector

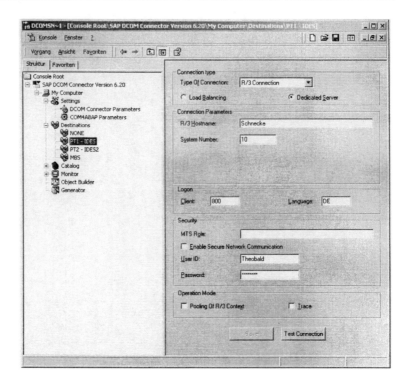

Abb. 5.3 © SAP AG: Anmeldedaten einer Destination

Catalog
: Der Knoten *Catalog* enthält alle bisher mit dem Object Builder erstellten Komponenten. Sollten nach der Erstellung eines Proxy-Objekts noch Modifikationen nötig sein, kann so auf schon erzeugte Objekte zugegriffen werden.

Monitor
: Der Connection-Monitor gibt im laufenden Betrieb Auskunft über bestehende Verbindungen und den Zustand verteilter Ressourcen. Er kann zu einem wichtigen Hilfsmittel werden, wenn Sie die erstellten Proxy-Objekte in verteilten Transaktionen nutzen.

Außerdem können dort auch die Verbindungen zu R/3-Systemen überwacht werden, also welche derzeit instanziierten Objekte über eine aktive Verbindung verfügen.

Alle hier gezeigten Aspekte der Management Console lassen sich auch komplett aus eigenen Programmen heraus steuern und abfragen. Zu diesem Zweck wird eine eigene Bibliothek *CCAdmin* zur Verfügung gestellt, die wir uns am Ende dieses Kapitels genauer ansehen werden.

5.2 RFC-Objekte zusammenstellen und erzeugen

Der DCOM-Connector gibt uns mit dem Object Builder ein Werkzeug an die Hand, um Proxy-Komponenten zu erzeugen. Nach erfolgreichem Logon-Vorgang (Auswahl der hinterlegten Destination -> Passwort eingeben -> *Logon*-Button) werfen wir einen Blick auf den bereits bekannten RFC-Standard-Baustein RFC_READ_TABLE zum Auslesen von Data-Dictionary-Tabellen. Wählen Sie den Button *Select RFC-Functions* und geben Sie den Namen der Zielfunktion an.

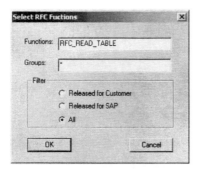

Abb. 5.4 © SAP AG: RFC-Funktion auswählen

Im linken, unteren Bereich des Object-Builders ist nun die Funktion in der Baumstruktur zu sehen. Um sie unserer selbstdesignten Zielkomponente hinzuzufügen, wählen wir den *Add*-Button. Der DCOM-Connector fragt uns nach einem Klassennamen, unter dem die Komponente später in kompiliertem und registriertem Zustand abrufbar ist. Bitte wählen Sie einen eindeutigen Namen, der Namenskonflikte mit anderen COM-Ojekten in jedem Fall vermeidet.

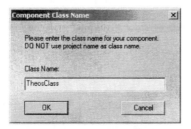

Abb. 5.5 © SAP AG: Namensraum für die neue Klasse definieren

5 Der DCOM-Connector

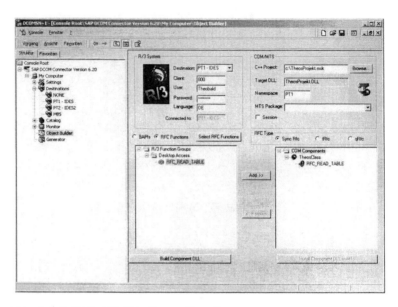

Abb. 5.6 © SAP AG: Die Proxy-Erstellung

Im rechten oberen Bereich sind noch Angaben zur Erstellung zu machen. Bitte wählen sie als C++-Projektdatei einen beliebigen Namen, der auf .mak endet. Um den Erstellvorgang abzuschließen, klicken Sie auf *Build Component Dll*. Der Object Builder generiert nun C++-Source-Code, der sich ohne jegliche Nachbearbeitung zu einer ActiveX-Dll kompilieren lässt. Ist eine korrekt installierte Visual C++-Umgebung vorhanden, wird der Object Builder das gleich für uns erledigen. Die Dll selber wird in dem Verzeichnis abgelegt, in dem auch das Projekt-File liegt. (Erzählen Sie Ihren VB-Kollegen, dass Sie mit Hilfe von C++ soeben eine ActiveX-Dll erstellt haben. Das wird Ihnen Ruhm, Ehre und tiefe Bewunderung einbringen).

5.3 Proxy-Komponenten in VB einbinden

Beispiel: \DCOM - RFCReadTable\RFCReadTable.vbp

Unsere soeben erstellte Komponente ist im System registriert und kann von Visual Basic eingebunden werden. Gehen Sie dazu im Projekt-Menu auf *Verweise* und selektieren Sie die Klassenbibliothek (Abb. 5.7).

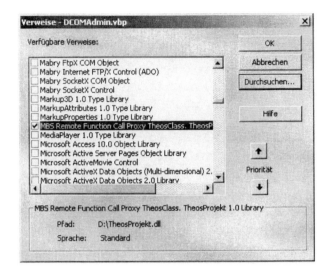

Abb. 5.7 © SAP AG: Einbinden der Komponente in VB

Bei der Gelegenheit fügen wir auch gleich den Verweis für die Data-Access-Komponenten (*Microsoft ActiveX Data Objects*) mit ein; sie wird später noch benötigt.

Sessions initialisieren

Nach der Deklaration eines Objekts unserer neu erstellten Klasse wird die RFC-Session initialisiert. Dies geschieht mit der Methode *PutSessionInfo* unter Angabe der Destination (hatten wir in der DCOM-Connector-Console hinterlegt) und der Logon-Daten.

```
Dim TheosClass As New TheosClass
TheosClass.PutSessionInfo "MBS", "Theobald", _
    "pw", "DE", "000"
```

Vorbereitend auf den RFC-Aufruf besorgen wir uns alle nichttrivialen Objekte, die wir später an den Aufruf übergeben bzw. empfangen wollen. Im Fall von RFC_READ_TABLE ist damit die *FIELDS*-Tabelle (enthält die geforderten Feldnamen), die *DATA*-Tabelle (enthält die zurückgegebenen Daten) und die *OPTIONS*-Tabelle (enthält die Where-Klausel zum Einschränken der Datensätze) gemeint. Im Unterschied zu der Objekthierarchie, die wir bereits kennengelernt haben, sind die Tabellen echte ADO-Recordsets, was das Handling für einen VB-Programmierer wesentlich komfortabler macht.

Das Beispielprogramm liest die SAP-Tabelle T005T aus. Sie enthält Ländercodes und die zugehörige Länderbezeichnung, jeweils in den Feldern *LAND1* und *LANDX*. Genau diese beiden Felder werden in der Übergabetabelle *rsFields* abgelegt. Die beiden anderen Übergabetabellen bleiben leer; *rsOptions*, weil keine Einschränkung der Datensätze nötig ist und *rsData*, weil sie ja erst vom Baustein gefüllt wird.

```
Dim rsData As ADODB.Recordset
Dim rsFields As ADODB.Recordset
Dim rsOption As ADODB.Recordset

TheosClass.DimAs "RFC_READ_TABLE", "DATA", rsData
TheosClass.DimAs "RFC_READ_TABLE", "FIELDS", rsFields
TheosClass.DimAs "RFC_READ_TABLE", "OPTIONS", _
    rsOptions

rsFields.AddNew
rsFields!fieldname = "LAND1"
rsFields.Update
rsFields.AddNew
rsFields!fieldname = "LANDX"
rsFields.Update
```

Der eigentliche Aufruf erfolgt über die Methode RFC_READ_TABLE. Die einzige nicht-Standard-Methode der selbstdefinierten Klasse *TheosClass*. Sie wurde durch den Object Builder hinzugefügt und erfordert folgende Syntax:

```
Rfc_Read_Table(Query_Table, Data, _
    Fields, Options, [Delimiter], [No_Data], _
    [Rowcount], [Rowskips])
```

Die im Baustein als optional definierten Parameter sind auch hier optional und können beim Aufruf weggelassen werden.

5.4 BAPI-Objekte zusammenstellen und erzeugen

```
TheosClass.Rfc_Read_Table "T005T", rsData, _
    rsFields, rsOptions, "|"
```

Wenn kein Laufzeitfehler und keine Exception ausgelöst wird, war der Aufruf erfolgreich. Das ADO-Recordset *rsData* ist zum Leben erwacht und kann ausgelesen und weiterverarbeitet werden. Wir nutzen wieder den *Split*-Befehl, um die Datenzeile in *rsData* an den Spaltenübergängen auseinanderzuschneiden.

```
rsData.MoveFirst

Do While Not rsData.EOF
    Out.List1.AddItem Split(rsData!wa, "|")(0) & _
    "  -> " & _
        Split(rsData!wa, "|")(1)
    rsData.MoveNext
Loop
```

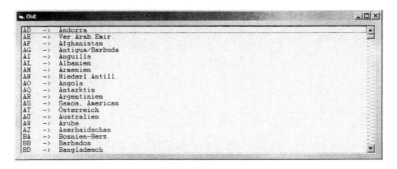

Abb. 5.8: Output des Beispielprogramms

5.4　BAPI-Objekte zusammenstellen und erzeugen

Beispiel: \DCOM - ChangeUser\ChangeUser.vbp

Im vorigen Kapitel haben wir einen einzelnen Funktionsbaustein in ein DCOM-Proxy-Objekt gepackt. Jetzt wollen wir dasselbe mit einem kompletten BAPI tun. Um die Sache nicht zu kompliziert zu gestalten, nutzen wir im DCOM-Connector wieder das USER-BAPI aus dem vorangegangenen Kapitel.

5 Der DCOM-Connector

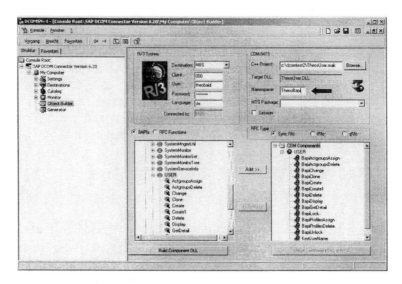

Abb. 5.9 © SAP AG: Proxy-Erstellung aus BAPIs

Die Einbindung in VB kann entweder wie gehabt über das Hinzufügen des Verweises auf die Objektbibliothek erfolgen oder dynmisch per *CreateObject*. Der Name des zu ladenden Objkts setzt sich aus dem Namespace (einzustellen im Object Builder) und dem Name des BAPIs zusammen.

```
Dim oUser As Object
Set oUser = CreateObject("TheosBapi.USER")

oUser.PutSessionInfo "PT1", "Theobald", _
    "pw", "DE", "800"
```

Neben den Standard-Methoden wie *DimAs* oder *PutSessionInfo*, die wir beim RFC_READ_TABLE-Beispiel schon diskutiert hatten, ist jetzt noch eine neue dazugekommen, die wir für das BAPI-Handling benötigen. *InitKeys* setzt die BAPI-Schlüsselfelder, in unserem Fall den Benutzernamen.

```
oUser.InitKeys "THEOBALD"
```

Bapi-Methode Change

Es soll die Adresse des Benutzers geändert werden. Wir bedienen uns daher der BAPI-Methode *Change*. Die zugehörige Me-

5.4 BAPI-Objekte zusammenstellen und erzeugen

thode des DCOM-Objekts hat bei allen BAPI-vererbten Methoden immer ein 'Bapi' vorangestellt. Über *BapiGetDetail* holen wir uns die Adresse des Benutzers, ändern sie und speichern mit *BapiChange* zurück auf die Datenbank.

```
Dim rsAddress As ADODB.Recordset
Dim rsReturn As ADODB.Recordset

oUser.DimAs "BAPIGetDetail", "Address", rsAddress
oUser.DimAs "BAPIGetDetail", "Return", rsReturn

oUser.BapiGetDetail return:=rsReturn, _
    address:=rsAddress

rsAddress!firstname = "neuer Vorname"
rsAddress!Lastname = "neuer Nachname"

oUser.BapiChange return:=rsReturn, _
    address:=rsAddress
```

In der *rsReturn*-Tabelle sind nun alle Meldungen verzeichnet, die das BAPI zurückgibt. In unserem Fall:

```
If rsReturn.RecordCount > 0 Then
    MsgBox rsReturn!message
Else
    MsgBox "keine Rückgaben empfangen !!"
end if
```

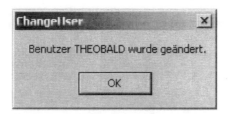

Abb. 5.10: Output des Beispielprogramms

5 Der DCOM-Connector

Nach Erledigung aller Arbeiten sind die Änderungen per

```
oUser.CommitWork
```

auf der Datenbank festzuschreiben. Zeitgleich werden auch alle Bearbeitungssperren wieder gelöst, der Vorgang ist beendet.

5.5 tRFC und qRFC

Im Object Builder kann neben dem synchronen RFC auch der transaktionale sowie der queued RFC definiert werden. Wir haben bis jetzt RFC-Aufrufe in DCOM-Objekten nur synchron durchgeführt. Je nach gewähltem Typ variieren die Standard-Methoden, die die erstellten Proxy-Objekte mitbringen.

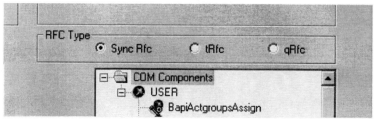

Abb. 5.11 © SAP AG: RFC-Typ im Object Builder wählen

5.5.1 Transaktionaler RFC

Zwei neue Methoden, nämlich *GetNewTID* und *Confirm*, sind zusätzlich in das Objekt implementiert und stellen so den Zugang zum Transaktionsmanagement. Vor dem ersten Aufruf wird mit *GetNewTID* die Transaktion eingeleitet. Die Methode gibt eine systemweit eindeutige ID zurück, die die aktuelle Transaktion identifiziert. Sie sollte vom aufrufenden Programm zwischengespeichert werden, um dann nach Transaktionsende mit *Confirm* bestätigt zu werden. Im Fehlerfall muss das aufrufende Programm nach dem Wiederanlauf selbst entscheiden, ob die Transaktion bestätigt wird oder ob für den neuen Aufruf auch eine neue TID vergeben wird.

Nicht-abgeschlossene RFC-Transaktionen hängen in der so genannten tRFC-Schicht innerhalb von SAP und können mit Hilfe der Transaktion SM58 angesehen werden (näheres dazu im Anhang).

5.5.2 Queued RFC

Queued RFC-Aufrufe initiieren einen asynchronen Verbuchungsprozess. Sie werden - wie der Name schon sagt - in eine Queue einsortiert und dort asynchron abgearbeitet, und zwar in der Reihenfolge des Aufrufens. Dadurch lässt sich sicherstellen, dass ein Aufruf nicht einen anderen überholt und so wiederum zu Inkonsistenzen führt. Ein qRFC-Proxy-Objekt bringt neben den Eigenschaften für den transaktionalen RFC noch zwei weitere mit, nämlich *ActivateQueue* und *DeactivateQueue*. Jeder Aufruf wird in die Queue eingereiht und bleibt dort solange stehen, bis über *ActivateQueue* die serielle Verarbeitung angestoßen wird. Schlägt einer der asynchronen Aufrufe fehl, muss er manuell bereinigt werden, da alle folgenden Aufrufe wegen der Serialisierung nicht ausgeführt werden. *DeactivateQueue* unterbricht die Verarbeitung; alle Aufrufe bleiben also in der tRFC-Schicht, bis die Verarbeitung wieder aktiviert wird.

Abb. 5.12 zeigt die Ablauflogik einer Kombination aus transaktionalem und queued RFC.

Bei der Wahl des richtigen RFC-Typs ist unbedingt zu beachten, dass tRFC / qRFC-Aufrufe außer der Exception *SYSTEM_FAILURE* weder andere Exceptions noch Parameter oder Tabellen zurückgeben können. In der Regel stehen sie ja unmittelbar nach dem Aufruf noch nicht zur Verfügung. Bausteine, deren Rückgabe im aufrufenden Programm nötig ist, können nur synchron behandelt werden.

5 Der DCOM-Connector

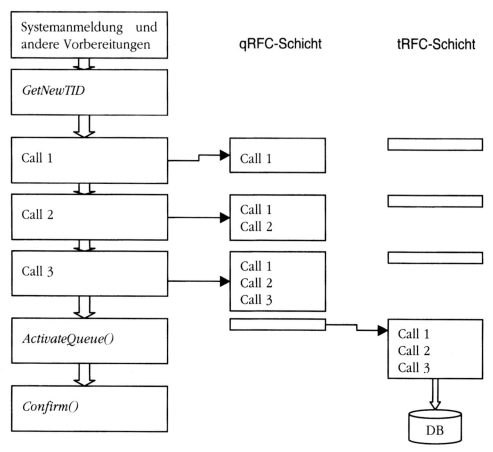

Abb. 5.12: Ablauflogik tRFC / qRFC

5.6 Remote Debugging

Die DCOM-Objekt-Struktur sieht eine sehr komfortable Möglichkeit vor, aufgerufene Funktionsbausteine oder BAPIs zu debuggen. Wir nutzen dazu die Methode *AdviseRfcGuiSink* und übergeben ein GUI-Sink-Objekt. Parallel zum RFC- oder BAPI-Aufruf öffnet sich ein SAP-GUI-Fenster, in dem in gewohnter Weise mit Hilfe des ABAP-Debuggers durch den Code gegangen werden kann.

```
Dim oSink as object
Set oSink = CreateObject("SAP.RfcGuiSink")
```

```
oUser.AdviseRfcGuiSink sink, 1, 1

oUser.BapiChange return:=rsReturn, ad-
dress:=rsAddress
```

5.7 Proxy-Objekte im Überblick

Eigenschaften		
UserID	Angemeldeter Benutzer	
Client	Angemeldeter Mandant	
Destination	Aktive Destination	
Language	Anmeldesprache	
Password	Anmeldepasswort	
UserID	Angemeldeter Benutzer	
KeepSAP Context	True	Die Verbindung zum SAP-System wird beim Connection-Pooling gehalten
	False	Die Verbindung wird bei jeder neuen Instanz des Proxy-Objekts auch neu aufgebaut.
Methoden		
AdviseGuiRfcSink • pIrfcGuiSink (Object) • AbapDebug (Integer) • UseSapGui (Integer)	Schaltet den Debugger an und öffnet bei Funktionsaufrufen ein SAP-GUI-Fenster. Das Übergabeobjekt *pIrfcGuiSink* resultiert aus der Standard-COM-Bibliothek und ist mit *CreateObject("SAP.RfcGuiSink")* zu instanziieren. Die Übergabe-Parameter *AbapDebug* und *UseSapGui* sind immer auf 1 zu setzen. Alles andere macht keinen Sinn.	

DimAs • Method (String) • Parameter (String) • PRS (ADO-Recordset)	Intstanziiert ADO-Recordsets für Übergabe-Tabellen und Übergabe-Strukturen. *Method* ist der anzusprechende Funktionsbaustein bzw. die anzusprechende Methode bei BAPI-Objekten.
GetConnectionAttribute • AttrName (String)	Ermittelt Attribute der aktuellen Verbindung. Das geforderte Attribut ist zu übergeben und kann folgende Werte annehmen: • PROCID Kennung des Programms (taucht auch im Server-Tracing in der Transaktion ST05 auf) • HANDLE RFC-Handle für den internen Gebrauch der librfc32.dll • CALLS Anzahl der bereits abgearbeiteten Funktionsaufrufe innerhalb der aktuellen Verbindung. • DESTINATION Name der aktuell gewählten Destination. • SYSID dreistelliges Systemkürzel des verbundenen SAP-Systems • PARTNER_HOST Adresse des aktuellen Applikationenservers. • SYSTNR Systemnummer des verbundenen SAP-Systems. • NT_USERID Benutzername des aufrufenden Windows-Benutzers

5.7 Proxy-Objekte im Überblick

	• USER Benutzername des aktuellen R/3-Benutzers • PARTNER_REL Release-Stand des verbundenen SAP-Systems • LAST_FUNCTION Name des letzten aufgerufenen Funktionsbausteins. • CPIC_CONVID interne ID, die die aktuelle RFC-Verbindung eindeutig identifiziert und die sich auch der Trace-Liste (Transaktion ST05) wieder findet.
PutSessionInfo • Destination (String) • UserID (String) • Password (String) • Language (String) • Client (String)	Stellt unter Angabe der Destination (vgl. Admin-Komponente) und den Benutzerangaben die Verbindung zu R/3 her.
GetNewTID	Erzeugt eine TransactionID und startet so eine tRFC-Session.
Confirm • TID (String)	Schließt eine tRFC-Session ab und signalisiert SAP, das Client-seitig die Transaktion ohne Fehler abgeschlossen wurde.
ActivateQueue • QueueName (String)	Öffnet die RFC-Queue, um die Verbuchung anzustoßen.
DeactivateQueue • QueueName (String)	Schließt die RFC-Queue. Falls noch Aufrufe in der qRFC-Schicht hängen, werden diese nicht weiterabgearbeitet. Neu hinzukom-

5 Der DCOM-Connector

	mende Aufrufe bleiben ebenfalls in der qRFC-Schicht, bis die Queue wieder geöffnet wird (vgl. auch Anhang qRFC-Monitor).
CommitWork	Beendet die LUW und veranlasst das persistente Wegschreiben aller Datenbank-Änderungen
Commit_WorkAndWait	Wie *CommitWork*, blockt den aufrufenden Prozess allerdings so lange, bis alle Verbuchungsprozesse abgearbeitet sind.
RollbackWork	Storniert alle Änderungen seit dem letzten *CommitWork*.

Die Methoden *GetNewTID* und *Confirm* existieren nur bei Proxy-Objekten, die im Object-Builder explizit als tRFC oder qRFC gekennzeichnet wurden. *ActivateQueue* und *DeactivateQueue* sind nur bei qRFC-Objekten aufrufbar.

5.8 Die andere Richtung: COM4ABAP

Mit diesem Teilkapitel werden wir nun die genau umgekehrte Richtung einschlagen als auf den Seiten zuvor, nämlich die Server-Funktionalität in eine ActiveX-Dll packen und via dem Hilfstool COM4ABAP dem SAP-System zur Verfügung stellen. So lässt sich unsere Klasse von ABAP-Seite aus instanziieren und ansteuern. Die Server-Seite - also unser Ziel-Objekt - weiß nichts davon, dass es von SAP aus angesteuert wird, denn die Instanziierung und das Handling unter Windows erfolgt ausschließlich über COM4ABAP. Abb. 5.13 zeigt den Zusammenhang der Kommunikationsschichten. Nur zwischen COM4ABAP und dem überlagerten SAP-System findet der Datenaustausch mittels RFC statt. Der Rest des Weges ist Angelegenheit der Windows-COM-Architektur.

Im Anhang ist das Einrichten und Pflegen von RFC-Destinationen beschrieben. Eine vorhandene Destination ist Vorraussetzung für unser Vorhaben.

5.8 Die andere Richtung: COM4ABAP

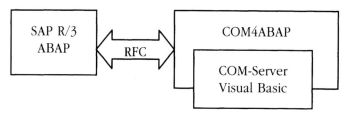

Abb. 5.13: Zusammenhang der Kommunikationsschichten bei COM4ABAP

5.8.1 VB-Server als Klasse

> Beispiel: \ DCOM - ReadDir\ ReadDir.vbp
> Den zugehörigen ABAP-Report finden Sie unter Z_READ_RFC_DIR.txt

Im Beispiel wollen wir eine VB-Klasse erzeugen, die die Methode *ReadDir* zur Verfügung stellt. Sie gibt ein ADO-Recordset aller Dateien in einem bestimmten Pfad zurück. Der Pfad, der ausgelesen werden soll, wird über die Eigenschaft *Path* gesetzt.

Implementierung der Eigenschaft Path

Wir legen ein neues VB-Projekt an - eine ActiveX-Dll - und implementieren die Eigenschaft *Path*.

```
Private p_Path As String

Public Property Get Path() As String

    Path = p_Path

End Property

Public Property Let Path(ByVal vNewValue As String)

    p_Path = vNewValue

End Property
```

Implementierung der Methode GetDir

Die Methode *GetDir* liest den Pfad aus. Sie gibt als Rückgabewert ein ADO-Recordset mit der geforderten Dateiliste zurück und wird wie folgt implementiert. Das Recordset enthält 2 Spalten,

145

den Namen und die Art (0 für eine normale Datei, 1 für ein Unterverzeichnis).

```
Public Function GetDirList() As Object

Dim tempstr As String
Dim DirRS As New ADODB.Recordset

' Recordset definieren
DirRS.Fields.Append "Name", adChar, 256
DirRS.Fields.Append "Art", adInteger
DirRS.Open


' Erst laufen wir mit dem Dir()-Befehl
' durch das Verzeichnis und suchen alle
' normalen Dateien
tempstr = Dir(p_path, vbNormal)

Do While tempstr <> ""
    DirRS.AddNew
    DirRS!Name = tempstr
    DirRS!art = 0
    DirRS.Update
    tempstr = Dir()
Loop

' und dann nochmal für alle Verzeichnisse
tempstr = Dir(p_path, vbDirectory)

Do While tempstr <> ""
    ' Die Funktion GetAttr prüft noch einmal explizit,
    ' ob es sich wirklich um ein Verzeichnis handelt
    If (GetAttr(p_path & tempstr) _
        And vbDirectory) = vbDirectory Then
        DirRS.AddNew
        DirRS!Name = tempstr
        DirRS!art = 0
        DirRS.Update
    End If
    tempstr = Dir()
```

```
Loop

DirRS.MoveFirst

Set GetDirList = DirRS

End Function
```

5.8.2 Type-Mapping

Die in Visual Basic verwendeten Datentypen entsprechen nicht eindeutig denen, die auf SAP-Seite in ABAP verwendet werden. Aus diesem Grund ist es nötig, die Datentypen gegeneinander zu übersetzen. Die Übersetzung erledigt der Type-Mapper, ein Tool, das die DCOM-Connector-Installation mitbringt. Es erzeugt eine XML-Datei, die die Übersetzung enthält und auf die COM4ABAP zugreifen wird.

Wir öffnen den Type-Mapper, wählen *Datei -> Neu* und selektieren aus der Liste der verfügbaren COM-Server unser Beispiel vom letzten Teilkapitel. Falls die gewünschte Bibliothek nicht in der Liste enthalten ist, kann sie auch manuell über den *Browse*-Button gesucht werden.

Übersetzen der Eigenschaft Path

In der Baumstruktur auf der linken Seite präsentiert sich nun unsere Klasse. Die Klassen-Eigenschaft *Path* spaltet sich in *SET_Path* und *GET_Path*. Ein Klick auf einen der Knoten zeigt im rechten Fensterbereich die Übersetzung. *Path* beispielsweise wird ABAP-seitig in eine Zeichenfolge vom Typ *Character* der Länge 256 übersetzt. Die ABAP-Funktion *SET_Path* wird *%Value* als Export-Parameter übergeben, um den Pfad zu setzen (Abb. 5.14).

Übersetzen der Methode GetDirList

Etwas komplizierter wird die Sache bei *GetDirList*, denn hier übergeben wir als Rückgabewert (Tabellen-Parameter *Filelist* im ABAP) ein ADO-Recordset. Wir wählen als COM Type ein VT_Dispatch, da es sich nicht um einen einfachen Parameter, sondern um ein näher zu definierendes, komplexes Gebilde handelt (Abb. 5.15).

5 Der DCOM-Connector

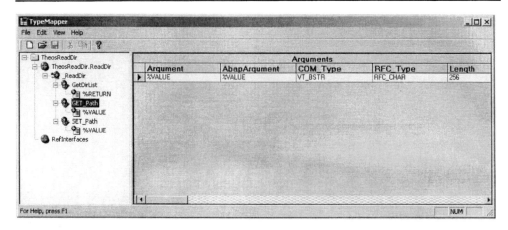

Abb. 5.14 © SAP AG

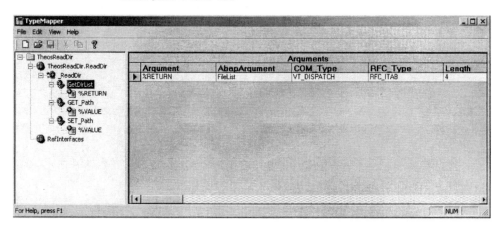

Abb. 5.15 © SAP AG

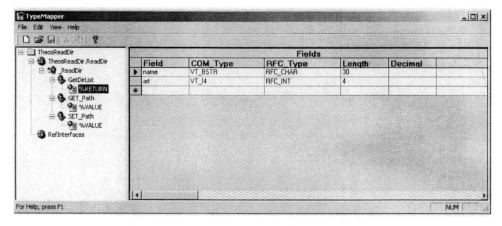

Abb. 5.16 © SAP AG

Die eigentliche Definition des Recordsets kann über einen Klick auf den *%RETURN*-Knoten erledigt werden. Hier hinterlegen wir die beiden Spalten, die unser Recordset enthält, nämlich *Name* (30-Byte-langer String) und *Art* (Integer) wie in Abb. 5.16 gezeigt.

Über *Datei* -> *Speichern* wird eine XML-Datei geschrieben, die die komplette Übersetzung enthält. COM4ABAP wird sich im laufenden Betrieb dann auf diese XML-Datei stützen und den Werte-Austausch gemäß den Vorgaben koordinieren.

5.8.3 COM4ABAP installieren

Das Tools COM4ABAP.exe findet sich nach Installation des DCOM-Connectors im Verzeichnis ...\RFCSDK\com4abap\. Es kann entweder als NT-Service oder als ausführbare EXE-Datei gestartet werden. Folgende Startparameter sind zu definieren:

```
Com4abap -install -a [Programm-ID] -g [Gateway-Host]
-x [Gateway-Service] -r [Repository Pfad]
-c [Standard-Klasse] -t [Standard-Type-Library]
```

Parameter	Erklärung
Install	Ist dieser Parameter gesetzt, wird COM4ABAP als NT-Service installiert.
Programm-ID	ID unter der sich COM4ABAP am Gateway registriert. Diese ID ist mit der RFC-Destination verknüpft (vgl. auch Anhang: Einrichten einer RFC-Destination)
Gateway-Host	Hostname des Applikationenservers bzw. der Maschine auf dem das Gateway läuft.
Gateway-Service	Name des Gateway-Service: sapgwXX , XX entspricht der Systemnummer.
Repository Pfad	Pfad, in dem die XML-Datei für die Formatumsetzung liegt. Nähers dazu unter Type Mapping.

5 Der DCOM-Connector

Standard-Klasse	Name der Klasse, die angesteuert wird, falls von ABAP-Seite aus keine explizite Klasse vorgegeben wird. (in unserem Beispiel TheosReadDir.ReadDir)
Standard-Type-Library	Name der XML-Datei, die das Type-Mapping enthält (ohne die Endung .XML)

Abb. 5.17 © SAP AG

Nach erfolgreichem Start erscheint das COM4ABAP-Icon in der Taskbar.

Durch Doppelklick öffnet sich ein Konfigurationsfenster. Hier können im Nachhinein die Startparameter abgeändert werden. Der angegebene Pfad für das Type-Repository entspricht standardmäßig dem Pfad, in dem der Type-Mapper die XML-Dateien ablegt.

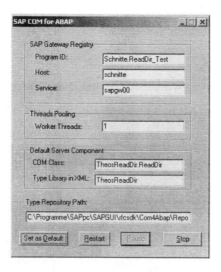

Abb. 5.18 © SAP AG

5.8.4 ABAP: Die Client-Seite

Nachdem wir uns in der SM59 (RFC-Destinationen pflegen, vgl. Anhang) davon überzeugt haben, dass unser RFC-Server erwartungsgemäß antwortet und die Destination verfügbar ist, kann nun der Client-Code implementiert werden.

Initialisierung Bevor wir Funktionen über COM4ABAP im Zielserver aufrufen können, muss die Verbindung erst initialisiert werden, dies erledigt der Funktionsbaustein BEGIN_COM_SESSION. Er gibt unter Angabe der Original-Destination (unter der sich COM4ABAP registriert hat) eine neue, temporäre Destination zurück, der die Instanz unseres COM-Objekts auf dem Zielserver eindeutig identifiziert. Wir werden im Folgenden jeweils immer den *sy-subrc* aller aufgerufenen Funktionen abfangen und im Fehlerfall (sy-subrc <> 0) gleich eine Fehlermeldung ausgeben.

```
REPORT z_read_rfc_dir.

DATA: service_dest TYPE rfcdes-rfcdest VALUE
'SCHNITTE_1'.
      worker_dest TYPE rfcdes-rfcdest.


* COM-Objekt auf der Zielmaschine intanziieren
CALL FUNCTION 'BEGIN_COM_SESSION'
    EXPORTING
        service_dest            = service_dest
    IMPORTING
        worker_dest             = worker_dest
    EXCEPTIONS
        connect_to_dcom_service_failed = 1
        connect_to_dcom_worker_failed  = 2
        OTHERS                         = 3.

IF sy-subrc EQ 0.
  WRITE: / 'begin_com_session erfolgreich'.
  WRITE: / 'Working-Destination: ', worker_dest.
ELSE.
  WRITE: / 'begin_com_session nicht ',
        'erfolgreich subrc = ', sy-subrc.
ENDIF.
```

5 Der DCOM-Connector

```
WRITE: / sy-uline.
```

Auslösen der VB-seitigen Methoden

Unter Angabe der temporären Destination wird die Methode *SET_Path* aufgerufen, um den Pfad, den unser COM-Objekt später auslesen soll, zu definieren.

```
CALL FUNCTION 'SET_Path' DESTINATION worker_dest
  EXPORTING
    %value = 'c:\'
  EXCEPTIONS OTHERS = 1.

IF sy-subrc EQ 0.
  WRITE: / 'Pfad-Eigenschaft gesetzt: C:\'.
ELSE.
  WRITE: / 'Fehler beim Setzen der Pfadeigenschaft
subrc = ', sy-subrc.
ENDIF.
WRITE: / sy-uline.
```

Rückgabe der Tabelle

Die Methode *GetDirList* gibt eine Tabelle zurück. Diese muss zuerst ABAP-konform deklariert werden und in ihrer Beschaffenheit sowohl mit dem ADO-Recordset übereinstimmen als auch mit dem im Type-Mapping hinterlegten *Dispatch*-Objekt. Danach kann *GetDirlist* aufgerufen werden.

```
DATA: BEGIN OF it_dirlist OCCURS 0,
        name(30) TYPE c,
        art TYPE i.
DATA  END OF it_dirlist.


CALL FUNCTION 'GetDirList' DESTINATION worker_dest
  TABLES
    filelist = it_dirlist
  EXCEPTIONS OTHERS = 1.

IF sy-subrc NE 0.
  WRITE: / 'Fehler beim Aufruf von ',
         'GetDirList. subrc = ', sy-subrc.
ELSE.
```

5.8 Die andere Richtung: COM4ABAP

```
                WRITE: / 'FileListe erfolgreich ausgelesen'.
                SKIP.
                WRITE: / 'Name' , 30 'Art'.
                write: / sy-uline(45).
```

Ausgeben der Tabelle

Die Tabelle wird per *loop*-Schleife ausgegeben.

```
                LOOP AT it_dirlist.
                  WRITE / it_dirlist-name.
                  IF it_dirlist-art = 0.
                    WRITE 30 'Datei'.
                  ELSE.
                    WRITE 30 'Verzeichnis'.
                  ENDIF.
                ENDLOOP.

              ENDIF.
```

Freigeben des COM-Objekts

Nach getaner Arbeit wird die Instanz des COM-Objekts mit END_COM_SESSION wieder freigegeben. COM4ABAP entlädt dann die Dll wieder aus dem Speicher.

```
              CALL FUNCTION 'END_COM_SESSION'
                    EXPORTING
                         destination = worker_dest
                    EXCEPTIONS
                         OTHERS      = 1.


              IF sy-subrc EQ 0.
                WRITE: / 'Session mit END_COM_SESSION beendet'.
              ELSE.
                 WRITE: / 'END_COM_SESSION nicht erfolgr. ',
                       ' subrc = ', sy-subrc.
              ENDIF.
```

5 Der DCOM-Connector

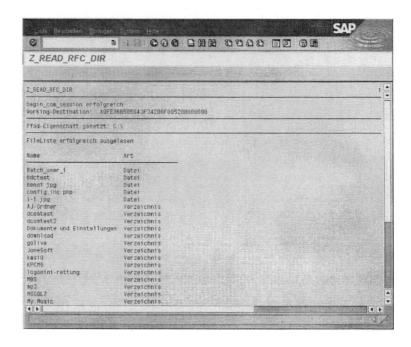

Abb. 5.19 © SAP AG: Output des ABAP-Programms

Zusatzinfo für Release 4.6D:

Falls die Funktionsbausteine BEGIN_COM_SESSION und END_COM_SESSION auf Ihrem SAP-System nicht vorhanden sind, importieren Sie in Absprache mit Ihrem System-Administrator den Transportauftrag BINK172975. Er ist im COM4ABAP-Verzeichnis der DCOM-Installation in den Dateien K172975.BIN und R172975.BIN enthalten.

5.9   DCOM-Connector Admin-Bibliothek

Beispiel: \DCOM - DCOMAdmin\DCOMAdmin.vbp

Wir haben bereits in der Management-Console etliche Voreinstellungen hinterlegt, die später beim Benutzen der DCOM-Proxy-Klassen nötig waren. Um das anzusteuernde SAP-System zu definieren, war beispielsweise die Angabe der Destination aus-

5.9 DCOM-Connector Admin-Bibliothek

reichend. Die konkreten Zieldaten waren bereits in den Tiefen der Windows-Registry hinterlegt.

Aber was tun, wenn keine Management Console zur Verfügung steht oder die Anwendung selbst die Administration übernehmen soll (entweder automatisch, oder über ein neu-designtes Benutzerinterface)? Für diese Aufgaben stellt der DCOM-Connector eine Bibliothek namens *CCAdmin* zu Verfügung. Innerhalb der VB-Entwicklungsumgebung wird diese per Verweis hinzugefügt (vgl. Abb. 5.20). Die 4 Klassen haben folgende Funktion:

- *CCRegistry* enthält Funktionen zur Administration der Destinationen.
- *CCMonitor* verwaltet aktuelle Verbindungen zu den jeweiligen SAP-Systemen und hält Informationen zu laufenden Prozessen.
- Mit *SAPConDir* lassen sich Informationen über die aktuell installierten Proxy-Komponenten abrufen.
- Zu guter Letzt *CCCatalog*. Sie ermöglicht einen Zugriff auf die Repository-Daten von Proxy-Komponenten, die auf dem lokalen System erzeugt wurden.

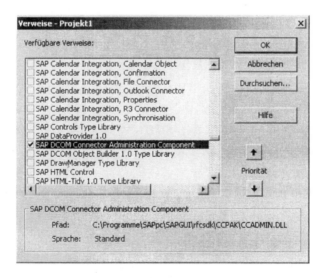

Abb. 5.20: Verweis für die *CCAdmin*-Bibliothek

5.9.1 CCRegistry

Die DCOM-Bibliotheken unterstützen voll den Zugriff auf ADO-Recordsets, so auch die Admin-Klasse. *CCRegistry* beispielsweise gibt mit der Methode *GetDestinations* ein Recordset mit zwei Spalten zurück: *DESTINATION* enthält den Namen der Destination, *OPTIONS* den Connection-String.

```
Dim rsDest As ADODB.Recordset
Dim ccReg As New CCADMINLib.CCRegistry

Set rsDest = ccReg.GetDestinations
Set DataGrid1.DataSource = rsDest
```

Abrufen, Ändern und Zurücksichern von Destinationen

Mit Hilfe von *GetOptionsAsRecord* wird unter Angabe der Destination jeder Einzelparameter in einer separaten Spalte ausgegeben.

```
Set rsOptions = ccReg.GetOptionsAsRecord( _
    rsDest!Destination)
Set DataGrid2.DataSource = rsOptions
```

Er kann im Recordset geändert werden und wird per

```
ccReg.PutOptionsAsRecord _
    rsDest!Destination, rsOptions, txtPasswort.Text
```

wieder persistent in der Windows-Registry abgelegt. Es ist zu beachten, dass aus Sicherheitsgründen das hinterlegte Passwort nicht ausgelesen werden kann. Es muss auch separat als dritter Parameter übergeben werden.

Verbindung Testen mit Ping

Als letztes sei noch die Methode *Ping* erwähnt, um eine Destination zu testen. Schlägt der Test fehl, wird ein auffangbarer Laufzeitfehler ausgelöst.

```
On Error Resume Next
Err.Clear

ccReg.Ping rsDest!Destination
```

5.9 DCOM-Connector Admin-Bibliothek

```
If Err Then
    MsgBox "Fehler beim Verbindungstest" & _
        vbCrLf & Err.Description
Else
    MsgBox "Test erfolgreich"
End If
```

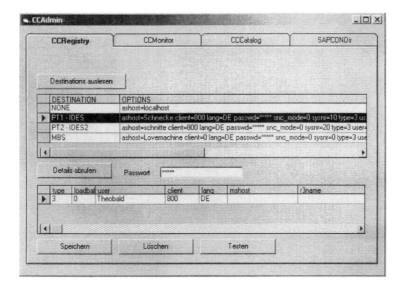

Abb. 5.21: Screenshot zur Beispielanwendung der Klasse *CCRegistry*

CCRegistry im Überblick	DeleteDestination • Dest (String)	Löscht eine Destination

	GetDestinations	Gibt ein ADO-Recordset aller Destinationen der folgenden Form zurück:
		• DESTINATION
		  Name der Destination
		• OPTIONS
		  ConnectionString

GetOptions • Dest (String)	Gibt die Anmeldedaten in einem ADO-Recordset der folgenden Form zurück: • NAME Name des Parameters (z.B. ASHOST für den Applikationen-Server) • VALUE Wert des Parameters (z.B. 'Lovemachine')
GetOptionsAsRecord • Dest (String)	Gibt ebenfalls die Anmeldedaten zurück, aber in einer flachen Struktur: ein ADO-Recordset mit nur einer Zeile. Die Spaltennamen entsprechen dem Namen des Parameters (vgl. auch vorangegangenes Beispiel).
Ping • Dest (String)	Verbindungstest, löst im Fehlerfall einen auffangbaren Laufzeitfehler aus.
PutNewDestination • Dest (String)	Legt eine neue, unausgefüllte Destination an.
PutOptions • Dest (String) • options (ADO-Recordset) • passwd (String)	Setzt die Parameter für eine Destination. Es ist ein ADO-Recordset zu übergeben, das der Struktur entspricht, wie es die Methode *GetOptions* zurückgibt. Es ist zu beachten, dass das Passwort separat übergeben werden muss.
PutOptionsAsRecord • Dest (String) • options (ADO-Recordset) • passwd (String)	Analog zu *PutOptions*, mit dem Unterschied, dass das Recordset die flache Struktur haben muss, wie es bei der Methode *GetOptionsAsRecord* zurückgegeben wird.

5.9.2 CCMonitor

Mit Hilfe der Klasse *CCMonitor* lassen sich etliche hilfreiche Informationen über Verbindungen, die vom eigenen Rechner aus zu R/3-Systemen bestehen, abrufen. Alle laufenden Prozesse, an denen die RFC-Bibliotheken beteiligt sind, können genauso ermittelt werden, wie die Versionen der geladenen Komponenten. Außerdem bietet die Klasse die Möglichkeit, die aktuelle Logfile über aufgelaufene Fehler abzurufen.

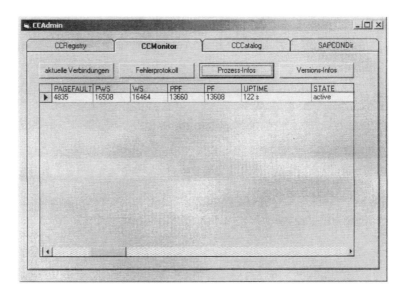

Abb. 5.22: Beispielprogramm zur Klasse *CCMonitor*

CCMonitor im Überblick

GetConnections	Gibt ein ADO-Recordset aller aktiven Verbindungen zurück
GetErrorLog	Gibt das aktuelle Fehlerprotokoll als String zurück.
GetProcesses	Gibt ein ADO-Recordset mit allen laufenden Prozesse, an denen RFC-Komponenten beteiligt sind, zurück
GetVersionInfo	Gibt ein ADO-Recordset mit Versionsinfos zu den vorhandenen Komponenten zurück.

5 Der DCOM-Connector

| ResetErrorLog | Löscht die aktuelle Log-Datei für Fehler. |

5.9.3 CCCatalog

Wir haben am Anfang des Kapitels die einzelnen Funktionalitäten der DCOM-Management-Console diskutiert, unter denen auch der Eintrag *Catalog* verzeichnet war. Dieser Katalog enthält hierarchisch alle erstellten Proxy-Komponenten, deren Klassen, Methoden, Eigenschaften und Typen. *CCCatalog* bietet alle Funktionen, um diese Struktur auszulesen. In Abb. 5.23 sind die Zusammenhänge der einzelnen Begriffe grafisch verdeutlicht. Der oberste Knoten (das Schema) ist zu dem Begriff *Namespace* äquivalent, der bei jeder Proxy-Erstellung angegeben werden muss. Der Begriff Type entspricht einer Zeile einer Übergabetabelle, Typenelemente sind die zugehörigen Einzelspalten

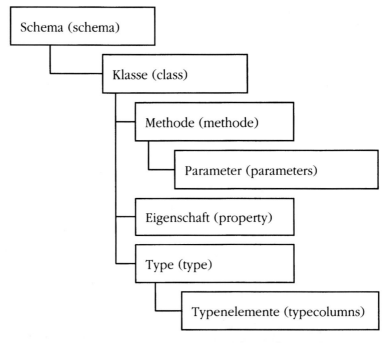

Abb. 5.23: Begriffszusammenhänge der CCCatalog-Klasse

CCCatalog im Überblick

| GetClasses
• SchemaName (string) | Gibt unter Angabe des Schema-Namens ein ADO-Recordset aller darunterliegenden Klassen zurück. |

GetMethodeParameters • SchemaName (string) • ClassName (string) • MethodName (string)	Gibt unter Angabe des Schemas, der Klasse und der Methode die Parameter der Methode als ADO-Recordset zurück.
GetMethods • SchemaName (string) • ClassName (string)	Gibt unter Angabe des Schemas und der Klasse die zugehörigen Methoden als ADO-Recordset zurück.
GetProperties • SchemaName (string) • ClassName (string)	Gibt unter Angabe des Schemas und der Klasse die zugehörigen Eigenschaften als ADO-Recordset zurück.
GetSchema	Gibt alle Schemata als ADO-Recordset zurück.
GetTypeColumns • SchemaName (string) • ClassName (string) • TypeName (string)	Gibt unter Angabe des Schemas, der Klasse und des Typs die Typenelemente des Typs als ADO-Recordset zurück. (sprich Spalten der Übergabetabelle)
GetTypeColumns • SchemaName (string) • ClassName (string) • TypeName (string)	Gibt unter Angabe des Schemas, der Klasse und des Typs die Typenelemente des Typs als ADO-Recordset zurück. (sprich die in der Klasse hinterlegten Übergabetabellen)

Es ist vermutlich nicht viel Fantasie nötig, um mit Hilfe der gegebenen Funktionen die Katalog-Hierarchie nachzuvollziehen. Im Beispielprogramm (Abb. 5.24) wird die Anordnung in einem *TreeView*-Steuerelement ausgegeben.

5 Der DCOM-Connector

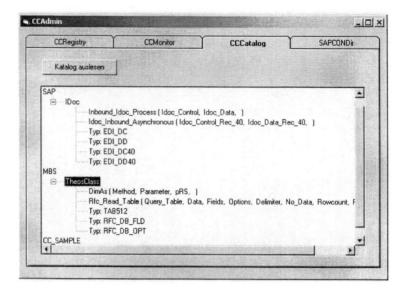

Abb. 5.24: Hierarchische Komponentendarstellung mit der Klasse *CCCatalog*

5.9.4 SAPConDir

Die Klasse *SAPConDir* dient zur Organisation der Komponenten-Daten. Mit der Methode GetDirectory beispielsweise lassen sich die CLSIDs der Proxy-Komponenten abrufen oder Informationen auslesen, auf Basis welchen SAP-Release-Standes die Komponente erzeugt wurde. Auch hier findet die Datenübergabe zwischen *CCAdmin*-Bibiothek und Visual Basic über ADO-Recordsets statt.

GetCom4AbapParam • valueName (string)	Gibt unter Angabe des Parameternamens, den Wert für einen Parameter des COM4ABAP-Dienstes zurück.
GetDirectory	Gibt ein ADO-Recordset mit den Komponentendaten (SAP-Release, CLSID usw.) zurück.
GetParameters	Gibt ein flaches (einzeiges) ADO-Recordset mit den Parametern zurück, die in der Management Console unter *Settings* eingestellt werden können

5.9 DCOM-Connector Admin-Bibliothek

PutCom4AbapParam • valueName (string) • value (variant)	Ändert den Wert eines COM4ABAP-Parameters, der mit GetCom4AbapParam ausgelesen wurde.
PutDefaultDestination • clsid (string) • destination (string)	Definiert die Standard-Destination. Alle verfügbaren Destinationen können mit der Methode *GetDestinations* der Klasse *CCRegistry* ausgelesen werden.
PutParameter • option (string) • value (string)	Setzt einen Parameter, der mit *GetParameters* ausgelesen wurde. Der Spaltenname des ADO-Recordsets von *GetParameters* entpricht dem *option*-Parameter von *PutParameter*.

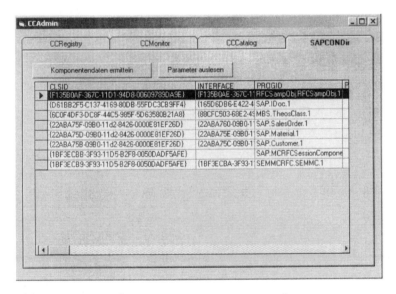

Abb. 5.25: Beispielprogramm zur *SAPConDir*-Klasse

163

6 Der .NET-Connector

Der .NET-Connector als Nesthäkchen der RFC-Familie ist mit seinem Spielkameraden, dem .NET-Framework von Microsoft, das modernste der in diesem Buch vorgestellten Werkzeuge. Das muss aber nicht zwingenderweise heißen, dass es die anderen in absehbarer Zeit vollständig ablösen wird. Selbstredend wird von Microsoft und SAP der neue Standard als das Non-Plus-Ultra verkauft. Bestehende und funktionierende Schnittstellen-Projekte nach .NET zu migrieren ist aber zum jetzigen Zeitpunkt (Stand Herbst 2004) mit Sicherheit übertrieben.

Mit .NET und Visual Studio hat Microsoft in jedem Fall eines geschafft, auf das schon viele gewartet haben: Die Vereinheitlichung der Microsoft-Entwicklungsumgebungen.

Mit der Drucklegung dieses Buches befindet sich der .NET-Connector an einem Umbruch zum nächsten Release-Stand 2.0. Aus diesem Grund werden die beiden Versionen 1 und 2 gleichermaßen diskutiert und verglichen. Falls in den einzelnen Teilkapiteln nicht explizit auf die eine oder andere Version verwiesen wird, sind die jeweiligen Aussagen für beide gültig.

Proxy-Objekte Im Kapitel zum DCOM-Connector haben wir bereits den Begriff der Proxy-Klasse kennen gelernt. Über einen Wizard war es möglich, die Ansteuerung von Funktionsbausteinen in einer generierten Proxy-Klasse zu kapseln. Der Vorteil dieses Verfahrens liegt auf der Hand: Möglichst viele RFC-Spezifika werden so von der eigentlichen Einbindung in einen Anwendungskontext hermetisch getrennt, und der Programmierer muss sich nur mit der Proxy-Klasse auseinander setzen. Auf diesem Prinzip basiert auch der .NET-Connector. Im ersten Schritt werden wir uns also die Erstellung von Proxy-Klassen und deren Ansteuerung genauer ansehen, um dann einen Blick hinter den Vorhang zu werfen und das Klassen-Framework des .NET-Connectors genauer unter die Lupe nehmen.

Der .NET-Connector unterstützt neben der reinen RFC-Kommunikation auch das SOAP-Protokoll. Vorrausetzung hierfür ist auf SAP-Seite allerdings ein Web Application Server ab Version 6.2.

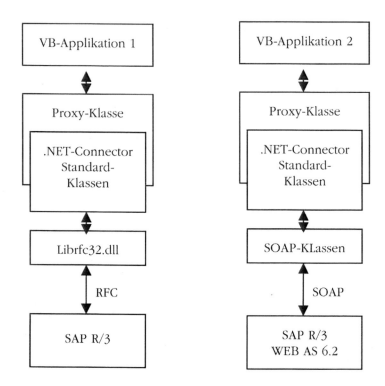

Abb. 6.1: Zusammenhang der .NET-Bibliotheken

6.1 Proxy-Klassen generieren und ansteuern

In der Generierung der Proxy-Klassen liegt der gravierendste Unterschied zwischen Version 1 und 2 des .NET-Connectors. Wir werden uns im ersten Beispiel die Proxy-Generierung von Version 1 ansehen. Der Quellcode des generierten Proxys liegt ausschließlich in C# vor (eine der neuen Sprachen des .NET-Frameworks). Er wird zu einer Assembly kompiliert und dann in das eigene Visual-Basic-Projekt eingebunden.

6.1.1 Beispiel zur Version 1: einfacher ABAP-Interpreter

> \NET ABAPInterpreter\ABAPInterpreter.sln

In unserem ersten Beispiel werden wir den Standard-Funktionsbaustein RFC_ABAP_INSTALL_AND_RUN ansteuern. Dieser Baustein ist so praktisch wie gefährlich. Er verlangt als Tabellenübergabe den Quellcode eines in ABAP geschriebenen Reports und gibt nach erfolgreichem Aufruf den erzeugten Output des ABAP-Interpreters zurück. Man braucht nicht viel Phantasie, um sich vorzustellen, dass nur wenige bestimmte Befehle im übergebenen Quellcode reichen würden, um das komplette System lahmzulegen. Aus diesem Grund sind auch umfangreiche Berechtigungen für den angemeldeten Benutzer nötig, um den Berechtigungs-Check zu überstehen.

Allerdings bietet der Baustein auch fantastische Möglichkeiten, wie wir gleich sehen werden, denn es soll im Beispielprogramm eine kleine ABAP-Entwicklungsumgebung entstehen, die auf Knopfdruck den vom Benutzer eingetippten Code an SAP übergibt und das interpretierte Ergebnis in einer Liste anzeigt.

RFC_ABAP_INSTALL_AND_RUN

Import-Parameter		
MODE	\multicolumn{2}{l	}{Einstelliges Zeichen für den Ausführungsmodus}
	F	Der Code der PROGRAM-Tabelle wird dynamisch generiert und ausgeführt
	' '	Das bestehende Programm PROGRAMNAME wird ausgeführt; die Tabelle PROGRAM wird ignoriert.
PROGRAMNAME	\multicolumn{2}{l	}{Name unter dem das Programm temporär angelegt oder abgerufen wird. (Je nach MODE)}
Export-Parameter		
ERRORMESSAGE	\multicolumn{2}{l	}{Enthält im Fehlerfall die Fehlermeldung der ABAP-Laufzeitumgebung.}

6 Der .NET-Connector

Tabellen-Parameter		
PROGRAM	Enthält die einzelnen Zeilen des Programm-Codes.	
	LINE	72 Zeichen lange Programmzeile
WRITES	Enthält die Zeilen der Listausgabe des Programms .	
	ZEILE	512 Zeichen lange Listenzeile
Exceptions		
Keine, da eventuelle Fehler in der ERRORMESSAGE stehen.		

Proxy-Klasse erstellen

Legen Sie in Visual-Studio ein neues C#-Projekt an. Bei korrekt installiertem .NET-Connector findet sich ein entsprechendes Icon, mit dem sich der Wizard starten lässt (Abb. 6.2).

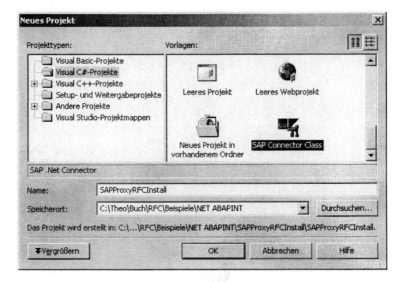

Abb. 6.2: neues C#-Projekt

Wir wählen im Einstiegsbild des Wizards (Abb. 6.3) einen SAP-Server als Erstellungsquelle. Alle nötigen Infos für die Proxy-Generierung zieht sich der Wizard dann automatisch.

Die Logon-Daten müssen entsprechend ausgefüllt werden. Bitte beachten Sie, dass wir jetzt einen Client-Proxy erstellen (Abb. 6.4).

6.1 Proxy-Klassen generieren und ansteuern

Beautify Names

Die Option *Beautify Names* kann gewählt werden, um die Namen der SAP-Repository-Objekte (wie Funktionsbausteine oder DDIC-Objekte) in Groß-/Klein-Schreibung in der Proxy-Klasse abzulegen. Das ist letztendlich aber nur eine kosmetische Entscheidung, da die SAP-Objekte traditionell nur mit Großbuchstaben benannt werden.

Create asynchronous methods

Die zweite Option *Create asynchronous methods* erstellt die Klasse so, dass die Aufrufe der Klassenmethoden (also letztlich das Auslösen eines RFC-Funktionsaufrufes) asynchron geschehen, sprich in einem zweiten Programm-Thread ablaufen. Die eigene Anwendung bleibt somit eingabebereit oder kann andere Dinge erledigen, während auf die Rückantwort des SAP-Systems gewartet wird.

Nach erfolgter Anmeldung können mit Hilfe der Suchfunktion ein oder mehrere Bausteine selektiert und der Proxy-Klasse hinzugefügt werden (Abb. 6.5).

Wir fügen der Projektmappe noch ein Standard-VB-Projekt hinzu und ergänzen dieses um die Verweise auf die Proxy-Klasse und die Standard-Klassen des .NET-Connectors (Abb. 6.6). Alles was jetzt noch fehlt, ist ein wenig Anwendungs-Code, um den ABAP-Interpreter zum Leben zu erwecken.

Abb. 6.3 © SAP AG: Einstieg in den Wizard

6   Der .NET-Connector

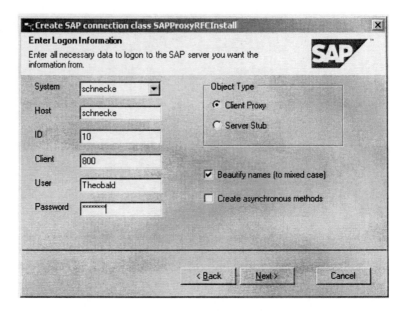

Abb. 6.4 © SAP AG: Logon-Daten eingeben und Grundeinstellungen der Proxy-Klasse vornehmen

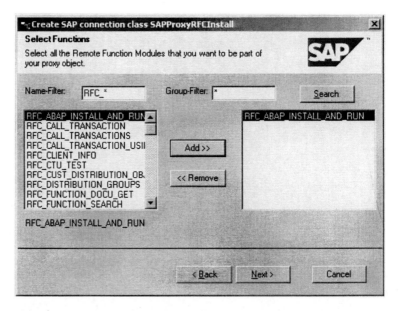

Abb. 6.5 © SAP AG: Hinzufügen des gewünschten Funktionsbausteins

6.1 Proxy-Klassen generieren und ansteuern

Abb. 6.6: Die Projektmappe mit C#-Klasse und VB-Projekt

Der Benutzer soll in das erste Textfeld (*TextBox1*) seinen zu interpretierenden ABAP-Code eintragen. Das Ergebnis erscheint nach erfolgreichem Aufruf von RFC_ABAP_INSTALL_AND_RUN in einem zweiten Textfeld (*TextBox2*).

Destination definieren

Zunächst instanziieren wir uns ein *Destination*-Objekt. In ihm wird definiert, auf welches SAP-System zugegriffen wird.

```
Dim Dest As New SAP.Connector.Destination

Dest.Client = "000"
Dest.AppServerHost = "lovemachine"
Dest.SystemNumber = 0
Dest.Username = "Theobald"
Dest.Password = "pw"
Dest.Language = "DE"
```

Nun wird unsere eigentliche Proxy-Klasse instanziiert. Das Verbindungsobjekt <ProxyKlasse>.Connection ist vorerst leer. Es muss ebenfalls via *.New* instanziiert werden. Der Konstruktor der

Connection-Klasse empfängt den Connection-String, eine Eigenschaft des bereits erstellten *Destination*-Objekts.

```
Dim oABAPRep As New
    SAPProxyRFCInstall.SAPProxyRFCInstall

oABAPRep.Connection = New _
    SAP.Connector.SAPConnection(Dest.ConnectionString)
```

Öffnen der Verbindung

Nachdem nun alle Objekte, die zur Verbindung nötig sind, deklariert und definiert sind, werden wir es wagen, die Verbindung aufzubauen. Eine der großen Errungenschaften von Visual Basic .NET ist die Einführung des *try / catch* – Konstruktes, das Laufzeitfehler eleganter abfängt, als es die *On-Error*-Konstrukte getan haben, die wir von früheren VB-Versionen her kennen.

```
Try
    oABAPRep.Connection.Open()
Catch ex As Exception
    MsgBox(ex.ToString)
    Return
End Try
```

Füllen der Eingangstabelle

Für die auszutauschenden Tabellen hat der Proxy-Generator jeweils zwei Klassen erstellt. Pro Tabelle eine Klasse für eine einzelne Tabellenzeile und für die Tabelle als solche, in unserem Beispiel sind das *PROGTAB* und *PROGTAGTable*. Die Übertragung der mehrzeiligen Textbox erfolgt in einer Schleife. Es wird pro Zeile ein *PROGTAB*-Objekt erzeugt und mit Hilfe der Methode *add* an die Programm-Tabelle angefügt.

```
Dim oABAPProg As New SAPProxyRFCInstall.PROGTABTable
Dim ProgZeile As SAPProxyRFCInstall.PROGTAB

For x = 0 To TextBox1.Lines.GetUpperBound(0)
    ProgZeile = New SAPProxyRFCInstall.PROGTAB
    ProgZeile.Line() = TextBox1.Lines(x)
    oABAPProg.Add(ProgZeile)
Next x
```

6.1 Proxy-Klassen generieren und ansteuern

Funktions-aufruf

Bevor wir den Aufruf mit der *Rfc_Abap_Install_And_Run*-Methode auslösen, instanziieren wir noch schnell ein Objekt der *LISTZEILETable*-Klasse, um darin die Ausgabeliste des ABAP-Programms zu empfangen. Die beiden Übergabe-Parameter MODE und PROGRAMMNAME werden hart auf 'F' bzw. '<<RFC>>' gesetzt, denn gemäß Funktionsbaustein-Doku möchten wir unseren Code dynamisch interpretiert haben.

```
Dim oABAPWrite As New _
    SAPProxyRFCInstall.LISTZEILETable
Dim ErrorMsg As String

Try
    oABAPRep.Rfc_Abap_Install_And_Run("F", _
    "<<RFC>>", ErrorMsg, oABAPProg, oABAPWrite)
Catch ex As Exception
    MsgBox(ex.ToString)
    Return
End Try
```

Interpretieren des Ergebnisses

Wenn keine Exception ausgelöst wurde, prüfen wir zum Schluss noch die Fehlermeldung *ErrorMsg* auf eventuellen Inhalt. Ist dies nicht der Fall, ist das Programm offensichtlich syntaktisch korrekt und wurde ausgeführt. Die Ausgabeliste *oABAPWrite* wird Zeile für Zeile in die Ausgabe-Textbox übertragen.

```
If Len(ErrorMsg) Then
    MsgBox("Fehler im Programm: " & _
        ErrorMsg.ToString)
    Return
End If

For x = 0 To oABAPWrite.Count - 1
    TextBox2.Text = TextBox2.Text & _
        vbCrLf & oABAPWrite.Item(x).Zeile()
Next
```

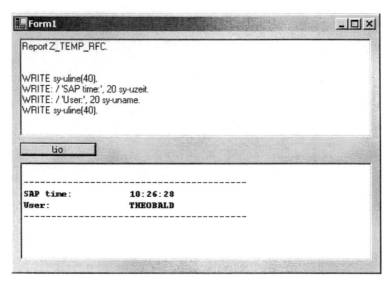

Abb. 6.7: ABAP-Interpreter in Aktion

6.1.2 Beispiel zur Version 2: Werksbestand abfragen

\NET Bestandsabfrage\Bestandsabfrage.sln

Einen Wizard für die Erstellung der Proxy-Klassen wie im letzten Teilkapitel gibt es unter der Version 2 nicht mehr. Den zentralen Einstiegspunkt bildet der Server-Explorer von Visual Studio. Nach der Installation steht dort ein zusätzlicher Knoten namens *SAP* zur Verfügung (falls er nicht freiwillig erscheint, bitte auf den *Refresh*-Button klicken). Mit der rechten Maustaste und dem Kontextmenüpunkt *Add Application Server* kann ein neues SAP-System hinzugefügt werden, nachdem die erforderlichen Anmeldedaten ausgefüllt wurden (Abbildung 6.8). Über die Eigenschaft *Destination Type* wird definiert, ob die Einstellungen aus dem lokalen SAP-GUI (saplogon.ini) oder über einen selbstdefinierten Server bestimmt werden sollen.

Der Server-Explorer (Abbildung 6.9) zeigt hierarchisch die im System hinterlegten BAPIs und Funktionsbausteine. Für unser Beispiel wählen wir das BAPI *Availability* des Business Objekts *Material*. Es liefert unter Angabe der Materialnummer und eines Werkes den freien ATP-Bestand der Ware. ATP (Available To Promis) bedeutet *verkaufsfähig* (Die Kollegen aus der Materialwirtschaft werden jetzt die Hände über dem Kopf zusammenschlagen, weil die Sache eigentlich etwas komplizerter ist. Aber das ist für unser Beispiel nicht wirklich wichtig).

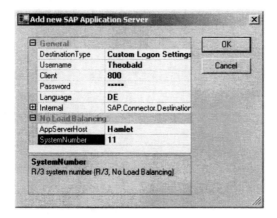

Abb. 6.8: Anmeldemaske für den Server Explorer

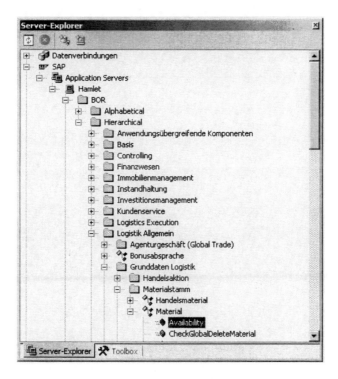

Abb. 6.9: Server-Explorer mit BAPIs

6 Der .NET-Connector

Um die Proxy-Klasse nun zu definieren, wählen wir *Projekt -> Neues Element hinzufügen*. Im Ordner *SAP* befindet sich das Element *SAP Connector Proxy* (Abbildung 6.10). Nachdem es angelegt wurde, kann in das neue Projektelement mit Drag & Drop das BAPI aus dem Server Explorer gezogen werden.

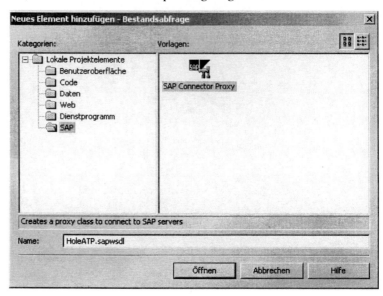

Abb. 6.10: Neues Proxy-Element anlegen

Neben dem eigentlichen BAPI sind in dem Wizard-Fenster für jede Übergabe-Struktur ein zusätzliches Element und für jede Übergabe-Tabelle das zugehörige Struktur-Element und dessen Tabelle zu sehen (Abbildung 6.11).

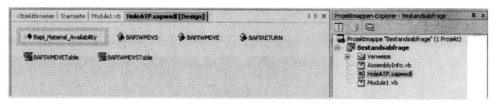

Abb. 6.11: Proxy-Klasse und deren Elemente

Das Projekt muss nun einmal kompiliert werden, um die Proxy-Klasse im Code verfügbar zu machen.

Der folgende Code entspricht von der Struktur her dem ersten Beispiel. Materialnummer und Werk werden vom Anwender abgefragt und an das Proxy-Objekt übergeben.

6.1 Proxy-Klassen generieren und ansteuern

Destination-Objekt vorbereiten	``` Dim proxy As New HoleATP Dim Dest As New SAP.Connector.Destination Dest.Client = "800" Dest.AppServerHost = "Hamlet" Dest.SystemNumber = 11 Dest.Username = "Theobald" Dest.Password = "pw" Dest.Language = "DE" ```

Verbindung aufbauen	```
	Try
	    p.Connection = New _
	        SAP.Connector.SAPConnection(Dest)
	Catch ex As Exception
	    Console.Write(ex.Message)
	    Return
	End Try
	``

Benutzerparameter abfragen	``` Console.WriteLine("Bitte Material eingeben:") Dim Mat As String = Console.ReadLine() Console.WriteLine("Bitte Werk eingeben:") Dim wrk As String = Console.ReadLine() Dim Menge As Decimal Dim ret As New BAPIRETURN Dim wmdve As New BAPIWMDVETable Dim wmdvs As New BAPIWMDVSTable ```

BAPI aufrufen	```
	proxy.Bapi_Material_Availability("", "", "", "", _
	    "", Mat, wrk, "", "", "ST", "", Menge, _
	    "", "", ret, wmdve, wmdvs)
	``

Rückgabe auswerten und ausgeben	```
	If ret.Message = "" Then
	    Console.WriteLine("Menge: " + Menge.ToString())
	Else
	    Console.Write(ret.Message)
	End If
	
	Console.ReadLine()
	``

Abbildung 6.12 zeigt das Beispielprogramm in Aktion. Es wurden Werte eingegeben, die mit jedem gängigen IDES-Testsystem funktionieren sollten.

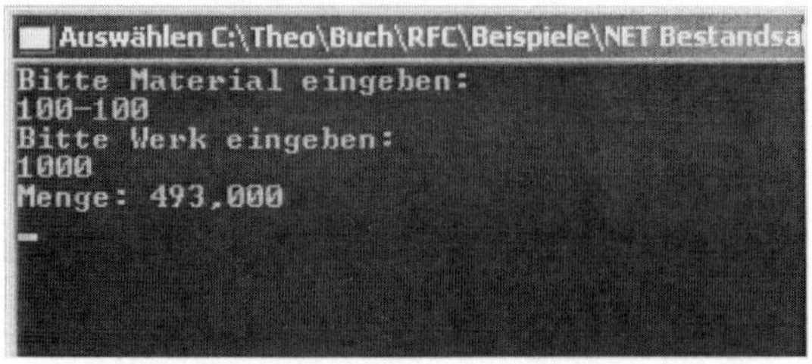

Abb. 6.12: Bestandsabfrage in Aktion

6.2 Die Client-Klassen

Wir werden in diesem Kapitel die einzelnen Client-Klassen, die der .NET-Connector zur Verfügung stellt, genauer beleuchten. Dazu gehören zum einen verschiedenste Möglichkeiten der Verbindung und der Authentifizierung gegenüber dem R/3-System sowie das Tabellen-Handling und die *SAPClient*-Klasse, die die Ausgangsbasis für die bereits kennen gelernten Proxy-Objekte bildet.

Bevor wir die einzelnen Komponenten im Detail diskutieren, werfen Sie bitte einen Blick auf das Übersichtsbild der Klassenzusammenhänge. Es kann nie schaden, dieses Bild beim Programmieren nicht aus den Augen zu verlieren, um den Gesamtüberblick zu wahren.

6.2 Die Client-Klassen

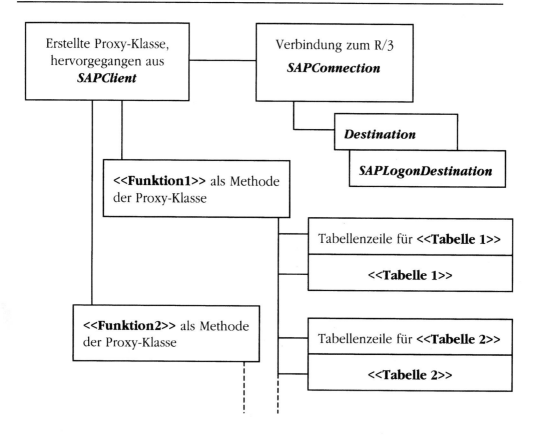

Abb. 6.8: Klassenzusammenhang

6.2.1 Die Destination-Klassen

Destination und SAPLogon-Destination

Wir haben im Beispiel des vergangenen Kapitels bereits die *Destination*-Klasse kennengelernt. Eine Destination definiert ein SAP-System, an das sich angemeldet werden soll, eindeutig und ist Vorrausetzung für den Verbindungsaufbau. Für die Basis-Klasse *Destination* existiert eine Erweiterung, nämlich *SAPLogon-Destination*. Sie ist in der Lage, die Datei *saplogon.ini* auszulesen und so auf alle System-Daten zuzugreifen, die im SAP-Logon-Pad hinterlegt sind.

Die Erweiterung *AvailableDestinations* gibt eine Collection aller hinterlegten Systeme zurück, die über eine Enumeration ausgelesen werden können. Sehen wir uns das im Beispiel an, in dem die Systeme in eine Listbox geschrieben werden, damit sich der Anwender eines aussuchen kann:

6 Der .NET-Connector

```
Dim oDest As New SAP.Connector.SAPLogonDestination

Dim enum1 As System.Collections._
    IEnumerator
enum1 = oDest.AvailableDestinations._
    Values.GetEnumerator()

Do While enum1.MoveNext
    ListBox1.Items.Add(enum1.Current)
Loop
```

Ableiten des Destination-Objektes aus der Vorgabe des Anwenders

Über den eindeutigen Namen lässt sich später ein gefülltes *Destination*-Objekt ableiten, das nur noch um die Angabe der Benutzerdaten ergänzt werden muss, um es dann direkt an den Konstruktor der *Connection*-Klasse, also der eigentlichen Verbindung weiterzugeben.

```
Dim oDest As New SAP.Connector.SAPLogonDestination

oDest.DestinationName = ListBox1.SelectedItem

oDest.Username = "Theobald"
oDest.Password = "pw"
oDest.Client = "000"
oDest.Language = "De"

Dim oCon As New SAP.Connector.SAPConnection(oDest)

Try
    oCon.Open()
Catch ex As Exception
    MsgBox(ex.ToString)
        Return
End Try

MsgBox("Verbindung aufgebaut zu " & _
    ListBox1.SelectedItem)
oCon.Close()
```

6.2 Die Client-Klassen

Bitte machen Sie sich den Unterschied zwischen *Destination* und *SAPLogonDestination* klar. Im ersten Fall müssen wir die komplette Destination selbst definieren, während die Erweiterung sich einen Teil der Daten aus der *saplogon.ini* zieht.

6.2.1.1 Destination / SAPLogonDestination-Klasse im Überblick

Destination

Eigenschaften		
AbapDebug	True, wenn das Debugging eingeschaltet werden soll	
Client	Anzumeldender Mandant	
ConnectionString	Enthält eine Zeichenfolge, die die Verbindung charakterisiert (vgl. auch *RfcOpneEx* im Kapitel 7.1.1)	
Language	Anmeldesprache	
Password	Passwort des anzumeldenden Benutzers	
UserName	Anzumeldender Benutzer	
AppServerHost	Applikationenserver	Einzelserver-Anmeldung
SystemNumber	Systemnummer	
LogonGroup	Logon-Gruppe	Anmeldung per Load Balancing
MsgServerHost	Message-Server	
SAPSystemName	Dreistelliger Systemname des anzumeldenden Systems	

Erweiterungen von Destination: SAPLogon_Destination

Eigenschaften	
DestinatonName	Enthält den Namen der Destination, so wie er auch im SAP-Logon-Pad zu sehen ist. Durch Setzen dieser Eigenschaft werden die restlichen Eigenschaften (*AppServerHost* usw.) aus der *saplogon.ini* gezogen
AvailableDestinations	Gibt die im SAP-Logon-Pad bzw. in der *saplogon.ini* hinterlegten Systeme zurück.

	Der Rückgabewert entspricht der Klasse *System.Collections.Idictionary* und kann, wie im vorangegangenen Beispiel gezeigt, verwertet werden.

Achtung!! Diese Liste ist nicht komplett, weil die fehlenden Eigenschaften oder Methoden erstens den Rahmen sprengen würden und zweitens auch in der Dokumentation zum .NET-Connector nachgelesen werden können.

6.2.2 Die Connection-Klasse

Außer einigen spannenden Eigenschaften zum verbundenen R/3-System bringt die *Connection*-Klasse wenig Neues. Der Konstruktor der Klasse empfängt entweder ein Objekt der *Destination*-Klasse oder einen Connection-String, um zu erfahren, mit welchem System die Klasse kommunizieren soll. Der eigentliche Verbindungsaufbau erfolgt dann über die Methode *Open*.

```
Dim oDest As New SAP.Connector.Destination
[ ... ]

' Initialisierung des Destination-Objekts
Dim oCon As New SAP.Connector.SAPConnection(oDest)
Try
    oCon.Open()
Catch ex As Exception
    MsgBox(ex.ToString)
    Return
End Try

MsgBox("Verbindung aufgebaut !!" & vbCrLf & _
    "SystemID: " & oCon.SystemID & vbCrLf & _
    "Realease: " & oCon.KernelRelease)

oCon.Close()
```

6.2 Die Client-Klassen

Abb. 6.13: Output des Beispielprogramms

6.2.2.1 Connection-Klasse im Überblick

Konstruktoren	
SAP.Connector.Destination	Objekt der *Destination*-Klasse
ConnectionString	Connection-String (könnte zum Beispiel selber zusammengebastelt sein wie bei der Funktion *RfcOpenExt* in Kapitel 7.1.1)
Eigenschaften	
ApplicationServer	Applikationenserver
ConnectionString	ConnectionString
KernelRelease	Release-Nummer des SAP-Kernels
SystemID	Dreistelliger Systemname (z.B. MBS)
SystemNumber	Systemnummer
Methoden	
Open()	Verbindung aufbauen
Close()	Verbindung abbauen

6.2.3 SAPClient als Basis der Proxy-Klassen

Die Proxy-Klasse, die wir im Eingangsbeispiel erstellt hatten, ist wie alle Poxy-Klassen des .NET-Connectors abgeleitet von *SAPClient*. Neben den Methoden, die die neuen Proxy-Klassen zusätzlich erhalten und die durch den Wizard hinzugefügt werden, hält *SAPClient* auch die Funktionen für den queued RFC und den transaktionalen RFC. Diese müssen allerdings erst

6 Der .NET-Connector

explizit aktiviert werden; sehen Sie sich dazu bitte das nachfolgende Teilkapitel (manuelle Änderungen an generierten Proxy-Klassen) an.

6.2.3.1 SAPClient-Proxy-Klassen im Überblick

Konstruktoren	
SAP.Connector.Destination	Objekt der Destination-Klasse
ConnectionString	Connection-String (könnte zum Beispiel selber zusammengebastelt sein wie bei der Funktion RfcOpenExt in Kapitel 7.1.1)
()	Bildet ein uninitialisiertes *Connection*-Objekt, das zu einem späteren Zeitpunkt instanziiert werden muss.
Eigenschaften	
Connection	Ein Objekt der Klasse *SAPConnection*.
RFCTotalMiliSconds	Ausführungsdauer des letzten RFC-Aufrufs in Millisekunden.

Methoden	
<<FUNKTION1>> • <<PARAMETER>>	Funktionen, die durch den Proxy-Generator hinzugefügt wurden. Die Übergabe-Parameter werden durch die jeweilige RFC-Funktion definiert.
TRFC<<FUNKTION1>> • <<PARAMETER>> • RFCTid	Wie <<FUNKTION1>>, nur mit tRFC-Support. Als zusätzlichen Parameter muss die Transaktions-ID übergeben werden

6.2 Die Client-Klassen

QRFC<<FUNKTION1>> • <<PARAMETER>> • RFCQueueItem	Wie <<FUNKTION1>>, nur mit qRFC-Support. Als zusätzlichen Parameter muss ein Objekt der Klasse *RFCQueueItem* übergeben werden
Begin<<FUNKTION1>> • <<PARAMETER>> • CallBackFunk (AsyncCallBack) • AsynchSate (object)	Wie <<FUNKTION1>>, nur mit Unterstützung von asynchronen Funktionsaufrufen. Als zusätzlichen Parameter muss ein Objekt der Klasse *AsynCallback* übergeben werden, das auf die Callback-Funktion verweist.
End<<FUNKTION1>> • AsynchResult (iasyncresult) • <<PARAMETER>>	Bildet das Ende eines mit Begin<<>> initiierten, asynchronen Aufrufs.
CommitWork()	Bildet das Ende eine LUWs (Logical Unit of Work) und schreibt die Änderungen auf der Datenbank fest.
ConfirmTID • TID	Bestätigt eine qRFC oder tRFC-Transaktion nach erfolgreichem Aufruf. Ohne diese Bestätigung wird der Aufruf im Zielsystem nicht fertiggestellt, sondern bleibt in der tRFC-Schicht (vgl. Anhang) als fehlerhaft hängen.
RollbackWork()	Bildet das fehlerhafte Ende eines LUWs und macht alle Änderungen rückgängig

6.2.3.2 Proxy-Klassen anpassen

\NET Customer\NET Customer.sln

In den vergangen Kapiteln haben wir die Klassen, die der Proxy-Generator für uns erzeugt hat, immer so eingesetzt wie sie erzeugt wurden. Das muss aber nicht sein, denn Sie liegen ja im Quellcode vor, und es kann durchaus sein, dass manuelle Eingriffe hier sinnvoll sind, wie wir im Folgenden sehen werden.

6 Der .NET-Connector

Die Basis der folgenden Beispiele ist eine jungfräuliche Klasse zu den drei Funktions-Bausteinen RFC_CUSTOMER_GET, RFC_CUSTOMER_UPDATE und RFC_CUSTOMER_INVOICE. Diese drei Bausteine wurden dafür entwickelt, mit Echtdaten verschiedenste RFC-Funktionalitäten zu demonstrieren, ohne zu kompliziert zu sein.

Der Proxy-Generator hat in dem erstellten Projekt eine Datei namens <<NameDesProxys>>.sapwsdl angelegt. Ein Doppelklick darauf öffnet diese Datei und wir erkennen die angelegten Methoden (in unserem Fall drei), die dazu benötigten Tabellen (in unserem Fall eine, nämlich BRFCKNA1TABLE) und pro Tabelle jeweils eine Struktur für eine einzelne Tabellenzeile (in unserem Fall BRFCKNA1).

Ein Klick in den freien Bereich zeigt im Eigenschaftsfenster die Eigenschaften der Proxy-Klasse (Abb. 6.14).

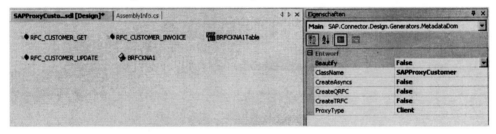

Abb. 6.14: Proxy-Klasse im Entwurfsmodus

In den Eigenschaften können nun allerlei Dinge umdefiniert werden, die nachfolgend tabellarisch aufgelistet sind. Neben der qRFC und dem tRFC-Funktionalität ist es unter Umständen auch sinnvoll, die Methoden anzupassen. Wenn bestimmte Parameter nicht benötigt werden, können sie mit einem Standard-Wert vorbelegt werden. Diese können dann vom aufrufenden Programm ignoriert werden. Bitte beachten Sie, dass die Klasse nach den Änderungen neu kompiliert werden muss, um die Anpassungen im aufrufenden Programm sichtbar zu machen.

Eigenschaften der Proxy-Klasse selbst	ClassName	Name der Klasse (Hinweis: Vorsicht bei Änderungen; in diesem Fall müssen noch einige andere Dinge mitgeändert werden. Dadurch ist es einfacher, die Klasse über den Wizard unter dem gewünschten Namen neu erstellen zu lassen)

6.2 Die Client-Klassen

CreateAsyncs	Schaltet den Modus für den asynchronen Funktionsaufruf ein.
CreateQRFC	Aktiviert qRFC-Funtionalität. Die aufzurufende Methode heißt jetzt nicht mehr <<FUNKTION1>>, sondern QRFC<<FUNKTION1>> und wird um den Parameter *RFCQueueItem* ergänzt.
CreateTRFC	Aktiviert tRFC-Funtionalität. Die aufzurufende Methode heißt jetzt nicht mehr <<FUNKTION1>>, sondern TRFC<<FUNKTION1>> und wird um den Parameter *TID* ergänzt.
ProxyType	Definiert, ob es sich um eine Client-Klasse oder um eine Server-Klasse handelt. Achtung! Server-Klassen müssen bei der Version 1 des .NET-Connectors in C# weiterentwickelt werden. Der Einbau in Visual Basic ist dann nicht mehr ohne weiteres möglich, da die Implementierung der Codes, der hinter den remote aufgerufenen Funktionsbausteinen steht, in der Klasse selber eingebaut werden muss. Im Kapitel um die *SAPServer*-Klasse werden wir uns eine solche Überschreibung genauer ansehen.

Eigenschaften der Struktur-Klasse (für eine einzelne Tabellenzeile)	Fields	Hier können die Felder der Struktur angepasst werden. Wenn Feldnamen geändert werden, bleibt die Verknüpfung zum Dictionary-Feld (hier heißt es *ABAP-Field*) trotzdem erhalten. Ebenso können die Felder mit einem Standard-Wert vorbelegt oder ausgeblendet werden. 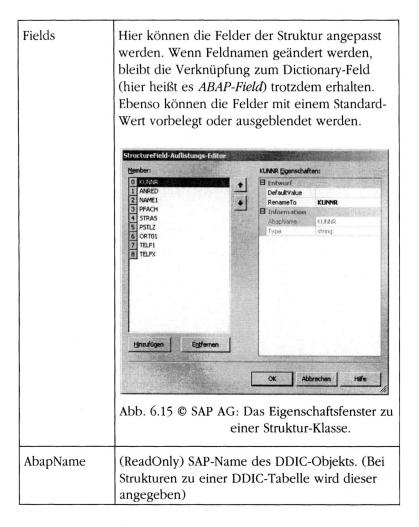 Abb. 6.15 © SAP AG: Das Eigenschaftsfenster zu einer Struktur-Klasse.
	AbapName	(ReadOnly) SAP-Name des DDIC-Objekts. (Bei Strukturen zu einer DDIC-Tabelle wird dieser angegeben)

6.2 Die Client-Klassen

Eigenschaften der Methoden (Funktions-aufrufe)	Custom_Parameter_Order	Wird auf *True* gesetzt, wenn die Übergabe-Parameter manuell modifiziert wurden.
	Exceptions	Modifiziert die auffangbaren Laufzeitfehler. Sie können umbenannt oder ergänzt werden. Abb. 6.16: © SAP AG
	Parameters	Analog zur Fields-Eigenschaft der Struktur-Klasse
	UseIOStruct	Wird diese Eigenschaft auf *True* gesetzt, erstellt der .NET-Connector beim Kompilieren von jedem Funktionsaufruf eine zweite Methode, die Im- und Export-Paramter jeweils als strukturierten Datentyp übergeben bekommt bzw. zurückgibt.
	Optional- / Removed- / TotalParameters	(ReadOnly) Anzahl der optionalen und entfernten Parameter und Anzahl der Parameter insgesamt.
	AbapName	(ReadOnly) SAP-Name des DDIC-Objekts. (Bei Strukturen zu einer DDIC-Tabelle wird dieser angegeben)

Tabelleneigen-schaften	BaseStruct	Name der Strukturklasse, auf die die Tabelle aufbaut.
	AbapName	(ReadOnly) SAP-Name des DDIC-Objekts.

6.2.4 qRFC-Funktionalität einbinden

Die Funktionsweise von tRFC und qRFC haben wir zusammen mit dem DCOM-Connector in Kapitel 5.5.1/2 bereits angesprochen. Dort finden Sie auch eine entsprechende Grafik mit der Ablauflogik. Wir wollen mit dem kürzlich erstellten Beispielprogramm zu den Bausteinen RFC_CUSTOMER_GET und RFC_CUSTOMER_UPDATE ein kleines Programm ins Leben rufen, das den qRFC-Ablauf eindrucksvoll demonstrieren soll.

Betrachten wir zunächst die Klasse *RfcTID*. Sie ist für das Erzeugen einer eindeutigen Transaktions-ID zuständig, die sowohl für die tRFC als auch für qRFC-Funktionsaufrufe benötigt werden.

```
Dim TID As SAP.Connector.RfcTID
TID = SAP.Connector.RfcTID.NewTID()
```

Um Funktionen in eine RFC-Queue einzureihen, reicht eine Transaktions-ID alleine nicht aus. Hier müssen wir uns der Klasse *RfcQueueItem* bedienen. Sie hält neben der TID auch den frei wählbaren Namen der Queue. Falls die Queue im SAP nicht explizit schon vorhanden ist, wird sie automatisch angelegt. Wir übergeben dem Klassenkonstruktor neben der TID und dem Queue-Namen noch zusätzlich einen Queue-Index. Er definiert die Reihenfolge der Funktionsaufrufe aufsteigend. In der Praxis könnte hierzu irgendeine eindeutige, fortlaufende Vorgangsnummer oder ähnliches dienen.

Unser erstes *RfcQueueItem*-Objekt konstruieren wir mit der Index-Nummer 2. Dies dient zu Demonstrationszwecken, da wir im Anschluss noch ein zweites hinzufügen wollen, das die Index-Nummer 1 erhält. Der zweite Funktionsaufruf wird dann den ersten überholen.

```
Dim qItem1 As New SAP.Connector.RfcQueueItem( _
    "TheosQueue", 2, TID)
Dim qItem2 As New SAP.Connector.RfcQueueItem( _
    "TheosQueue", 1, TID)
```

Mit der Funktion RFC_CUSTOMER_GET besorgen wir uns unter Angabe der Kundennummer (0000001172) eine Struktur, die alle Kundendaten enthält.

6.2 Die Client-Klassen

```
Dim oProxy As New _
   SAPProxyCusComer.SAPProxyCustomer( _
   Dest.ConnectionString)
Dim oKunde As New _
   SAPProxyCustomer.BRFCKNA1Table

oProxy.RFC_CUSTOMER_GET( _
   "0000001172", "", oKunde)
```

Jetzt werden wir die Faxnummer des Kunden zu Testzwecken abändern. Zunächst auf eine Nummer mit der Endung 01. Die so modifizierte Kundenstruktur wird via RFC_CUSTOMER_UPDATE und dem *Qitem1* ins SAP zurückgeschrieben. Danach dasselbe mit der Endnummer 02 und dem *Qitem2*-Objekt.

```
oKunde.Item(0).TELFX = "0711-74509-01"
oProxy.QRfcRFC_CUSTOMER_UPDATE( _
   oKunde, qItem1)

oKunde.Item(0).TELFX = "0711-74509-02"
oProxy.QRfcRFC_CUSTOMER_UPDATE( _
   oKunde, qItem2)
```

SAP hat nun die entsprechende Queue angelegt. Sie ist aber noch geschlossen, sprich die beiden Funktionsaufrufe stehen dort noch unangetastet und warten auf Bearbeitung. Die Transaktion SMQ2 (Eingangsqueue des qRFC-Monitors) zeigt uns die geschlossene Queue (Abb. 6.17).

Abb. 6.17 © SAP AG: Eingangsqueue

Zwei Doppelklicks auf die Queue zeigen uns deren Inhalt, nämlich genau unsere beiden Aufrufe (Abb. 6.18).

6   Der .NET-Connector

qRFC-Monitor (Eingangsqueue)

Mdt	Benutzer	Funktionsbaustein	Queue-Name	Da
800	THEOBALD	RFC_CUSTOMER_UPDATE	THEOSQUEUE	04
800	THEOBALD	RFC_CUSTOMER_UPDATE	THEOSQUEUE	04

Abb. 6.18 © SAP AG: Das Innenleben der Queue

Über den grünen Pfeil (oder F3) springen wir eine Ebene zurück und aktivieren die Queue mit dem F6 (Menü *Bearbeiten -> Aktivieren*). Die Aufrufe in der Queue werden jetzt in der vorgegebenen Reihenfolge abgearbeitet.

Über die Transaktion XD03 (Debitor anzeigen) lässt sich die aktuelle Fax-Nummer unseres Testkunden überprüfen (Abb. 6.19). Man erkennt, dass die beiden Aufrufe die Endnummer 01 hinterlassen haben, weil wir bei Instanziierung der QueueItems die Index-Nummern entsprechend gewählt haben.

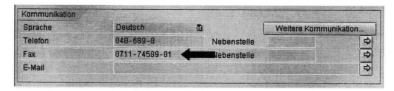

Abb. 6.19 © SAP AG: Endnummer 01 in der Faxnummer des Testkunden (Transaktion XD03)

Achtung! Es ist möglich, in der qRFC-Administration Queues bereits vorzudefinieren und standardmäßig zu öffnen. Die Taktik der Index-Vergabe, die wir im Beispiel angewendet hatten, funktioniert nur, wenn wir die Queue in geschlossenem Zustand befüllen, andernfalls werden die früheren Aufrufe auch früher abgearbeitet.

6.2.5 Asynchrone Methoden

Ungeachtet ob die RFC-COM-Bibliotheken oder der DCOM-Connector, alle hatten beim Aufrufen von Funktionen eines gemeinsam, sie gaben den aktuellen Programm-Thread an die unterlagerten Bibliotheken ab. Das Ergebnis bei längerdauernden Aufrufen war, dass das Client-Programm während des

6.2 Die Client-Klassen

Aufrufs schlicht und ergreifend stehenblieb. Empfindliche Anwender interpretieren dies unter Umständen als Programmabsturz, nicht zuletzt weil der Task-Manager unter Windows *keine Rückmeldung* zum jeweiligen Programm ausweist. *SAPClient* und deren abgeleitete Proxy-Klassen bieten die Möglichkeit, Funktionen asynchron auszuführen. Es existieren pro Funktionsaufruf zwei Methoden. Begin<RFCName> empfängt neben den Übergabe-Parametern ein Objekt vom Typ *System.AsyncCallback*, das auf eine Callback-Funktion verweist, die nach dem Abschluss des Aufrufes ausgelöst wird. Das Programm bleibt an der Stelle Begin<RFCName> nicht stehen.

In unserem Beispiel soll *CustomerCallback* die Callback-Funktion für den Aufruf des RFC_CUSTOMER_GET-Bausteins sein.

```
private sub CustomerCallback (IAsyncResult ar)

    Dim KundenTab as BRFCKNA1Table

    proxy.EndRfc_Customer_Get( & _
        asyncresult, KundenTab)

End Sub
```

Das Initiieren des Aufrufs erfolgt analog unter Angabe von *CustomerCallback* als Callback-Funktion.

```
Dim myAsyncState as Object
Dim myCallback as new _
    System. CustomerCallback (CustomerCallback)

proxy.BeginRfc_Customer_Get(KundenNr, _
    KundenName, KundenTab, myCallback, myAsyncState)
```

Unmittelbar nach dem Aufruf geht der Programm-Thread nun zurück an das aufrufende Programm, um dort beispielsweise einen Fortschrittsbalken, eine Animation oder sonst etwas anzuzeigen, was dazu dienen könnte, den Anwender bei Laune zu halten.

193

6.2.6 Klassen zu Strukturen und Tabellen

Wie bereits erwähnt, sind sich Strukturen und Tabellen sehr ähnlich. Eine Struktur vereinigt verschiedenste Variablen, hinter denen letztendlich ABAP-Typen stehen. Allerdings ist sie flach, jede Variable kommt genau einmal vor. Genau dort liegt der einzige Unterschied zu Tabellen, denn Tabellen erweitern Strukturen um eine Dimension; sie gehen in die Tiefe. Proxy-Klassen, wie wir sie kennen gelernt haben, bringen pro Übergabe-Tabelle immer zwei Klassen mit sich. Eine von *SAPStructure* abgeleitete Struktur-Klasse und eine von *SAPTable* abgeleitete Tabellenklasse.

Die Grenzen des Proxy-Wizards

Wir werden uns im weiteren Verlauf leider nicht immer darauf verlassen können, dass uns der Proxy-Wizard alles erstellt, was wir benötigen. So funktionieren die RFCServer-Programme des Wizards in der Version 1 des .NET-Connectors nur in C#. Grund genug, uns selbst Struktur- und Tabellen-Klassen in reinem Visual Basic herzuleiten.

Der Baustein RFC_READ_TBALE hält als Übergabetabelle die Struktur *TAB512*. Sie enthält der Einfachheit halber nur ein einzelnes Feld namens *WA*, das 512 Bytes lang ist.

Wir wollen nun eine Klasse der Basis *SAPStructure* ableiten. WA ist als String definiert und bildet eine Eigenschaft der abgeleiteten Klasse. Die Eigenschaft ist in der Basisklasse natürlich nicht enthalten.

```
Public Class TAB512 : Inherits
SAP.Connector.SAPStructure
    Private p_WA As String
    Property WA() As String
        Get
            Return p_WA
        End Get
        Set(ByVal Value As String)
            p_WA = Value
        End Set
    End Property
End Class
```

Einführung der Attribut-Klasse

Das einzige Problem, das wir jetzt noch lösen müssen, ist die Typ-Umwandlung. Ein VB-String entspricht nun mal nicht einfach einem ABAP-Character-Typ. Aus diesem Grund greifen

6.2 Die Client-Klassen

wir in die tiefe Trickkiste der .NET-Klassen und finden dort so genannte Attribut-Klassen. Attribut-Klassen verstehen es, Methoden oder einzelne Parameter mit neuen Attributen zu versehen. Sie entstehen aus der Standard-Klasse *System.Attribute* und werden den Methoden oder Parametern in <>-Klammern vorangestellt. Ein schönes Standard-Beispiel ist die Attribut-Klasse *DebuggerHidden()*. Sie sorgt dafür, dass die Methoden, die mit diesem Attribut versehen sind, nicht vom Debugger angezeigt werden. Die nachfolgende Prozedur zeigt ein simples Klick-Ereignis. Sie werden es nicht schaffen, mit dem Debugger in diese Prozedur abzuspringen, auch wenn Sie sich im Einzelschritt-Verfahren herantasten.

```
<DebuggerHidden()> _
Private Sub Button1_Click(ByVal sender as _
    System.Object, Bval e as System.EventArgs) _
    Handles Button1.Click

    Msgbox("Hallo ??")

End Sub
```

Attribut-Klassen des .NET-Connector

Analog zu *DebuggerHidden()* betrachten wir die beiden Attribut-Klassen *RfcStructure* und *RfcField*. Sie sind beide etwas komplizierter als das letzte Beispiel, weil sie noch einige Argumente mitbringen. Im Falle einer Struktur benötigt die Klasse *RfcStructure* noch die Länge (*Length*) und den Namen aus dem Data-Dictionary (*ABAPName*) am besten als benannte Argumente. Die abgeleitete Klasse ist nun mir allen Informationen versorgt, die für deren Abbildung in eine SAP-verträgliche Form nötig ist:

```
SAP.connector.RfcStructure(AbapName:=<DDIC-Name>, _
    Length:=<Gesamtlänge der Struktur>)
```

Die Eigenschaften der Struktur-Klasse müssen analog behandelt werden. Hier ist die Parameter-Liste noch etwas länger

```
SAP.connector.RfcField(AbapName:="<DDIC-Name>", _
    RfcType:=<RFC-Typ>, _
    Length:=<Feldlänge>, _
```

6   Der .NET-Connector

Offset:=<Position innerhalb der Struktur>)

Beispielklasse ABAP-verträglich implementieren

Ausgestattet mit diesen beiden Attributen peppen wir nun unsere TAB512-Klasse auf, und bringen sie somit in eine Form, die die darunterliegende RFC-Bibliothek versteht und eine eindeutige Abbildung auf ABAP-Typen ermöglicht.

```
<SAP.Connector.RfcStructure(AbapName:="TAB512",_
    Length:=512)> _
Public Class TAB512 : Inherits
SAP.Connector.SAPStructure
    Private p_WA As String
    <SAP.connector.RfcField(AbapName:="WA", _
        RfcType:=SAP.Connector.RFCTYPE.RFCTYPE_CHAR,_
        Length:=512, Offset:=0)> _
    Property WA() As String
        Get
            Return p_WA
        End Get
        Set(ByVal Value As String)
            p_WA = Value
        End Set
    End Property
End Clas
```

Die Tabellen-klasse SAPTable

Weniger kompliziert sind die von *SAPTable* abgeleiteten Tabellenklassen, da sie keine Attribut-Umformung benötigen. Wir müssen lediglich eine Reihe von Methoden überschreiben bzw. erzeugen, um die Typenkompatibilität zur entsprechenden Struktur-Klasse zu wahren. *Insert* beispielsweise, erhält als neuen Übergabe-Parameter ein *TAB512*-Objekt.

```
Public Class TAB512Table :
    Inherits SAP.Connector.SAPTable

    Shared Function GetElementType() As Type
        Dim smtDelete As New TAB512
        Return smtDelete.GetType
    End Function

    Overrides Function CreateNewRow() As Object
```

6.2 Die Client-Klassen

```vbnet
        Return New TAB512
End Function

Default Public Property Item(ByVal index _
    As Integer) As TAB512
    Get
        Return List(index)
    End Get
    Set(ByVal Value As TAB512)
        List(index) = Value
    End Set
End Property

Public Function Add(ByVal value As TAB512) _
    As Integer
    Return List.Add(value)
End Function

Public Sub Insert(ByVal index As Integer, _
    ByVal value As TAB512)
    List.Insert(index, value)
End Sub

Public Function IndexOf(ByVal value As TAB512) _
    As Integer
    Return List.IndexOf(value)
End Function

Public Function Contains(ByVal value As TAB512)_
    As Boolean
    Return List.Contains(value)
End Function

Public Sub Remove(ByVal value As TAB512)
    List.Remove(value)
End Sub

Public Sub CopyTo(ByVal array() As TAB512, _
    ByVal index As Integer)
    List.CopyTo(array, index)
End Sub
```

6 Der .NET-Connector

End Class

6.2.6.1 SAPStructure / SAPTable im Überblick

Sie werden an dieser Stelle vergeblich nach einer Übersicht über *SAPStructure* suchen, weil es nämlich keine gibt. Strukturklassen bestehen nur aus den Eigenschaften, die in der daraus vererbten Klasse implementiert sind. Aus diesem Grund werfen wir gleich einen Blick auf die *SAPTable*. Sie ist auch nicht sonderlich spektakulär und erhält Ihre verarbeitbare Form nur durch Vererben bzw. Überschreiben wie im vergangenen Beispiel gezeigt.

Konstruktoren	
()	Instanziiert ein neues *SAPTable*-Objekt.
Eigenschaften	
(<index>)	Setzt / Liest das *SAPStructure*-Objekt an der Stelle *index*.
Methoden	
Add • <SAPStrcture>	Fügt eine neue Zeile an
Contains • <SAPStructure>	True, wenn <SAPStructure> in der Tabelle bereits enthalten ist.
CopyTo • <SAPStructure> • index (Integer)	Kopiert <SAPStructure> über die Tabellenzeile an der Stelle *index*
CreateNewRow	Gibt ein jungfräulich-instanziiertes <SAPStructure>-Objekt zurück (fügt dieses aber nicht ein!! Vorsicht!!)
GetElementType	Gibt den Typ des <SAPStructure>-Objekts zurück, der durch die Tabelle gehalten wird.

6.2 Die Client-Klassen

IndexOf • <SAPStructure>	Gibt die Ordinalzahl der Zeile zurück, die mit <SAPStructure> übereinstimmt.
Insert • <SAPStructure> • index (Integer)	Fügt eine Zeile an der Stelle *index* ein.
Remove • <SAPStructure>	Entfernt die Zeile <SAPStructure> aus der Tabelle.
SortBy • Feldname (String) • Direction (String)	Sortiert die Tabelle nach dem angegebenen Feldnamen. *Direction* kann entweder 'ASC' für aufsteigend oder 'DESC ' für absteigend sein.
ToADODataTable	Gibt eine ADO.NET-Tabelle mit exakt demselben Schema und Inhalt wie die SAP-Tabelle zurück.
FromADODataTable • Tabelle (System.Data.DataTable)	Übernimmt den Inhalt einer ADO.NET-Tabelle in die SAP-Tabelle (aber nur wenn das komplette Schema übereinstimmt).

6.2.7 BAPI-Beispielszenario: Bestellung und Wareneingang

\NET PurchaseOrder\SAPProxyPurchase.sln

Im folgenden Beispiel wollen wir ein Szenario aufbauen, das alle Features der Proxy-Erstellung für einen betriebswirtschaftlichen Standard-Prozess ausschöpft. Es soll innerhalb einer Anwendung nach Angabe von Materialnummer, Lieferant und einigen anderen Angaben im R/3 eine Bestellung angelegt werden. In einem zweiten Schritt soll diese Bestellung durch einen Wareneingang entlastet werden und das eingehende Material wird verfügbar gebucht werden.

Im Interface-Respository (vgl. Anhang) oder im BAPI-Browser (vgl. Einführungs-Kapitel zum BAPI-OCX) finden wir die beiden

6 Der .NET-Connector

Buisness-Objekte *PurchaseOrder* und *GoodsMovement*. *PuchaseOrder* verkörpert eine Lieferanten-Bestellung und *GoodsMovement* eine Warenbewegung, beide bringen die Methode *CreateFromData* mit. Hinter ihr steht im ersten Fall der Standard-Funktionsbaustein BAPI_PO_CREATE und im zweiten Fall der Baustein BAPI_GOODSMVT_CREATE.

Generierung der Proxy-Klasse

Wir werden nun eine Proxy-Klasse generieren, die zum einen die beiden Bausteine ansteuert und zum anderen auch alle nötigen Tabellen zur Verfügung stellt (vgl. Abb. 6.20). Es ist zu beachten, dass diese Bausteine nicht unter allen Release-Ständen so zur Verfügung stehen. Release 4.0 beispielsweise bietet kein BAPI *GoodsMovement* an. In solch einem Fall sei an dieser Stelle empfohlen, sich selbst einen Baustein zu programmieren. Dies könnte über eine Batch-Input-Tabelle erfolgen, die über den CALL-TRANSACTION-Befehl die Standard-Transaktion MB01 steuert. Die Abbildung zeigt den Wizard aus der Version 1. Falls Sie Version 2 nutzen, ziehen Sie bitte einfach die beiden BAPIs per Drag & Drop auf das zuvor erstellte SAP-Projektelement.

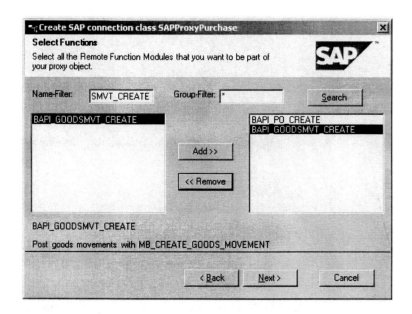

Abb. 6.20 © SAP AG: Wizard für die beiden benötigten BAPIs

Der Benutzer soll für die Bestellung eine Material- und eine Lieferantennummer sowie die gewollte Menge eingeben (*TxtMat*, *TxtLief* und *txtMenge*), und er muss angeben, in welchem Werk auf welchem Lagerort die Ware dann verfügbar gemeldet werden soll (*txtWerk* und *txtLagerort*). Um diese beiden Vorgänge manuell durchzuführen, würden wir die Transaktion ME21 für die Bestellung und in die Transaktion MB01 für den Wareneingang nutzen. Bitte beachten Sie auch, dass alle nötigen Stammdaten sauber hinterlegt sein müssen, um das Beispiel korrekt ausführen zu können. Neben einem gültigen Lieferanten und dem zugehörigen Konditionssatz muss auch sichergestellt sein, dass Werk, Lagerort, Einkaufsorganisation und Einkäufergruppe zusammenpassen.

Im Folgenden der kommentierte Quellcode.

Zunächst erfolgt die Vorarbeit. *StrDatum* hält unser Buchungsdatum, das sowohl in der Bestellung als auch in dem Wareneingangsbeleg abgelegt wird. Es muss die Form JJJJMMTT haben. Die *Destination*-Klasse wird wie gewohnt definiert.

```
Dim x As Long
Dim strDatum As String

strDatum = Year(Now) & _
    VB.Right("00" & Month(Now), 2) & _
    VB.Right("00" & VB.Day(Now), 2)


Dim Dest As New SAP.Connector.Destination
Dest.Client = "800"
Dest.AppServerHost = "Schnecke"
Dest.SystemNumber = 10
Dest.Username = "Theobald"
Dest.Password = "pw"
Dest.Language = "DE"

Dim oProxy As New _
    SAPProxyPuchase.SAPProxyPurchase( _
    Dest.ConnectionString)

ListBox1.Items.Add("Verbindungsaufbau ...")

Try
    oProxy.Connection.Open()
Catch ex As Exception
    ListBox1.Items.Add("Fehler beim Verbinden !!")
```

6   Der .NET-Connector

```
            MsgBox(ex.ToString)
            Return
        End Try

        ListBox1.Items.Add("Verbindung aufgebaut")

        Dim BestellNummer As String
        Dim oAddress As SAPProxyPurchase.BAPIADDRESS
        Dim oHeader As New SAPProxyPurchase.BAPIEKKOC
        Dim oHeaderAddData As SAPProxyPurchase.BAPIEKKOA
        Dim oExtIn As SAPProxyPurchase.BAPIPAREXTable
        Dim oBusinessPartner As _
            SAPProxyPurchase.BAPIEKKOPTable
        Dim oContractLimits As _
            SAPProxyPurchase.BAPIESUCCTable
        Dim oItemAccountAssign As _
            SAPProxyPurchase.BAPIEKKNTable
        Dim oItemAddData As _
            SAPProxyPurchase.BAPIEKPOATable
        Dim oItemShedule As _
            New SAPProxyPurchase.BAPIEKETTable
        Dim oItemShedule_Einzel As _
            New SAPProxyPurchase.BAPIEKET
        Dim iTemText As _
            SAPProxyPurchase.BAPIEKPOTXTable
        Dim oItems As _
            New SAPProxyPurchase.BAPIEKPOCTable
        Dim oItems_Einzel As _
            New SAPProxyPurchase.BAPIEKPOC
        Dim oLimits As _
            SAPProxyPurchase.BAPIESUHCTable
        Dim oServices As _
        SAPProxyPurchase.BAPIESLLCTable
        Dim oServiceTexts As SAPProxyPurchase.BAPIESLLTXTable
        Dim oAccessValues As SAPProxyPurchase.BAPIESKLCTable
        Dim oAddrDelivery As _
            SAPProxyPurchase.BAPIMEPOADDRDELIVERYTable
        Dim oReturn As New SAPProxyPurchase.BAPIRETURNTable
```

Alle nötigen Tabellen und Strukturen, die der Aufruf BAPI_PO_CREATE benötigt, werden deklariert.

Die Header-Struktur benötigt die Belegart (DOC_TAPE) der Bestellung, in unserem Fall 'NB' für Normalbestellung. Desweiteren sind die Einkaufsorganisation (PUR_ORG), die Einkäufergruppe (PUR_GROUP), das Belegdatum (DOC_DATE) und die Lieferantennummer (VENDOR) zu füllen.

```
oHeader.DOC_TYPE = "NB"
oHeader.PURCH_ORG = "1000"
oHeader.PUR_GROUP = "010"
oHeader.DOC_DATE = strDatum
oHeader.VENDOR = TxtLief.Text
```

Positionen und Einteilungsdaten

Bei Bestellungen gibt es neben den Positionen auch so genannte Einteilungen. Man könnte beim Lieferanten 500 Stück des Materials 4711 bestellen (eine Position), er soll jedoch 200 am 1. Juli und die restlichen 300 am 1. August liefern (2 Einteilungen). Da wir sofort im Anschluss einen Wareneingang buchen, macht es keinen Sinn, mehr als Einteilung zu definieren. Trotzdem müssen wir die Tabelle *Items* für die Positionen und die Tabelle *ItemsShedule* für die Einteilungen jeweils mit einer korrespondierenden Zeile füllen. In der Position ist die Materialnummer (MATERIAL), der Ziellagerort (STORE_LOC) und das Zielwerk (PLANT) anzugeben. Die bestellte Menge (QUANTITY) wird unter Angabe des geforderten Lieferdatums (DELIV_DATE) in die Einteilungstabelle geschrieben. Einteilung und Position werden durch die Angabe derselben Positionsnummer (PO_ITEM) miteinander verknüpft. Sie kann theoretisch frei gewählt werden, muss aber eindeutig sein und beginnt in der Regel mit 1 oder 10.

```
oItems_Einzel.MATERIAL = TxtMat.Text
oItems_Einzel.PUR_MAT = TxtMat.Text
oItems_Einzel.STORE_LOC = TxtLagerort.Text
oItems_Einzel.PLANT = TxtWerk.Text
oItems_Einzel.PO_ITEM = "1"
oItems.Add(oItems_Einzel)

oItemShedule_Einzel.PO_ITEM = "1"
oItemShedule_Einzel.DELIV_DATE = strDatum
oItemShedule_Einzel.QUANTITY = TxtMenge.Text
oItemShedule.Add(oItemShedule_Einzel)
```

Nachdem alle Mussfelder gefüllt sind, kann die Bestellung mittels BAPI_PO_CREATE angelegt werden.

```
ListBox1.Items.Add("Bestellung wird erzeugt ....")

oProxy.BAPI_PO_CREATE("", "", _
    oAddress, oHeader, oHeaderAddData, _
    "", BestellNummer, oExtIn, _
    oBusinessPartner, oContractLimits, _
    oItemAccountAssign, oItemAddData, _
    oItemShedule, iTemText, oItems, _
    oLimits, oServices, oServiceTexts, _
    oAccessValues, oAddrDelivery, oReturn)

ListBox1.Items.Add("SAPReturn -> " & _
    oReturn.Item(0).MESSAGE())

If BestellNummer = "" Then
    ListBox1.Items.Add("Aktion abgebrochen ...")
    Return
End If
```

Vorarbeit Wareneingang

Analog zur Bestellung werden die Übergabe-Objekte für unseren Wareneingang bzw. den BAPI_GOODSMVT_CREATE-Aufruf deklariert.

```
Dim OGMCode As New SAPProxyPurchase.BAPI2017_GM_CODE
Dim oGMHeader As New _
    SAPProxyPurchase.BAPI2017_GM_HEAD_01
Dim oGMHeadReturn As New _
    SAPProxyPurchase.BAPI2017_GM_HEAD_RET
Dim Belegnummer As String
Dim oGMItems As New _
    SAPProxyPurchase.BAPI2017_GM_ITEM_CREATETable
Dim oGMItems_Einzel As New _
    SAPProxyPurchase.BAPI2017_GM_ITEM_CREATE
Dim oGMSerNum As New _
    SAPProxyPurchase.BAPI2017_GM_SERIALNUMBERTable
Dim oGMReturn As New _
    SAPProxyPurchase.BAPIRET2Table
```

6.2 Die Client-Klassen

Definieren des Materialbeleges und Auslösen des Buchungsvorgangs

Die Struktur *GMCode* als erster Parameter des Funktionsaufrufs definiert, um was für eine Art der Bewegung es hier überhaupt geht. In unserem Fall ist es '01', für einen Wareneingang mit Bestellung.

Bei Materialbewegungen spielt sich die eigentliche Intelligenz in den Positionsdaten ab. Der Kopf hält nur mehrere Positionen zusammen, wir brauchen dort nur die beiden Datumsfelder DOC_DATE und PSTING_DATE zu füllen.

Auf die Angabe der Materialnummer kann verzichtet werden, da wir die Bestellnummer und die Bestellposition (PO_NUMBER und PO_ITEM) vorgeben. Das einzubuchende Material ist dadurch definiert. Darüber hinaus ist nur die Bewegungsart (MOVE_TYPE=101 für Wareneingang mit Bestellung) und das Bewegungskennzeichen (MVT_IND) anzugeben.

```
OGMCode.GM_CODE = "01"

oGMHeader.DOC_DATE = strDatum
oGMHeader.PSTNG_DATE = strDatum

oGMItems_Einzel.PO_NUMBER = BestellNummer
oGMItems_Einzel.PO_ITEM = "1"
oGMItems_Einzel.MOVE_TYPE = "101"
oGMItems_Einzel.MVT_IND = "B"
oGMItems_Einzel.ENTRY_QNT = TxtMenge.Text
oGMItems.Add(oGMItems_Einzel)

ListBox1.Items.Add("Wareneingang wird gebucht ....")

Try
   oProxy.BAPI_GOODSMVT_CREATE(OGMCode, oGMHeader, _
      "", oGMHeadReturn, "2002", Belegnummer, _
      oGMItems, oGMSerNum, oGMReturn)
Catch ex As Exception
   MsgBox(ex.ToString)
End Try

For x = 0 To oGMReturn.Count - 1
   ListBox1.Items.Add("SAPReturn -> " & _
      oGMReturn.Item(x).MESSAGE)
Next
```

Rückgabe auswerten und im Fehlerfall Rollback einleiten

Wenn der Aufruf eine leere Belegnummer zurückgibt, ist das ein klares Indiz für einen betriebswirtschaftlichen Fehler. Dies kann wegen unkorrekter Daten oder ähnlichem sein. In solch einem Fall werden wir den LUW, den *Logical Unit Of Work* zurückrollen. Zu unserem LUW gehört das Anlegen der Bestellung mit dem anschließenden Wareneingang. Schlägt der Wareneingang fehl, muss auch die Bestellung wieder eliminiert werden, um das System nicht in einem inkonsistenten Zustand zu hinterlassen. Ein *RollbackWork* an dieser Stelle macht den kompletten LUW rückgängig. Ein *CommitWork* dagegen bestätigt den Prozess und veranlasst das SAP-System, beide Vorgänge in der Datenbank festzuschreiben.

```
If Trim(Belegnummer) <> "" Then
   ListBox1.Items.Add("Warenbewegung unter Nr " & _
      Belegnummer & " erledigt")
   ListBox1.Items.Add("Vorgang komplett " & _
      "abgeschlossen. Commit wird durchgeführt")
      oProxy.CommitWork()
Else
   ListBox1.Items.Add("Fehler!! Aktionen werden " & _
      "zurückgerollt.")
      oProxy.RollbackWork()
End If

oProxy.Connection.Close()

End Sub
```

Ergebnisüberprüfung in der MMBE

Abb. 6.21 zeigt das erfolgreich ausgeführte Programm. Wir können uns danach in der Transaktion MMBE (Bestandsanzeige) unter Angabe des Werkes und der Materialnummer davon überzeugen, dass der geforderte Bestand auch tatsächlich im Lager angekommen ist (vgl. Abb. 6.22).

Bitte beachten Sie, dass die im Beispielprogramm angegebenen Eingabewerte (Material, Lieferant, Werk usw.) so nur in einem IDES-System funktionieren. Falls Sie ein solches nicht zur Verfügung haben, müssen Sie Ihre eigenen Testfälle konstruieren.

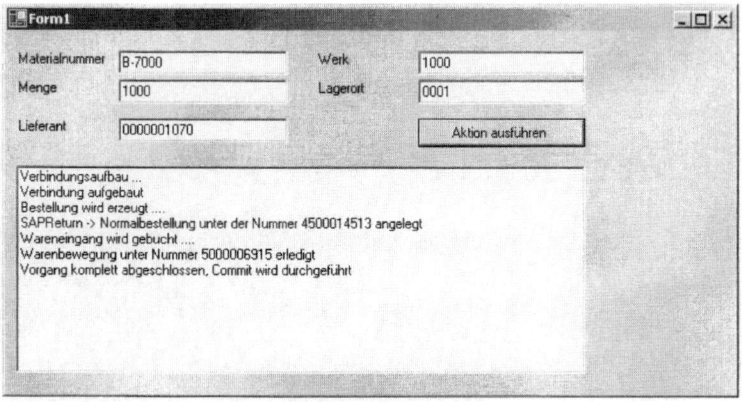

6.2 Die Client-Klassen

Abb. 6.21: Output des Beispielprogramms

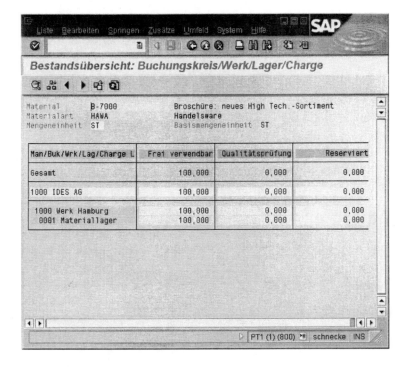

Abb. 6.22: © SAP AG: Bestandsanzeige MMBE mit
eingebuchtem Artikel

6.2.8 SAPClient als Basis selbst-abgeleiteter Klassen

💾 \NET ConsoleSAPClient\ConsoleSAPClient.sln

Im Eingangsbeispiel und im Beispielszenario haben wir mit Klassen zu tun gehabt, die zwar von *SAPClient* abgeleitet waren, aber dennoch von dem mitgelieferten Wizard als Proxy-Klassen erstellt wurden. Was der Wizard kann, können wir schon lange. Aus diesem Grund widmet sich dieses Kapitel selbstabgeleiteten Klassen. Bitte beachten Sie, dass Wizard-erstellte Proxy-Klassen immer die schnellere Methode sind, um an das gewünschte Ziel zu gelangen. Es sei deshalb an dieser Stelle empfohlen, auf selbstabgeleitete Klassen nur dann zurückzugreifen, wenn wichtige Gründe dafür sprechen. Hierzu könnte unter der Version 1 des .NET-Connectors sprechen, keinen C#-Proxy-Code in einer separaten Assembly zu wollen.

Neben den in Kapitel 6.2.3 vorgestellten öffentlichen Methoden stellt *SAPClient* noch einige zusätzliche Funktionen zur Verfügung, die nur von abgeleiteten Klassen genutzt werden können. Im Folgenden sind sie aufgelistet.

Private Methoden von SAPClient	
BeginSAPInvoke • Method (string) • ParamsIn (object()) • Callback (AsyncCallback) • SynyState (object)	Löst einen asynchronen Funktionsaufruf des Bausteins *Method* aus. *ParamsIn* ist ein Array von Objekten, das die Übergabe-Parameter hält. *CallBack* und *SyncState* sind für das Handling der Callback-Funktionen wie in vorangegangen Kapiteln beschrieben.
EndSAPInvoke • SyncResult (IasyncResult)	Gegenstück zu *BeginSAPInvoke* für das Ende eines asynchronen Aufrufs.

6.2 Die Client-Klassen

SAPInvoke • Methode (string) • ParamsIn (object())	Initiiert einen synchronen Aufruf analog zu *BeginSAPInvoke*.
tRFCInvoke • Methode (string) • ParamsIn (object()) • Tid (RFCTid)	Analog zu *SAPInvoke*, ergänzt um tRFC-Funktionalität wie in Kapitel 6.2.4 beschrieben.
qRFCInvoke • Methode (string) • ParamsIn (object()) • qItem (RFCQueueItem)	Analog zu *SAPInvoke*, ergänzt um qRFC-Funktionlität wie in Kapitel 6.2.4 beschrieben.
ActivateQueue • qName (string)	Aktivieren bzw. Öffnen der qRFC-Eingangsqueue analog zur Transaktion SMQ2 (vgl. Anhang)
DeactiveQueue • qName (string)	Schließen / Deaktivieren der qRFC-Eingangsqueue

Wir werden im Beispiel die SAP-Client-Klasse ableiten, um die Funktion RFC_GET_STRUCTURE_DEFINITION aufzurufen. Dieser Funktionsbaustein eignet sich, die Beschaffenheit einer DDIC-Tabelle oder einer DDIC-Struktur auszulesen. Beim Zerlegen von unbekannten Idocs bestehen die einzelnen Idoc-Segmente aus DDIC-Strukturen. Mit Hilfe von RFC_GET_STRUCTURE_DEFINITION lässt sich so eine kleine Routine schreiben, die den 1000-Byte-langen Datenblock zerlegt.

RFC_GET_STRUCTURE_DEFINITION

Import-Parameter	
TABNAME	Name der Tabelle oder Struktur (vorgesehen ist der Baustein für Strukturen, mit Tabellen sollte es auch funktionieren).
Export-Parameter	
TABLENGTH	Gesamtbreite der Tabelle oder Struktur

6 Der .NET-Connector

Tabellen-Parameter		
FIELDS	Auflistung über Elemente der Tabelle oder Struktur.	
	TABNAME	Tabellen- / Strukturname
	FIELDNAME	Element- / Spalten-Name
	POSITION	Position innerhalb der Tabelle / Struktur
	OFFSET	Offset des Elements bzw. der Spalte (Achtung !!! von 0 an gerechnet)
	INTLENGTH	Länge in Bytes
	DECIMALS	Genauigkeit (bei Dezimalfeldern)
	EXID	ABAP-Datentyp
Exceptions		
TABLE_NOT_ACTIVE	Tabelle / Struktur ist nicht vorhanden	

Sehen wir uns nun die abgeleitete Klasse *TheosClient* an. Neben dem Überschreiben des Konstruktors wird die öffentliche Methode RFC_GET_STRUCTURE_DEFINITION eingeführt, die die *SAPClient*-Methode *BeginSAPInvoke* aufruft. *SAPInvoke* tauscht die Im- und Export-Parameter über Objekt-Arrays aus. In unserem Fall handelt es sich beim Import um TABNAME und ein leeres FIELDSTable-Objekt. Beim Export hingegen um TABLENGTH und wiederum dem FILEDSTable-Objekt.

```
Class TheosClient
    Inherits SAP.Connector.SAPClient

    Public Sub New(ByVal Dest As String)
        MyBase.New(Dest)
    End Sub

    Public Function RFC_GET_STRUCTURE_DEFINITION( _
        ByVal TABNAME As String, _
        ByRef TABLENGTH As Integer, _
        ByRef FIELDSTable As FIELDSTable) As Boolean
```

6.2 Die Client-Klassen

```
            Dim ColOut() As Object = {TABNAME, FIELDSTable}
            Dim ColIn() As Object

            ColIn = MyBase.SAPInvoke(_
              RFC_GET_STRUCTURE_DEFINITION", ColOut)

            TABLENGTH = ColIn(0)
            FIELDSTable = ColIn(1)

            Return True
        End Function
End Class
```

Die Implementierung der Tabellen-Klasse FIELDSTable ist hier nicht angegeben, weil wir Tabellen-Klassen bereits ausführlich diskutiert haben.

Man könnte vermuten, dass *TheosClient* so nun funktionieren müsste, tut es aber nicht. Die Basis-Klasse *SAPClient* kann mit unseren Übergabe-Parametern nichts anfangen bzw. sie nicht mit den SAP-seitigen Parametern des Funktionsbausteins in Einklang bringen.

Nochmal Attribute Wir hatten bei der Diskussion um die Ableitung der *SAPStructure-* und *SAPTable-*Klassen Attribute kennengelernt. Diese Attribut-Klassen sorgen dafür, die abgeleiteten Klassen mit einer Form zu versehen, welche die .NET-Connector-Basisklasse in eine SAP-verträgliche Form konvertieren kann. Von diesen Attribut-Klassen werden wir auch jetzt wieder Gebrauch machen. Das Attribut

```
<SAP.Connector.RfcMethod( _
AbapName:="<Name des Funktionsbausteins")>
```

sorgt dafür, dass *SAPClient* den richtigen Baustein findet, und wird auf die Methode der abgeleiteten Klasse angewendet. Etwas komplizierter ist da

```
<SAP.Connector.RfcParameter( _
    AbapName:="<Name des Parameters>", _
    RFCTYPE:=<Typ des Parameters>, _
```

```
              Optional:=<Optional true / false>, _
              Direction:=<Richtung: Import / Export / Beides>, _
              Length:=<Länger des Parameters>)>
```

Diese Attributklasse versorgt jeden einzelnen Methoden-Parameter mit den nötigen Informationen. Bewaffnet mit den beiden Attributen gehen wir auf unsere Ableitungsklasse *TheosClient* los und ergänzen die Methode entsprechend:

```
<RfcMethod(AbapName:="RFC_GET_STRUCTURE_DEFINITION")>
Public Function RFC_GET_STRUCTURE_DEFINITION( _
    <RfcParameter(AbapName:="TABNAME", _
    RFCTYPE:=RFCTYPE.RFCTYPE_CHAR, _
    Optional:=False, Direction:=RFCINOUT.IN, _
    Length:=30)> ByVal TABNAME As String, _
    <RfcParameter(AbapName:="TABLENGTH", _
    RFCTYPE:=RFCTYPE.RFCTYPE_INT, _
    Optional:=True, Direction:=RFCINOUT.OUT, _
    Length:=4)> ByRef TABLENGTH As Integer, _
    <RfcParameter(AbapName:="FIELDS", _
    RFCTYPE:=RFCTYPE.RFCTYPE_ITAB, _
    Direction:=RFCINOUT.INOUT> _
    ByRef FIELDSTable As FIELDSTable) as Boolean

    ' innerer Code bleibt wie gehabt

End Function
```

Rahmen-programm der Klasse

Alles Nötige, um das Beispielprogramm vollständig zum Laufen zu bringen, sollte nur noch Routine sein. In einer Konsolen-Anwendung werden wir die neue Client-Klasse instanziieren und die Methode aufrufen.

```
Shared Sub Main()

    Dim smt As theosclient

    smt = New theosclient("CLIENT=0 USER=Theobald" & _
        " PASSWD=pw LANG=DE " & _
```

```
    " ASHOST=lovemachine SYSNR=0")

smt.Connection.Open()

Dim Tabelle As New FIELDSTable
Dim TabLength As Integer
Dim Tabname As String

Console.WriteLine("Bitte den Name der Struktur ")
Console.WriteLine("oder der transparanten " & _
   "Tabelle angeben ...")
Tabname = Console.ReadLine()

smt.RFC_GET_STRUCTURE_DEFINITION(Tabname, _
   TabLength, Tabelle)

Dim Fields As FIELDS

Console.WriteLine("Gesamtbreite: " & _
   TabLength.ToString)

Console.WriteLine("Feldname".PadRight(30) & "" & _
   "Länge".PadRight(10) & "ABAP-Typ".PadRight(10))
Console.WriteLine("-".PadRight(50, "-"))

For Each fields In Tabelle

   Console.WriteLine( _
      Fields.FIELDNAME.PadRight(30) & _
      Fields.INTLENGTH.ToString.PadRight(10) & _
      Fields.EXID)

Next

Console.WriteLine("-".PadRight(50, "-"))
Console.ReadLine()

End Sub
```

6   Der .NET-Connector

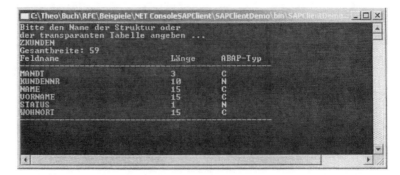

Abb. 6.23: Output des Beispielprogramms

6.3 RFC-Server

Innerhalb des .NET-Connectors gibt es die Möglichkeit, über die Eigenschaft ProxyType eine Proxy-Klasse als Server zu definieren. In der Version 1 ist diese Möglichkeit nur darauf beschränkt, den Server-Code in C# zu generieren. Aus diesem Grund wird das folgende Beispiel zeigen, wie eine Server-Klasse ohne Wizard von Anfang an aufgebaut werden kann. Ist die Version 2 im Einsatz, kann dieser Programmrahmen automatisch in Visual Basic erzeugt werden.

6.3.1 SAPServer als Basis überschreiben

\NET PrintServer\PrintServer.sln

Wir werden zunächst die Klasse *SAPServer* kennenlernen und überschreiben. Unsere überschriebene Klasse soll *RFCServer* heißen. Wir werden uns ein Beispiel zusammenbauen, das den Baustein Z_RFC_PRINT anbietet. Z_RFC_PRINT soll eine Druckfunktionalität erhalten. Unter Übergabe der zu druckenden Zeilen in der Tabelle PRINTLINES wird die Statusmeldung STATUSMESSAGE zurückgegeben, um das aufrufende Programm über den Druckvorgang zu informieren. Als zusätzlichen Import-Parameter steht PAGECOUNT zur Verfügung, mit dem die Anzahl der zu druckenden Seiten gesteuert werden kann.

Die Übergabe-
tabelle

Die Tabelle PRINTLINES ist aus der Data-Dictionary-Struktur TAB512 übernommen, die wir bereits von RFC_READ_TABLE her kennen. Die entsprechende Ableitung der Klassen *SAPStructure* und *SAPTable* ist in Kapitel 6.2.5 angegeben und kann von dort eins zu eins in dieses Beispiel übernommen werden.

Die Methode Z_RFC_PRINT der abgeleiteten Klasse *RFCServer* muss wieder mit allerlei Attributen versorgt werden, um die Konformität zu den ABAP-Namen und -Datentypen sicherzustellen. Wir wählen - wie beim Client - die Attribut-Klasse *RfcMethod* für die Methode selbst und *RfcParameter* für jeden einzelnen Übergabe-Parameter. Innerhalb der Methode wird das Objekt *PrintObject* der Klasse *System.Drawing.Printing.PrintDocument* instanziiert. Dessen Ereignis *PrintObject_PrintPage* übernimmt dann den eigentlichen Druckvorgang.

Wenn der Baustein aufgerufen wird, ohne mindestens eine Druckzeile zu übergeben, die vernünftig mit Daten gefüllt ist, wird die Exception NO_LINES_TO_PRINT ausgelöst.

Um den Code nicht zu sehr zu zerstückeln und den Überblick zu wahren, ist er im Folgenden am Stück kommentiert abgedruckt.

Konstruktor überschreiben

Die Methode Z_RFC_PRINT mit allen entsprechenden Attributen versehen

```
Public Class RFCServer
    Inherits SAP.Connector.SAPServer

    Private Druckzeilen(10) As String
    Private WithEvents PrintObject As _
      System.Drawing.Printing.PrintDocument

    Sub New(ByVal ConnectionString As String)
        MyBase.New(ConnectionString)
    End Sub

    <SAP.Connector.RfcMethod(AbapName:="Z_RFC_PRINT")> _
    Protected Sub Z_RFC_PRINT( _
      <SAP.Connector.RfcParameter( _
      AbapName:="PAGECOUNT", _
      RfcType:=SAP.Connector.RFCTYPE.RFCTYPE_INT, _
      Optional:=True, _
      Direction:=SAP.Connector.RFCINOUT.IN)> _
      ByVal PAGECOUNT As Integer, _
      <SAP.Connector.RfcParameter( _
```

6 Der .NET-Connector

```
                    AbapName:="STATUSMESSAGE", _
                    RfcType:=SAP.Connector.RFCTYPE.RFCTYPE_CHAR, _
                    Optional:=True, _
                    Direction:=SAP.Connector.RFCINOUT.OUT, _
                    Length:=100)> ByRef STATUSMESSAGE As String, _
                    <SAP.Connector.RfcParameter( _
                    AbapName:="PRINTLINES", _
                    RfcType:=SAP.Connector.RFCTYPE.RFCTYPE_ITAB, _
                    Optional:=True, _
                    Direction:=SAP.Connector.RFCINOUT.INOUT, _
                    STRUCTURE:="TAB512")> ByRef _
                    PRINTLINES As TAB512Table)

                    Console.WriteLine("Z_RFC_PRINT aufgerufen ...")

                    Dim DruckenMoeglich As Boolean
                    Dim x As Long

                    For x = 0 To PRINTLINES.Count - 1
                       Console.WriteLine("Zeile " & x + 1 & _
                          ": " & PRINTLINES(x).WA)
                       Druckzeilen(x) = PRINTLINES(x).WA
                       If Druckzeilen(x).Trim <> "" _
                          Then DruckenMoeglich = True
                    Next
```

Wenn keine ver-
nünftigen Daten
übergeben wer-
den, muss eine
Exception
geworfen werden

```
                    If Not DruckenMoeglich Then
                       Dim Fehler As New _
                       SAP.connector.RfcAbapException( _
                          "NO_LINES_TO_PRINT")
                       Console.WriteLine("Exception " & _
                          NO_LINES_TO_PRINT ausgelöst ...")
                       Throw Fehler
                    End If

                    STATUSMESSAGE = "Druckauftrag zum „ & _
                       Drucker gesendet ..."
```

Die Klasse PrintDocument sorgt für das Ausdrucken

```
        PrintObject = New _
            System.Drawing.Printing.PrintDocument
        For x = 1 To PAGECOUNT
            PrintObject.Print()
        Next

        Console.WriteLine("Z_RFC_PRINT abgeschlossen." & _
            " Warten ....")

    End Sub
```

Der eigentliche Druckvorgang findet im Ereignis PrintPage von PrintObject statt

```
    Private Sub PrintObject_PrintPage( _
        ByVal sender As Object, _
        ByVal e As System.Drawing._
        Printing.PrintPageEventArgs) _
        Handles PrintObject.PrintPage

        Dim gr As System.Drawing.Graphics = e.Graphics
        Dim fnt As New System.Drawing.Font("Arial", 12)

        Dim x As Long

        For x = 0 To 10
            gr.DrawString(Druckzeilen(x), fnt, _
            System.Drawing.Brushes.Black, _
            e.MarginBounds.X, _
            e.MarginBounds.Y + fnt.Height * x)
        Next

        fnt.Dispose()
    End Sub

End Class
```

Das Rahmenprogramm

Nach dem Start der Anwendung wird *RFCServer* instanziiert. Dem Konstruktor geben wir die Verbindungszeichenfolge mit, aus der hervorgeht, an welcher Maschine er sich zu registrieren hat. Eine entsprechend eingerichtete Destination ist Voraussetzung (vgl. Anhang). Da es sich um eine Kommandozeilen-Anwendung handelt, werden entsprechende Benutzereingaben

zum Starten, Stoppen usw. von der Konsole entgegen-
genommen.

```vb
Class app

    Shared Sub Main()
        Console.WriteLine("Anwendung gestartet ...")
        Dim Args As String
        Args = "-atheo1 -glovemachine -xsapgw00"
        Dim TheosServer As New RFCServer(Args)

        Console.WriteLine("Registrierung mit: " &_
            Args)
        Console.WriteLine("Folgende Befehle " & _
            "sind möglich:")
        Console.WriteLine("START, STOP, PAUSE" & _
            ", CONTINUE, EXIT")

        Try
            TheosServer.Start()
        Catch ex As Exception
            Console.WriteLine(ex.ToString)
        End Try

        Console.WriteLine("Server gestartet. „ & _
            "Warten ...")

        Dim Befehl As String

        Befehl = Console.ReadLine.ToUpper

        Do While Befehl <> "EXIT"
            If Befehl = "STOP" Then
                TheosServer.Stop()
                Console.WriteLine("Server gestoppt")
            ElseIf Befehl = "START" Then
                TheosServer.Start()
                Console.WriteLine("Server gestartet")
            ElseIf Befehl = "PAUSE" Then
                TheosServer.Pause()
                Console.WriteLine("Server angehalte")
```

```
            ElseIf Befehl = "CONTINUE" Then
                TheosServer.Continue()
                Console.WriteLine("Server neu " & _
                    "gestartet")
            Else
                Console.WriteLine("Befehl unbekannt")
            End If
            Befehl = Console.ReadLine.ToUpper
        Loop


    End Sub

End Class
```

6.3.2 Die ABAP-Seite

Sehen wir uns nun einen Beispielreport an, der den RFC-Server des letzten Teilkapitels bedient. Im Selection-Screen (Abb. 6.24) hat der Anwender die Möglichkeit, die zu druckenden Zeilen und die gewünschte Anzahl an Kopien einzugeben. Abb. 6.25 zeigt die Konsole des Servers, wie er die Zeilen verarbeitet. Nach erfolgreichem Druckvorgang wird die Statusmeldung zurückgegeben und auf der Ergebnis-Liste des Reports angezeigt (Abb. 6.26).

```
REPORT  zprinterservertest.

TABLES tab512.

PARAMETERS z1 LIKE tab512-wa.
PARAMETERS z2 LIKE tab512-wa.
PARAMETERS z3 LIKE tab512-wa.
PARAMETERS z4 LIKE tab512-wa.
PARAMETERS z5 LIKE tab512-wa.
PARAMETERS z6 LIKE tab512-wa.
PARAMETERS z7 LIKE tab512-wa.
PARAMETERS z8 LIKE tab512-wa.
PARAMETERS anzahl TYPE i.
```

Design des Selection-Screen: 8 Zeilen für die Benutzereingabe

6 Der .NET-Connector

```
                START-OF-SELECTION.

                DATA it_tab512 LIKE tab512
                    OCCURS 0 WITH HEADER LINE.

                DATA statusmsg(100).
```

Umwandeln der 8 Einzel- variablen in die interne Tabelle

```
                MOVE z1 TO it_tab512.
                APPEND it_tab512.
                MOVE z2 TO it_tab512.
                APPEND it_tab512.
                MOVE z3 TO it_tab512.
                APPEND it_tab512.
                MOVE z4 TO it_tab512.
                APPEND it_tab512.
                MOVE z5 TO it_tab512.
                APPEND it_tab512.
                MOVE z6 TO it_tab512.
                APPEND it_tab512.
                MOVE z7 TO it_tab512.
                APPEND it_tab512.
                MOVE z8 TO it_tab512.
                APPEND it_tab512.
```

Aufruf des Bau- steins unter Angabe der externen Destination

```
                CALL FUNCTION 'Z_RFC_PRINT'
                    DESTINATION 'THE01'
                      EXPORTING
                        pagecount        = anzahl
                      IMPORTING
                        statusmessage    = statusmsg
                      TABLES
                        printlines       = it_tab512
                      EXCEPTIONS
                        NO_LINES_TO_PRINT = 1
                        OTHERS            = 2.

                WRITE sy-uline.
```

Auswertung des sy-subrc und Ausgabe der Statusmeldung

```
CASE sy-subrc.

    WHEN 0.
        WRITE: / 'Drucken erfolgreich'.
        WRITE: / 'Rückmeldung von Server:', statusmsg.

    WHEN 1.
        WRITE: / 'Fehler, nichts zum ',
                 'Drucken gefunden'.

    WHEN OTHERS.
        WRITE / 'unbekannter Fehler !!'.

ENDCASE.

WRITE sy-uline.
```

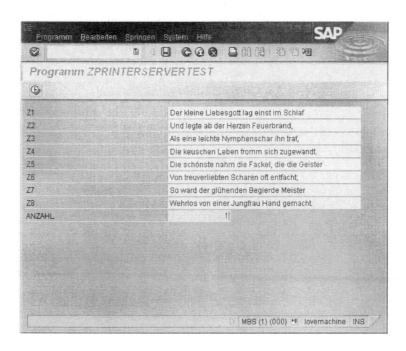

Abb. 6.24 © SAP AG: Benutzereingabe

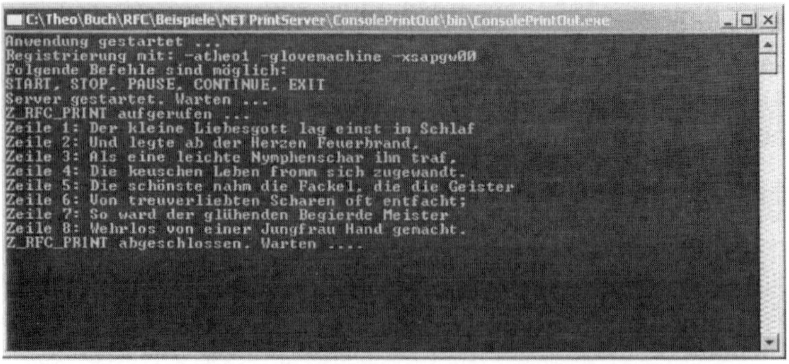

6 Der .NET-Connector

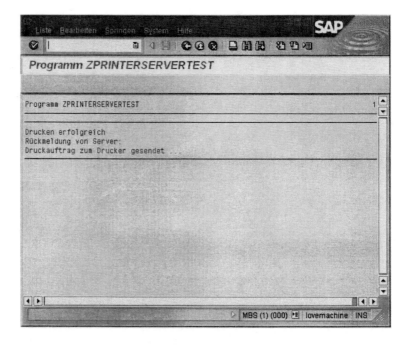

Abb. 6.25: Serveranwendung, die den Druckjob empfängt

Abb. 6.26 © SAP AG: Ergebnis-Bild mit Ausgabe der
STATUSMESSAGE

6.3.3 SAPServer im Überblick

Konstruktoren	
• ProgrammID (string) • Host (string) • Gatewayservice (string) • Codepage (string) • Host (SAPServerhost)	ProgrammID, Host-Name, Name des Gateway-Service und die Codepage werden separat übergeben, und die resultierende Instanz der *SAPServer*-Klasse wird der Collection *SAPServerHost* hinzugefügt.
• Args (string)	Übergabe einer Argument-Zeichenfolge wie im Kapitel 7.2
• ProgrammID (string) • Host (string) • Gatewayservice (string) • Codepage (string)	Wie der erste Kontruktor, allerdings ohne die *SAPServerHost*-Klasse
()	Instanziiert das *SAPServer*-Objekt, aber es wird keine Verbindung hergestellt
Eigenschaften	
ProgrammID	Programm-ID für die Registrierung am Gateway
SAPCodepage	Codepage des anzumeldenden Systems. (z.B. 4103 für Unicode-Systeme)
SAPGateaywayHost	Name der Zielmaschine, an der die Registrierung erfolgen soll.
SAPGatewayService	Der Name des Gateway-Service: immer 'sapgwXX', wobei XX durch die Systemnummer ersetzt werden muss.
Methoden	
CheckTransaction • Tid (RfcTID)	Überschreibbare Methode für die Einleitung einer tRFC-Transaktion. Der Server muss prüfen, ob die

	übergebene TID bereits abgearbeitet ist, falls das der Fall ist, muss er an dieser Stelle eine 1 zurückgeben, um im Client einen Fehler auszulösen und das nochmalige Übermitteln der Daten so verhindern. 0 als Rückgabe gibt dem Client grünes Licht, mit der Transaktion fortzufahren.
CommitTransaction • Tid (RfcTID)	Überschreibbare Methode für den Abschluss einer tRFC-Transaktion. Die Server-Seite speichert ihre Daten persistent. 0 als Rückgabe wird vom Client als Erfolg interpretiert, größer 0 gilt als Fehler.
ConfirmTransaction • Tid (RfcTID)	Überschreibbare Methode für die letzten Abschlussarbeiten der tRFC-Transaktion. Der Client bestätigt den Erfolg nochmals. Die TID kann aus dem Transaktionsmanagement entfernt werden. 0 als Rückgabe bestätigt die Aktion, alles andere löst auf Client-Seite einen Fehler aus.
RollbackTransaction • Tid (RfcTID)	Überschreibare Methode, in der ein Rollback stattfinden muss (Gegenteil von *CommitTransaction*). Wenn der Server beim eigentlichen Aufruf eine Exception wirft, tritt dieses Ereignis ein. Der Client kann es aber auch von sich aus veranlassen.
Continue	Startet den Empfangsprozess neu
Pause	Hält den Empfangsprozess an
Start	Startet den Empfangsprozess
Stop	Stoppt den Empfangsprozess

6.3.4 Mehrfache Server-Instanzen mit SAPServerHosts

Mit *SAPServer* haben wir eine Möglichkeit kennengelernt, eine einzelne Instanz eines RFC-Servers am Gateway zu registrieren. *SAPServerHost* erlaubt es nun, mehrere Instanzen der *SAPServer*-Klasse in einem Container parallel zu administrieren und Kommandos wie das Starten und Stoppen der Instanz an alle darunterliegenden *SAPServer*-Objekte durchzureichen.

Im folgenden Beispiel werden zwei Instanzen von *SAPServer* angestartet. Die Behandlung der Eingabe-Befehle wird dann auf das *SAPServerHost*-Objekt angewendet und nicht mehr auf eine einzelne Instanz

```
Dim Args As String
Args = "-atheo1 -glovemachine -xsapgw00"
Dim TheosHosts As New SAP.Connector.SAPServerHost

Dim TheosServer1 As New RFCServer(Args)
Dim TheosServer2 As New RFCServer(Args)

TheosHosts.Add(TheosServer1)
TheosHosts.Add(TheosServer1)

TheosHosts.Start()

Dim Befehl As String
Befehl = Console.ReadLine.ToUpper

Do While Befehl <> "EXIT"
    If Befehl = "STOP" Then
       TheosHosts.Stop()
       Console.WriteLine("alle Server-Instanzen" & _
           " gestoppt ...")
    ElseIf Befehl = "START" Then
       TheosHosts.Start()
       Console.WriteLine("alle Server-Instanzen" & _
           " gestartet ...")
    End If
   Befehl = Console.ReadLine.ToUpper
Loop
```

6.3.5 SAPServerHost im Überblick

Konstruktoren	
()	Instanziiert das *SAPServerHost*-Objekt. In jungfräulichem Zustand hält der Host keine Server-Instanzen. Sie müssen erst mit *Add* hinzugefügt werden.
Eigenschaften	
ServerHostStatus	Status der darunterliegenden *SAPServer*-Instanzen. Die einzelnen Status-Codes können in der Auflistung *SAP.Connector.SAPServerStatus* nachgesehen werden.
Methoden	
Add • Server (SAPServer)	Fügt ein *SAPServer*-Objekt dem Container hinzu
Continue	Startet den Empfangsprozess aller Instanzen neu.
Pause	Hält den Empfangsprozess aller Instanzen an.
Start	Startet den Empfangsprozess aller Instanzen.
Stop	Stoppt den Empfangsprozess aller Instanzen
RemoveAllSAPServers	Entfernt alle *SAPServer*-Instanzen aus dem Container.
RemoveSAPServer • Server (SAPServer)	Entfernt das unter *Server* angegebene *SAPServer*-Objekt aus dem Container

6.4 Fehlerbehandlung: Die Exception-Klassen

Fehler passieren, und mit den mitgelieferten Exception-Klassen eröffnet sich die Möglichkeit, den Fehler und insbesondere dessen Ursache genauer einzukreisen und gegebenenfalls schon auf der Programm-Seite Gegenmaßnahmen einzuleiten. Betrachten wir den Logon-Vorgang eines Client am SAP-System und nehmen wir an, die Verbindung käme nicht zustande. Durch Auswerten der geworfenen Exception kann ermittelt werden, ob es sich um ein technisches Problem handelt (z.B. wenn der Zielserver nicht erreichbar ist) oder um ein logisches (der anzumeldende Benutzer ist im System gesperrt). Im ersten Fall wird eine Exception der Klasse *RfcCommunicationException*, im zweiten Fall der Klasse *RfcLogonException* ausgelöst. In jedem Fall sollte aus Sicherheitsgründen auch immer die System-Exception gefangen werden, denn es könnte sich jederzeit auch um einen internen Programmfehler handeln.

```
Try
    oCon.Open()
Catch exCom As
SAP.Connector.RfcCommunicationException()
    MsgBox("Kommunikationsfehler:" & _
        vbCrLf & exCom.ToString)
Catch exLog As SAP.Connector.RfcLogonException
    MsgBox("Anmeldefehler:" & _
        vbCrLf & exLog.ToString)
Catch ex As Exception
    MsgBox(ex.ToString)
Finally
    oCon.Close()
    Return
End Try
```

ABAP-Laufzeitfehler

Eine weitere unabdingbare Exception-Klasse ist *RfcAbapException*. Sie wird geworfen, wenn innerhalb eines Funktionsbausteins eine ABAP-Exception, sprich ein auffangbarer Laufzeitfehler innerhalb von ABAP auftritt. Hier ist es noch wichtiger, eine Unterscheidung der jeweiligen Exception zu treffen, da ein Laufzeitfehler innerhalb des Funktionsbausteins oftmals in den übergebenen Variablen zu suchen ist. Im folgenden Beispiel halten wir uns an den bekannten Baustein

RFC_CUSTOMER_GET. Die ABAP-Exception NO_RECORD_FOUND signalisiert uns, dass kein Kunde gefunden wurde. Kein Grund zur Sorge, denn dies können wir dem Anwender mitteilen, und er kann darauf reagieren. Wird eine Exception einer anderen Klasse geworfen, liegt vermutlich ein tieferes, technisches Problem vor.

```
Try
   proxy.Rfc_Customer_Get("XXX", "", _
      BrfcknAlTable1)
Catch exAb As SAP.Connector.RfcAbapException
   If exAb.AbapException = "NO_RECORD_FOUND" Then
      MsgBox("keine Kunde gefunden")
   Else
      MsgBox("Fehler beim suchen")
   End If
Catch ex As Exception
   MsgBox(ex.ToString)
End Try
```

Im übrigen haben in dem Print-Server-Beispiel einige Seiten vorher bereits selbst eine Exception der Klasse *RfcAbapException* ausgelöst. Nämlich dann, wenn der Client zwar den Baustein aufgerufen hat, aber in der Tabelle der zu druckenden Zeilen keine vernünftigen Daten zu finden waren.

6.4.1 Exceptions im Überblick

- *RfcCommunicationException*
  tritt dann auf, wenn beim Anmeldevorgang ein technisches Problem vorliegt, z.B. kann der SAP-Server nicht erreicht werden.

- *RfcLogonException*
  tritt auf, wenn das SAP-System zwar erreichbar ist, aber mit den gegebenen Anmeldedaten keine Anmeldung erfolgen kann. Es könnte sein, dass der Benutzer gesperrt ist oder dass ein falsches Passwort geliefert wurde.

- *RfcAbapException*
  tritt bei einem auffangbaren Laufzeitfehler innerhalb des

ABAP-Codes auf. Über *<Exception-Objekt>.AbapException* kann der Laufzeitfehler genauer ermittelt werden.

- *RfcSystemException*
  tritt bei einem nicht-auffangbaren Laufzeitfehler auf. Dies könnte z.B. ein Syntax-Fehler im ABAP-Code sein. Für einen 'normalen' Anwender würde sich solch ein Fehler in Form eines Kurzdumps äußern.

6.5 Idocs empfangen und versenden

Im letzten Kapitel (7) werden wir einen Idoc-Server auf Basis der *librfc32.dll* diskutieren. Nicht zuletzt wegen der Transaktionssteuerung ist dies eine etwas kompliziertere Angelegenheit. Mit *SAPIdocReciever* und *SAPIdocSender* bietet der .NET-Connector zwei Klassen zum Empfangen und Senden von Idocs, die verhältnismäßig einfach einzubinden sind, vorrausgesetzt man beherrscht das nötige Handwerkszeug für das Rahmenprogramm. Die beiden Klassen übermitteln das elektronische Dokument mittels Streams, einer Technik, die vor .NET dem gemeinen Visual-Basic-Programmierer verwehrt blieb. Um das Handling der Streams auf die beiden Idoc-Klassen zu optimieren, werden wir zunächst eine entsprechende Klasse schreiben, die sich in erster Linie mit rudimentären Stream-Funktionen auseinander setzt. Der Rest sollte dann ein Kinderspiel werden.

6.5.1 Exkurs: Streams bändigen

Letztendlich besteht ein Stream aus nicht mehr oder weniger als einer Ansammlung von Bytes. Alle von der Basisklasse *System.IO.Stream* abgeleiteten Klassen haben immer das Ziel, diese Ansammlung von Bytes von A nach B zu transportieren. Das kann beispielsweise eine Dateioperation sein, in der Daten aus einer Datei in die jeweilige Anwendung fließen. Alle Stream-Klassen bringen wiederkehrende Methoden mit, die es erlauben, in den Stream zu schreiben, daraus zu lesen oder darin zu suchen.

Wir wollen nun die Klasse *TheosStreamTools* zum Leben erwecken. Sie ist nicht von *System.IO.Stream* abgeleitet, sondern soll lediglich einen Container für Funktionen darstellen, die wir später beim Handling der Idoc-Klassen noch benötigen werden. Der Konstruktor initialisiert ein privates Objekt vom Typ *System.IO.MemoryStream*, das intern den zu bearbeitenden Stream hält.

```
Class TheosStreamTools
    Private p_stream As System.IO.MemoryStream

    Public Sub New()
        p_stream = New System.IO.MemoryStream
    End Sub

End Class
```

Den Memory-Stream füllen

WriteToStream empfängt einen String, der an den Stream angehängt werden soll. Er wird zunächst stückweise durch *AscW* in ein *Byte*-Array umgewandelt und mittels der *Write*-Methode an unseren Memory-Stream angehängt.

```
Public Sub WriteToStream(ByVal TextToWrite As String)

    Dim TempChar1 As Char
    Dim Buffer(Len(TextToWrite) - 1) As Byte
    Dim x As Long

    For x = 0 To Len(TextToWrite) - 1
        Buffer(x) = Microsoft.VisualBasic.AscW( _
            TextToWrite.Substring(x, 1))
    Next

    p_stream.Write(Buffer, 0, Len(TextToWrite) - 1)

End Sub
```

Den Memory-Stream lesen

Da wir *TheosStreamTools* implizit von *Object* ableiten, kann die *ToString*-Methode überschrieben werden. Der Memory-Stream wird mittels *Read* in ein *Byte*-Array ausgelesen, um dann in ein *char*-Array umkonvertiert zu werden. Das *char*-Array ergibt den Rückgabe-Wert. Er wird implizit von *char()* in *string* umgewandelt.

```
Overrides Function ToString() As String

    Dim Buffer(p_stream.Length - 1) As Byte
```

6.5 Idocs empfangen und versenden

```
p_stream.Position = 0
Try
   p_stream.Read(Buffer, 0, p_stream.Length - 1)
Catch ex As Exception
   MsgBox(ex.ToString)
End Try

Dim strBuffer As String
Dim cBuffer(p_stream.Length - 1) As Char

Dim x As Long
For x = 0 To p_stream.Length - 1
   cBuffer(x) = Microsoft.VisualBasic._
   Chr(Buffer(x))
Next x

ToString = cBuffer
End Function
```

Konvertierung

Alles was uns jetzt noch fehlt, sind zwei Methoden, die den Memory-Stream in ein Objekt der Klasse *System.IO.StreamReader* oder *System.IO.StreamWriter* umwandeln. Beide Objekte werden später benötigt, um die Idoc-Klassen zu füttern.

```
Public Function GetStreamReader() _
   As System.IO.StreamReader

   p_stream.Position = 0
   Return New System.IO.StreamReader(p_stream)

End Function

Public Function GetStreamWriter() _
   As System.IO.StreamWriter

   Return New System.IO.StreamWriter(p_stream)

End Function
```

6.5.2 Idocs empfangen mit SAPIdocReciever

> 💾 Beispiel: \NET IdocEmpfaenger\IdocEmpfaenger.sln

Es mag verwundern, dass wir in diesem Teilkapitel, zuerst die Server-Klasse behandeln und nicht wie bisher die Client-Klasse. Der Grund für den Bruch dieser Tradition liegt darin, dass die Client-Funktionalität später auf den Server aufsetzen wird. Wir werden jetzt den Empfang eines Idocs diskutieren, um dann als Client ein Status-Idoc zurückzusenden, das den Empfang des ursprünglichen Idocs quittiert. Aus technischer Sicht ist dies eigentlich nicht nötig, da das tRFC-Transaktions-Gefüge von sich aus die Übermittlung sichert. Aber es könnte sein, dass mit dem Idoc aus betriebswirtschaftlicher Sicht etwas nicht stimmt und es trotz des korrekten Empfangs in der Zielanwendung nicht verbucht werden kann.

Innerhalb der Anwendung wird das Server-Objekt mit dem Zusatz *WithEvents* deklariert, wir werden gleich sehen warum. Außerdem besorgen wir uns zusätzlich eine Instanz von *TheosStreamTools*.

```
Friend WithEvents IdocServ _
    As SAP.Connector.SAPIDocReceiver
Dim oStream As TheosStreamTools
```

SAPIdocReciever ist abgeleitet von *SAPServer*. Das Registrieren am Gateway sollte deshalb kein größeres Problem darstellen.

```
IdocServ = New SAP.Connector.SAPIDocReceiver( _
    "-atheo1 -gschnecke -xsapgw10")
oStream = New TheosStreamTools

Try
    IdocServ.Start()
Catch ex As Exception
    MsgBox(ex.ToString)
End Try
```

6.5 Idocs empfangen und versenden

Innerhalb des *SAPIdocReciever*-Objekts können zwei für uns wichtige Ereignisse auftreten (deshalb auch *WithEvents*). *IdocServ_BeginReceive* wird zu dem Zeitpunkt ausgelöst, an dem der Empfang des Idocs beginnt. An dieser Stelle definieren wir, in welchen Stream das Objekt das zu übermittelnde Idoc schreiben soll. Dank der *TheosStreamTools*-Klasse ist das keine größere Sache und mit einer Zeile Code erledigt.

```
Private Sub IdocServ_BeginReceive( _
    ByVal sender As Object, _
    ByVal writeTo As _
    SAP.Connector.SAPIDocReceiver.ReceiveEventArgs) _
    Handles IdocServ.BeginReceive

    ListBox1.Items.Add("Idocempfang beginnt")
    writeTo.WriteTo = oStream.GetStreamWriter

End Sub
```

Empfang abschließen

Das Ereignis *IdocServ_EndReceive* enthält die Folgebehandlung. Der Stream ist gefüllt und wird mittels der *ToString*-Methode in einen String umgewandelt. Jede Zeile im Idoc ist durch einen Zeilenumbruch getrennt. Die erste Zeile enthält den Kontrollsatz mit der Idoc-Nummer und etlichen anderen Angaben. Die Folgezeilen entsprechen dem Inhalt. Der *Split*-Befehl schneidet die lange Zeichenfolge an den Umbrüchen auseinander und schreibt sie in eine Listbox.

```
Private Sub IdocServ_EndReceive( _
    ByVal sender As Object, ByVal writeTo As _
    SAP.Connector.SAPIDocReceiver.ReceiveEventArgs) _
    Handles IdocServ.EndReceive

    Dim strIdoc As String
    Dim strLine As String
    Dim strLines As String()

    Dim x As Long
    Dim sep(0) As Char = Chr(10)

    strIdoc = oStream.ToString
```

```
            strLines = strIdoc.Split(sep)

            txtMandant.Text = Mid(strLines(0), 11, 3)
            txtBasisTyp.Text = Mid(strLines(0), 40, 30)
            txtIdocNr.Text = Mid(strLines(0), 14, 16)

            For Each strLine In strLines
                ListBox2.Items.Add(strLine)
            Next

            ListBox1.Items.Add("Idocempfang beendet")

        End Sub
```

Die Pflicht haben wir erledigt. Das Idoc liegt zur Weiterverarbeitung bereit. Um die Sache aber trotzdem noch weiter zu spinnen, sollen die einzelnen Zeilen analysiert werden. Jedes Idoc-Segment ist hierarchisch im Idoc angeordnet. Es existieren verschiedene Hierarchieebenen und Verweise auf das jeweils übergeordnete Segment. Folgender Code konvertiert das Idoc in eine TreeView-Anzeige, um die Hierarchie zu verdeutlichen.

```
        Dim SegNode As TreeNode
        Dim Masternode As TreeNode
        Dim TempNode As TreeNode
        Dim strLine As String

        For Each strLine In ListBox2.Items
        If strLine.Substring(0, 8) = "EDI_DC40" Then
            ' wir haben den ersten Satz
            Masternode = New TreeNode(strLine)
            TreeView1.Nodes.Add(Masternode)
        Else
            SegNode = New TreeNode(strLine)
            SegNode.Tag = strLine.Substring(49, 6)

            If strLine.Substring(55, 6) <> "000000" Then
                ' wir haben ein Subsegment gefunden
                For Each TempNode In Masternode.Nodes
                If TempNode.Tag = strLine.Substring(55, 6) Then
```

6.5 Idocs empfangen und versenden

```
            ' wir haben den passenden
            ' Elternknoten gefunden
            ' und hängen dort das Segment an
            TempNode.Nodes.Add(SegNode)
          End If
        Next
      Else
        Masternode.Nodes.Add(SegNode)
      End If
    End If
  Next
```

Abb. 6.27 zeigt die Beispielanwendung. Das Idoc wird empfangen, zeilenweise angezeigt und in hierarchischer Form aufbereitet. Es ist vom Nachrichtentyp ORDERS01 und könnte innerhalb eines betriebswirtschaftlichen Prozesses entstehen, wenn ein Kundenauftrag an ein Subsystem weitergeleitet werden soll.

Direkte Umleitung in eine Datei Das vorangegangene Beispiel hält das Idoc ausschließlich im Speicher. Es ist wesentlich einfacher, den Stream direkt in eine Datei umzuleiten. Hierfür könnten wir problemlos auf die selbstgestrickte *TheosStreamTool*-Klasse verzichten und im Ereignis *IdocServ_BeginReceive* einen Standard-File-Writer definieren, der beim Ereignis *EndReceive* wieder geschlossen wird.

```
Private FileStream As System.IO.StreamWriter

Private Sub IdocServ_BeginReceive( _
    ByVal sender As Object, _
    ByVal writeTo As _
    SAP.Connector.SAPIDocReceiver.ReceiveEventArgs) _
    Handles IdocServ.BeginReceive

    FileStream = New System.IO.StreamWriter( _
        "C:\TheosIdoc.txt", True)
    writeTo.WriteTo = FileStream

End Sub

Private Sub IdocServ_EndReceive( _
    ByVal sender As Object, ByVal writeTo As _
```

SAP.Connector.SAPIDocReceiver.ReceiveEventArgs) _
Handles IdocServ.EndReceive

FileStream.Close()

End Sub

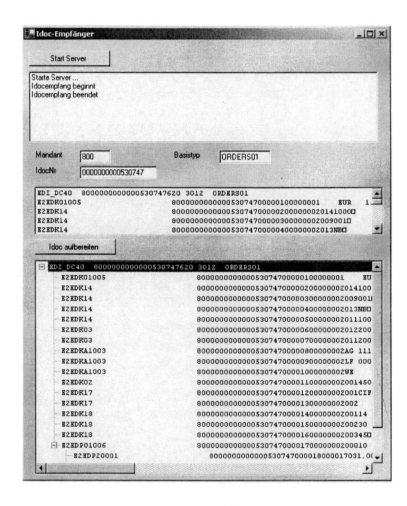

Abb. 6.27: Beispielprogramm zu *SAPIdocReciever*

6.6.3 Idocs senden mit SAPIdocSender

> Beispiel: \NET IdocSender\IdocSender.sln

Ein Idoc mit Hilfe der .NET-Connector-Klasse *SAPIDocSender* in ein R/3-System zu übermitteln, ist dank unserer *TheoStreamTools*-Klasse ein Kinderspiel. Wir haben dort eine Funktion *WriteToStream* implementiert, die einen String in einen Stream schreibt. Diesen Stream brauchen wir dann nur noch an die Sender-Klasse zu übergeben, und die Sache ist erledigt. Einzig und allein Strings zu erzeugen, die den geforderten Idoc-Segmenten entsprechen, ist oft eine fieselige Fleißarbeit.

Im folgenden Beispiel wollen wir ein Idoc für den Nachrichtentyp STATUS01 erzeugen. Es enthält nur ein Segment, das es erlaubt, den Status eines anderen Idocs im SAP zu ändern. Im vergangen Teilkapitel haben wir einen Kundenauftrag in einem externen Subsystem empfangen. Mit der hier vorgestellten Funktionalität wird das gesendete Auftrags-Idoc von Status 03 (Datenübergabe an Port OK) auf Status 12 (Versand OK) gesetzt.

Sehen wir uns das Beispiel an. Die Verbindung wird hergestellt, und wir legen uns auch gleich eine TID zurecht, denn der Sende-Vorgang wird über die tRFC-Schicht geleitet. String1 wird später die erste Idoc-Zeile enthalten (den Kontrollsatz) und ist somit 406 Bytes lang.

```
Shared Sub Main()

Dim IdocNr As String
IdocNr = "530747"

Dim IdocSend As New _
    SAP.Connector.SAPIDocSender( _
    "CLIENT=800 USER=Theobald PASSWD=pw " & _
    "LANG=DE ASHOST=schnecke SYSNR=10")
Dim tid As New _
    SAP.Connector.RfcTID(System.Guid.NewGuid)
Dim oStream As New TheosStreamTools
Dim string1 As String = Space(406)
```

6   Der .NET-Connector

```
Console.WriteLine("tRFC-ID: " & tid.ToString)
```

Kontrollsatz schreiben

Gemäß der im Anhang beschriebenen Beschaffenheit des Kontrollsatzes werden die Angaben zum Sende- und Empfangssystem an die richtigen Stellen geschrieben. Mit einem abschließenden Zeilenumbruch schreiben wir den so präparierten String in den Stream. Viele Angaben können leer bleiben, so auch die Idoc-Nummer, die die Status-Nachricht im Zielsystem bekommen wird. Sie wird automatisch vergeben.

```
string1 = string1.Insert(0, "EDI_DC40")
string1 = string1.Insert(10, "800") 'Mandant
string1 = string1.Insert(35, "2") 'Richtung
string1 = string1.Insert(39, "SYSTAT01") 'Basistyp
string1 = string1.Insert(99, "STATUS") 'Nachricht
' Absenderinfos zum Partner
string1 = string1.Insert(148, "A000000002") 'Port
string1 = string1.Insert(158, "LS") 'Partnerart
string1 = string1.Insert(162, "SALES") 'Nummer
' Empfängerinfos zum Partner
string1 = string1.Insert(263, "SAPPT10017") 'Port
string1 = string1.Insert(273, "LS") 'Partnerart
string1 = string1.Insert(277, "B3TCLNT800") 'Nummer

oStream.WriteToStream(string1 & vbCrLf)
```

Segementsatz schreiben

Nun fehlen noch die eigentlichen Anwendungsdaten, die im Segment E1STATS hinterlegt sind. Segmentsätze sind mit 1063 Bytes etwas länger. Auch er wird mit einem anschließenden Zeilenumbruch in den Stream geschrieben.

```
Dim string2 As String = Space(1063)

' Administrationsdaten der Segment-Zeile
string2 = string2.Insert(0, "E1STATS") 'Segment
string2 = string2.Insert(30, "800") 'Mandant
string2 = string2.Insert(49, "000001") 'Segmentnummer
string2 = string2.Insert(61, "01") 'Hierarchieebene
```

6.5 Idocs empfangen und versenden

```
' Anwendungsdaten der Segment-Zeile
string2 = string2.Insert(76, IdocNr) 'Idoc-Nummer
string2 = string2.Insert(92, "20031010") 'Datum
string2 = string2.Insert(100, "010101") 'Uhrzeit
string2 = string2.Insert(106, "12") 'Idoc-Status

oStream.WriteToStream(string2 & vbCrLf)
```

Das komplette zusendende Idoc befindet sich nun in dem Stream und wird mittels der vorbereiteten Funktion *GetStreamReader* an die Methode *SubmitIdoc* übergeben

```
Console.WriteLine("versuche zu senden ....")

Try
    IdocSend.SubmitIDoc( _
        oStream.GetStreamReader, tid)
Catch ex As Exception
    Console.WriteLine(ex.ToString)
End Try

Console.WriteLine("Versand abgeschlossen")
Console.WriteLine("Der Status des Idocs " & _
    IdocNr & " wurde angepasst")
```

Abb. 6.28 zeigt den Output des Beispielprogramms. Auf den beiden Abbildungen 6.29 und 6.30 erkennt man gut, wie der Status des Idocs mit der Nummer 530747 durch unseren Sendevorgang verändert wurde. Das vorgestellte Szenario lässt sich so nur durchführen, wenn die Partnervereinbarung sauber definiert wurde, sonst bleibt das gesendete Status-Idoc als *nicht verbuchbar* hängen.

Abb. 6.28: Output des Beispielprogramms

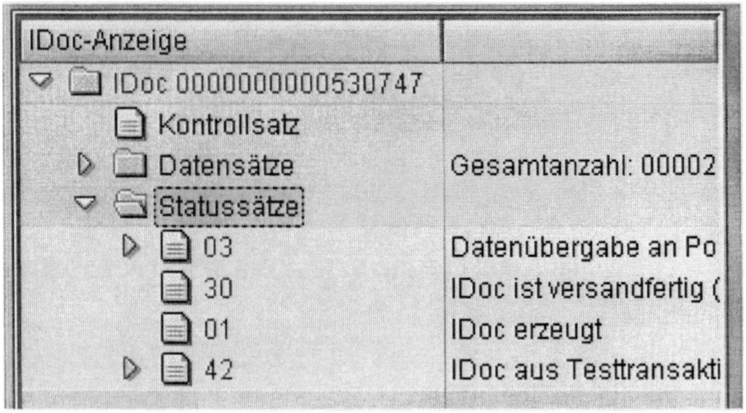

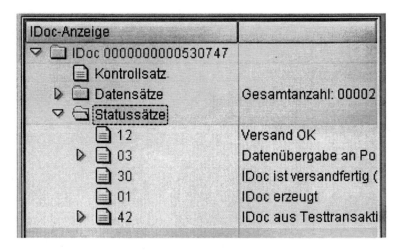

Abb. 6.29 © SAP AG: ORDER01-Idoc vor der Status-Umsetzung

Abb. 6.30 © SAP AG: ORDER01-Idoc nach der Status-Umsetzung

7 Die librfc32.dll

Falls Sie zu den Lesern gehören, die dieses Buch von vorne nach hinten komplett durchlesen, sei Ihnen ein ausdrücklicher Glückwunsch für soviel Durchhaltevermögen ausgesprochen. Offensichtlich können Sie nicht genug bekommen. In jedem Fall werden Sie jetzt mit echtem Hardcore-RFC belohnt, denn wir werden tiefer in die Höhle der *librfc32.dll* hinabsteigen, als wir es jemals getan haben.

Alle Werkzeuge, die wir bis jetzt diskutiert haben, angefangen von der COM-Integration bis zum .NET-Connector, haben eines gemeinsam. Sie alle umkapseln die *librfc32.dll* mit Ihren ca. 100 Funktionen. In diesem Kapitel sollen einige Funktionen erläutert werden, die es uns erlauben, sowohl Client- als auch Server-Programme zu schreiben. Der Programmieraufwand wird natürlich etwas höher werden, aber dafür wird unser Code resistenter gegenüber Schwankungen im Funktionsumfang des RFC-SDK bei Release-Wechseln. Außerdem verringert sich der Installationsumfang auf den Zielrechnern der so erstellten Anwendungen erheblich, er beschränkt sich nämlich nur auf diese eine Dll neben der VB-Runtime.

7.1 Client-Anwendungen

Das Aufrufen von Funktionsbausteinen per Dll kann immer nach demselben Strickmuster erfolgen. Vor dem eigentlichen Aufruf müssen zum Übergeben der Im- und Exportparameter alle entsprechenden Vorbereitungen getroffen werden. Hierzu gehört insbesondere das Reservieren von genügend großen Speicherbereichen. Dies gilt auch für die Übergabe von Tabellen, für deren Handling die *librfc32.dll* einen Satz von Funktionen vorsieht, die wir in Kapitel 7.1.3 separat diskutieren.

7 Die librfc32.dll

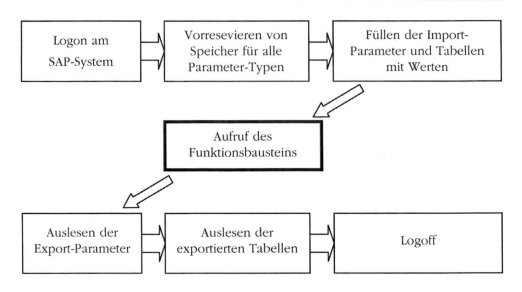

Abb. 7.1: Kochrezept für das Aufrufen von Funktionsbausteinen via Dll.

7.1.1 Logon am SAP-System

RfcOpenEx
| ```
Declare Function RfcOpenEx Lib "librfc32.dll" _
    (ByVal ConString As String, _
     RfcError As RFC_ERROR_INFO_EX) As Long

Type RFC_ERROR_INFO_EX
    group As Long
    Key As String * 33
    Message As String * 513
End Type
``` |

ConString	Connection-String, in dem alle Anmeldeparameter enthalten sind.
RFCError	Struktur vom Typ RFC_ERROR_INFO_EX
Rückgabe	RFC-Session-Handle
```

7.1 Client-Anwendungen

Der zu übergebende Connection-String muss von der Form ID=WERT ID=WERT ... sein. Folgende IDs sind möglich:

- USER
  Benutzername
- PASSWD
  Passwort des Benutzers
- LANG
  Anmeldesprache
- CLIENT
  Mandant
- ASHOST
  Applikationserver (Anmeldung erfolgt direkt, kein Load Balancing)
- SYSNR
  Applikationserver (Anmeldung erfolgt direkt, kein Load Balancing)
- MSHOST
  Message-Server (Load-Balancing)
- GROUP
  Gruppenname (Load-Balancing)
- R3NAME
  Systemname (Load-Balancing)
- TRACE
  Tracing an-/ausschalten

Bei erfolgreicher Anmeldung gibt *RfcOpenEx* das Handle der RFC-Session zurück, ansonsten 0. Im Fehlerfall kann die Struktur *RfcError* ausgewertet werden. Sie enthält die Fehlermeldung auch in Klarschrift. Es gibt auch andere Funktionen der *librfc32*, die den Anmeldevorgang bewerkstelligen, wie *RfcOpen*, *RfcConnect*, *RfcOpenExt* oder *RfcOpenExtV3*. Sie erfordern andere Parameter und geben im Fehlerfall andere Rückgabewerte. Bitte sehen Sie für diese Funktionen in die RFC-Hilfedatei.

7 Die librfc32.dll

Beispiel
```
Dim ConString As String
Dim hRfc As Long
Dim ret As Long
Dim Error As RFC_ERROR_INFO_EX

' Konstruktion des Connection-String
ConString = "ASHOST=schnitte " & _
    "SYSNR=14 CLIENT=401 " & _
    "USER=Theobald PASSWD=pw " & _
    "LANG=D"

' RFC-Verbindung öffnen
hRfc = RfcOpenEx(ConString, Error)

If hRfc = 0 Then
    ' im Fehlerfall die Fehlermeldung abfragen
    ' und ausgegeben
    MsgBox "Logon failed " & vbCrLf & _
        Error.Message
    Exit Sub
End If

RfcClose hRfc
```

7.1.2 Exportparameter setzen

RfcAllocParamSpace	

Declare Function RfcAllocParamSpace _
     Lib "librfc32.dll" (ByVal ExportCount As Long,_
     ByVal ImportCount As Long, _
     ByVal TableCount As Long) As Long	

ExportCount	Anzahl der zu exportierenden Parameter
ImportCount	Anzahl der zu importierenden Parameter
TableCount	Anzahl der zu übergebenden Tabelle
Rückgabe	hSpace; Handle auf der reservierten Speicherbereich

7.1 Client-Anwendungen

RfcAllocParamspace reserviert einen definierten Speicherbereich für die übergebene Anzahl an Im- und Export-Parametern sowie Tabellen. Bitte beachten Sie die Begriffe Im- und Export. Diese sind definiert aus Sicht des aufrufenden Programms, also entgegengesetzt der Angabe im SAP-Funktionsbaustein.

RfcFreeParamSpace	

Declare Function RfcFreeParamSpace _
     Lib "librfc32.dll" _
     (ByVal hSpace As Long) As Long	

hSpace	Handle auf den reservierten Speicherbereich
Rückgabe	0 bei Erfolg, sonst Fehler

RfcFreeParamSpace gibt den mit *RfcAllocParamspace* reservierten Speicherbereich für die Parameter-Übergabe wieder frei.

RfcAddExportParam	

Declare Function RfcAddExportParam _
     Lib "librfc32.dll" _
     (ByVal hSpace As Long, ByVal ParamNo As Long,
     ByVal ParamName As String, ByVal nlen As Long, _
     ByVal ParamType As Long, ByVal leng As Long, _
     ByVal param As String) As Long	

hSpace	Handle auf den reservierten Speicherbereich
ParamNo	laufende Nummer des Export-Parameters
ParamName	Parametername (so wie im Funktionsbaustein definiert)
Nlen	Länge des Parameternamens
ParamType	Datentyp des Parameters
Leng	Länge des Parameters
Param	Inhalt des Parameters
Rückgabe	0 bei Erfolg, größer 0 im Fehlerfall

7 Die librfc32.dll

RfcAddExportParam setzt den Wert eines Export-Parameters. Die laufende Nummer *ParamNo* muss nicht zwingenderweise der Reihenfolge im Baustein entsprechen, aber sie muss eindeutig sein, mit 0 beginnen und darf höchstens den mit *RfcAllocParamSpace* festgesetzten Wert – 1 annehmen.

Beispiel

```
Dim hSpace As Long
Beispiel

hSpace = RfcAllocParamSpace(2, 0, 2)

Dim ParamName As String
Dim ParamValue As String

ParamName = "TESTEXPORT"  ' Name des Parameters
ParamValue = "BLA"        ' Wert des Parameters

ret = RfcAddExportParam(hSpace, 0, _
   ParamName, Len(ParamName), _
   RFC_CHAR, Len(ParamValue), ParamValue)

If ret <> RFC_OK Then MsgBox _
   "Fehler in RfcAddExportParam 1"
Exit Sub
```

RfcAddTable	
Declare Function RfcAddTable Lib "librfc32.dll" _ (ByVal hSpace As Long, _ ByVal TableNo As Long, _ ByVal TableName As String, ByVal nlen As Long,_ ByVal TableType As Long, ByVal leng As Long, _ ByVal hIT As Long) As Long	
hSpace	Handle auf den reservierten Speicherbereich
ParamNo	laufende Nummer der Export-Tabelle
TableName	Tabellenname (so wie im Funktionsbaustein definiert)
Nlen	Länge des Tabellennamens

ParamType	Konstant 0 (Datentyp der Tabelle)
Leng	Länge einer Tabellenzeile
hIT	Zeiger auf interne Tabelle (vgl. Tabellenhandling)
Rückgabe	0 bei Erfolg, größer 0 im Fehlerfall

Analog zu *RfcAddExportParam* definiert *RfcAddTable* den Austausch einer Tabelle. Sie muss auch für Tabellen aufgerufen werden, die zum Aufrufzeitpunkt des Funktionsbausteins leer sind, also aus Sicht des aufrufenden Programms ausschließlich importiert werden.

7.1.3 Tabellenhandling und Hardcore-HEAP-Walking

Die *librfc32* stellt eine ganze Reihe von Funktionen zur Verfügung, um interne Tabellen zu definieren, zu füllen und auszulesen. Wir werden die einzelnen Funktionen nicht in der Ausführlichkeit diskutieren, wie die Funktionen in den letzten beiden Teilkapiteln, sondern uns nur die Vorgehensweise genauer anschauen, um dann an Beispielen die Verfahren zu vertiefen.

Die Funktion *ITCreate* erzeugt unter Angabe der Zeilenlänge (*leng*) und der zu erwartenden Zeilenanzahl (*occu*) das interne Speichergerüst für die Tabelle. Unter dem Rückgabewert *hIT* ist die Tabelle eindeutig identifiziert. Diese Tabellen-Handle muss immer mit angegeben werden, insbesondere auch bei der Übergabe der Tabelle an den Funktionsbausteinaufruf durch *RfcAddTable*.

VB und das Zeiger-Problem

Leider kann Visual Basic ohne weiteres mit Speicheradressen, so genannten Pointern, nichts anfangen. Sie werden aber von allen Tabellenoperationen benötigt, die Tabelleninhalte auslesen oder schreiben. Zu diesem Zweck müssen wir VB erst einmal fit für Pointer-Operationen machen und bedienen uns dafür der Windows-API-Funktion *RtlMoveMemory*. *RtlMoveMemory* kopiert unter Angabe von Quell- und Ziel-Pointern Speicherbereiche definierter Länge ineinander. Je nach dem, ob die Übergabe-Pointer der API-Funktion *ByVal* oder *ByRef* deklariert werden, konvertiert die VB-Laufzeitumgebung implizit die übergebenen Variablen als Pointer oder schleust diese direkt durch, weil die Variable selbst die Pointer-Adresse enthält. Daraus ergeben sich aus der Funktion *RtlMoveMemory* zwei neue Funktionen.

7 Die librfc32.dll

```
Public Declare Sub CopyMemoryWrite _
    Lib "kernel32" Alias _
    "RtlMoveMemory" (ByVal Destination As Long,_
    Source As Any, _
    ByVal Length As Long)


Public Declare Sub CopyMemoryRead _
    Lib "kernel32" Alias _
    "RtlMoveMemory" (Destination As Any, _
    ByVal Source As Long, _
    ByVal Length As Long)
```

CopyMemoryWrite schreibt den Inhalt einer Variable (z.B. eines Strings) an die Speicherstelle, die durch einen Pointer vorgegeben ist. *CopyMemoryRead* dagegen liest die Speicherstelle aus und schreibt den Inhalt in die VB-lesbare Variable. Das hört sich alles ziemlich kompliziert an, ist es aber eigentlich nicht, was nachfolgendes Beispiel zeigt.

Zeigeroperationen und RFC-Tabellen

ITAppLine hängt einer Tabelle eine neue, jungfräuliche Zeile an und gibt einen Pointer auf den Speicherbereich zurück, in dem die Tabellenzeile abgelegt wurde. Danach nutzen wir unsere neue Funktion *CopyMemoryWrite* und füllen die Zeile mit Inhalten.

```
Dim hIT As Long

hIT = ItCreate("TESTTABELLE", 100, 0, 0)
If hIT = 0 Then MsgBox "Fehler bei ItCreate !!"

Dim iLine As Long
Dim ZeilenInhalt As String

ZeilenInhalt = "1. Testzeile"

iLine = ItAppLine(hIT)

CopyMemoryWrite iLine, _
    ZeilenInhalt, Len(ZeilenInhalt)
```

7.1 Client-Anwendungen

Auslesen und Navigieren innerhalb der Tabelle

Eine gefüllte Tabelle kann auch wieder ausgelesen werden. Dies erfolgt über die Funktion *ItGetLine* unter Angabe der Zeilennummer. *ItGetLine* gibt uns wieder ein Speicherhandle, das wir mit Hilfe von *CopyMemoryRead* in eine benutzbare Zeichenfolge umwandeln.

```
Dim Inhalt As String
Dim iLine As Long

iLine = ItGetLine(hIT, 1)

CopyMemoryRead Inhalt, iLine, 100
```

Vereinfachung durch strukturierte Datentypen

Praktischerweise unterstützen unsere selbstgebauten Zeigerfunktionen *ComyMemoryRead* und *CopyMemoryWrite* auch strukturierte Datentypen, so können wir im Vorfeld eine Struktur anlegen, die die Beschaffenheit einer Tabellenzeile hat. Der Zugriff auf die einzelnen Tabellenspalten ist dann wesentlich vereinfacht.

```
Type TESTSTRUKTUR
   FELD1 As String * 30
   FELD2 As String * 6
End Type

Dim str_test As TESTSTRUKTUR
Dim hIT as long
Dim iLine as long

hIT = ItCreate("TESTTABELLE", Len(str_test), 0, 0)
If hIT = 0 Then MsgBox "Fehler bei ItCreate !!"

str_test.FELD1 = "Hallo"
str_test.FELD2 = "Welt"

iLine = ItAppLine(hIT)
CopyMemoryWrite iLine, str_test, Len(str_test)
```

Die gezeigte Vorgehensweise lässt sich beim Auslesen einer Tabelle analog anwenden. Die Tabellenzeile wird dann direkt in die Struktur zurückgeschrieben.

7.1.4 Tabellenfunktionen im Überblick

ItCreate	

Declare Function ItCreate Lib "librfc32.dll" _
  (ByVal ITName As String, _
  ByVal ItRecLen As Long, _
  ByVal ItOccurs As Long, ByVal Reserve As Long) _
  As Long	

ITName	Name der Tabelle
ItRecLen	Länge einer Tabellenzeile
ItOccurs	geschätzte Zeilenzahl, um den Speicherbedarf zu optimieren. (wenn darüber nichts bekannt ist, auf 0 setzen).
Reserve	konstant 0, keine Relevanz
Rückgabe	hIT, Speicher-Handle auf die erstellte Tabelle

ItCreate legt eine neue RFC-Tabelle an und reserviert anhand der übergebenen Parameter den entsprechenden Speicherplatz.

ItDelete	
Declare Function ItDelete Lib "librfc32.dll" _ (ByVal hIT As Long) As Long	
hIT	Tabellen-Handle
Rückgabe	0, wenn erfolgreich

ItDelete leert die Tabelle. Die Tabellenstruktur selbst bleibt erhalten.

7.1 Client-Anwendungen

ItGetLine	
Declare Function ItGetLine Lib "librfc32.dll" _ (ByVal hIT As Long, _ ByVal ItLine As Long) As Long	
hIT	Tabellen-Handle
ItLine	Zeilennummer (bei 1 beginnend)
Rückgabe	0 bei Fehler, ansonsten Speicherhandle mit exportierter Tabellenzeile

ItGetLine liest eine Zeile aus der Tabelle und gibt ein Handle auf einen Speicherbereich zurück, in dem sich der Inhalt der Zeile befindet.

ItInsLine	
Declare Function ItInsLine Lib "librfc32.dll" _ (ByVal hIT As Long, _ ByVal ItLine As Long) As Long	
hIT	Tabellen-Handle
ItLine	Zeilennummer (bei 1 beginnend)
Rückgabe	0 bei Erfolg

ItInsLine fügt der Tabelle an der Stelle *ItLine* eine neue Zeile hinzu.

ItAppLine	
Declare Function ItAppLine Lib "librfc32.dll" _ (ByVal hIT As Long) As Long	
hIT	Tabellen-Handle
Rückgabe	0 bei Erfolg

ItAppLine Fügt der Tabelle eine neue Zeile hinzu und hängt sie am Ende an.

ItDelLine	
Declare Function ItDelLine Lib "librfc32.dll" _ (ByVal hIT As Long, ByVal ItLine As Long) As Long	
hIT	Tabellen-Handle
ItLine	Zeilennummer (bei 1 beginnend)
Rückgabe	0 bei Erfolg

ItDelLine Löscht die Zeile an der Stelle *itLine* aus der Tabelle.

ItCpyLine	
Declare Function ItCpyLine Lib "librfc32.dll" _ (ByVal hIT As Long, ByVal ItLine As Long, _ ByVal dest As Long) As Long	
hIT	Tabellen-Handle
ItLine	Quell-Zeilennummer (bei 1 beginnend)
dest	Ziel-Zeilennummer (bei 1 beginnend)
Rückgabe	0 bei Erfolg

ItCpyLine kopiert den Inhalt der Zeile *itLine* in den Inhalt der Zeile *dest*.

ItFree	
Declare Function ItFree Lib "librfc32.dll" _ (ByVal hIT As Long) As Long	
hIT	Tabellen-Handle
Rückgabe	0 bei Erfolg

ItFree Löscht die Tabelle aus dem Speicher und gibt den reservierten Speicherbereich frei.

ItFill	
Declare Function ItFill Lib "librfc32.dll" _ (ByVal hIT As Long) As Long	
hIT	Tabellen-Handle
Rückgabe	-1 bei Fehler, ansonsten die Anzahl der Zeilen

ItFill gibt die Anzahl der Zeilen der Tabelle zurück.

ItLeng	
Declare Function ItLeng Lib "librfc32.dll" _ (ByVal hIT As Long) As Long	
hIT	Tabellen-Handle
Rückgabe	-1 bei Fehler, ansonsten die Länge einer Zeile

ItLeng gibt die Länge einer Tabellenzeile zurück.

ItPutLine	
Declare Function ItPutLine Lib "librfc32.dll" _ (ByVal hIT As Long, ByVal ItLine As Long, _ itContent As String) As Long	
hIT	Tabellen-Handle
ItLine	Zeilennummer (bei 1 beginnend)
itContent	Inhalt der Tabellenzeile
Rückgabe	-1 bei Fehler, ansonsten die Länge einer Zeile

ItOutLine speichert die Zeichenfolge *itContent* als Inhalt in die Tabellenzeile mit der angegebenen Nummer. Diese Funktion kann als Alternative zu dem zuvor angeführten Beispiel mit *CopyMemotyRead* genutzt werden.

7.1.5 Funktionen aufrufen

Wenn alle Vorarbeiten erledigt sind, also sämtliche Export-Parameter und Übergabetabellen definiert sind, wird mit *RfcCallReceiveExt* der RFC-Aufruf gestartet. Diese Funktion arbeitet synchron; der Arbeits-Thread wird also erst an das aufrufende Programm zurückgegeben, wenn der Aufruf abgearbeitet ist und die Ergebnisse feststehen. Im Gegensatz dazu könnte man den Aufruf auch asynchron gestalten. *RfcCallExt* löst den Aufruf aus, *RfcReceiveExt* empfängt die Ergebnisse. Wenn keine zwingenden Gründe dagegen sprechen, sollte der Einfachheit halber *RfcCallReceiveExt* genutzt werden.

RfcCallReceiveExt	
Declare Function RfcCallReceiveExt Lib _ librfc32.dll" (ByVal hRfc As Long, _ ByVal hSpace As Long, ByVal Funcname As String, _ ByVal Exception As String) As Long	
hRfc	Session-Handle
hSpace	Handle auf den mit *RfcAllocParamSpace* reservierten Speicherbereich für die Übergabe-Parameter
Funcname	Name der aufzurufenden Funktion
Exception	Exception im Fehlerfall

Rückgabe	• RFC_OK(0)
	  Erfolg
	• RFC_FAILURE(1)
	  Fehler
	• RFC_EXCEPTION(2)
	  Es ist eine ABAP-Exception aufgetreten
	• RFC_SYS_EXCEPTION(3)
	  System-Exception

7.1 Client-Anwendungen

RfcCallReceiveExt ruft den Funktionsbaustein *Funcname* synchron auf, füllt die Rückgabe-Parameter bzw. ggfs. die Exception im Fehlerfall. Der Übergabe-String muss vor dem Aufruf unbedingt vorbelegt und mit einem NULL-Character abgeschlossen werden.

Beispiel

```
Dim Exception As String
Exception = Space(255) & vbNullChar

ret = RfcCallReceiveExt(hRfc, hSpace, _
    "RFC_READ_TABLE", Exception)
```

7.1.6 Rückgabewerte / Import-Parameter auslesen

RfcDefineImportParam	
Declare Function RfcDefineImportParam _ Lib "librfc32.dll" (ByVal hSpace As Long, ByVal ParamNo As Long, _ ByVal ParamName As String, ByVal nlen As Long, _ ByVal ParamType As Long, ByVal leng As Long) _ As Long	
hSpace	Handle auf den reservierten Speicherbereich
ParamNo	laufende Nummer des Import-Parameters
ParamName	Parametername (so wie im Funktionsbaustein definiert)
nlen	Länge des Parameternamens
ParamType	Datentyp des Parameters
Leng	Länge des Parameters
Rückgabe	0 bei Erfolg, größer 0 im Fehlerfall

RFCDefineImportParam definiert einen Import-Parameter vor (!) dem Aufruf des Funktionsbausteins per *RfcCallReceiveExt* oder

RfcGetDataExt. Das Auslesen des Parameters nach dem Aufruf geschieht mit *RfcGetImportParam*.

RfcGetImportParam	

Declare Function RfcGetImportParam _
    Lib "librfc32.dll" _
    (ByVal hSpace As Long, _
    ByVal ParamNo As Long, ByVal param As String) _
    As Long	

hSpace	Handle auf den reservierten Speicherbereich
ParamNo	laufende Nummer des Import-Parameters
Param	Wert des Parameters
Rückgabe	0 bei Erfolg, größer 0 im Fehlerfall

Nach erfolgtem Aufruf wird mit *RFCGetImportParam* ein einzelner Import-Parameter ausgelesen. Er muss vor dem Aufruf mit *RFCDefineImportParam* definiert worden sein.

Beispiel

```
Dim hSpace As Long
    hSpace = RfcAllocParamSpace(0, 1, 0)

Dim ParamName As String
Dim ParamValue As String

ParamName = "TESTIMPORT"  ' Name des Parameters

ret = RFCDefineImportParam (hSpace, 0, _
    ParamName, Len(ParamName), _
    RFC_CHAR, 10)

If ret <> RFC_OK Then
    MsgBox "Fehler in " & _
        "RfcAddExportParam"
    Exit Sub
End If
```

```
ret = RfcCallReceiveExt(hRfc, hSpace, _
   "Z_TEST_BAUSTEIN", Exception)


If ret <> RFC_OK Then
   MsgBox "Fehler in RfcCallReceiveExt": Exit Sub
End If

ret = RfcGetImportParam(hSpace, RFC_CHAR, ParamValue)

If ret <> RFC_OK Then
   MsgBox "Fehler in RfcGetImportParam": Exit Sub
```

7.1.7 Strukturen

Wir haben auf den vergangenen Seiten bereits skalare Im- und Export-Parameter sowie den Austausch von Tabellen diskutiert. Strukuren sind zwar eigentlich auch nur Im- und Exportparameter, sie lassen sich aber nicht einfach auf einen einzelnen String (bzw. dessen Speicheradresse) reduzieren.

Um eine Visual-Basic-Struktur analog einer einzelnen Tabellenzeileo mit der RFC-Bibliothek auszutauschen, bedarf es einer minimalen Anpassung der beiden Funktionen *RfcAddExportParam* für den Export und *RfcGetImportParam* für den Import. Um die Speicheradressenübergabe typkonform zu gestalten, muss der Parameter in der Funktion nicht *as String* sondern *as Any* deklariert werden. Einen Namenskonflikt mit den bestehenden Deklarationen vermeiden wir dadurch, dass die beiden neuen Funktionen per Alias einen neuen Namen bekommen.

Das BAPI-Beispiel am Ende von Kapitel 7.1 demonstriert unter anderem sehr ausführlich das Struktur-Handling. Insbeondere ist es wichtig, nicht genutzte Elemente von Export-Strukturen, die nicht dem Datentyp C entsprechen, unbedingt mit einem Initialwert vorzubelegen.

```
Declare Function RfcAddExportStructure _
    Lib "librfc32.dll" Alias "RfcAddExportParam" _
    (ByVal hSpace As Long, ByVal ParamNo As Long, _
    ByVal ParamName As String, ByVal nlen As Long, _
    ByVal ParamType As Long, ByVal leng As Long, _
    param As Any) As Long

Declare Function RfcGetImportStructure _
    Lib "librfc32.dll" Alias "RfcGetImportParam" _
    (ByVal hSpace As Long, ByVal ParamNo As Long, _
    param As Any) As Long
```

7.1.8 Gepackte Zahlen

Innerhalb der Anwendungsentwicklung unter ABAP ist der Datentyp P (Packed Number) üblich, um Geld- oder Mengenbeträge mit dezimalen Nachkommastellen darzustellen. Unter Angabe der Genauigkeit der Zahl (die Anzahl der Dezimalstellen) braucht sich der Entwickler nach der Deklaration keine Gedanken mehr über die Darstellungen zu machen. Was für das Handling innerhalb von ABAP-Programmen zu einer enormen Vereinfachung beiträgt, hat für die RFC-Kommunikation tiefgreifende Konseqezen, denn der Datentyp heißt nicht umsonst *gepackt*.

Gepackte Zahlen sind so genannte *Binary Coded Decimals* (BCD). Jeweils zwei Ziffern der darzustellenden Dezimalzahl befinden sich innerhalb eines Bytes binär kodiert. Betrachten wir die beiden Ziffern 2 und 7, ergibt sich in binärer Schreibweise 0010 für die 2 und 0111 für die 7. Diese beiden Vierergruppen an Bits ergeben hintereinander geschrieben die binäre Zahl 00100111 also 39 im Dezimalsystem (Abbildung 7.3). Solche Vierergruppen werden Tetraden genannt. Zwei Tetraden ergeben ein Byte. Unter Zuhilfenahme dieser Taktik können mit n Bytes 2*n Ziffern dargestellt werden, wäre da nicht das Vorzeichen. Die kleinste Tetrade (also die, die am weitesten rechts steht) bildet das Vorzeichen. Im Fall eines positven Wertes ist es 1101 (Dezimal 13), im Fall eines negativen Wertes 1100 (Dezimal 12). Abbildung 7.4 zeigt beispielhaft das Packen der Ziffernfolge –273. Durch das Vorzeichen erniedrigt sich die Zahl der Nutzziffern auf 2*n-1 darstellbaren Ziffer mit einem Platzbedarf von n Bytes.

7.1 Client-Anwendungen

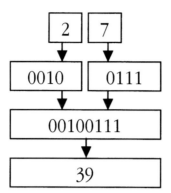

Abb. 7.3: Ziffernkonvertierung

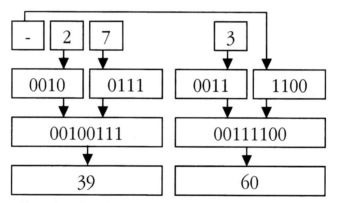

Abb. 7.4: Ziffernfolge −273 als gepackte Zahl

Konvertieren nach BCD in Visual Basic

Konvertierungsroutinen für Visual Basic zu schreiben ist einfacher, als es im ersten Augenblick aussieht. Das folgende Coding zeigt die Funktion *ConvertDblToBCD*. Sie konvertiert den Wert einer Double-Variable unter Angabe der Anzahl der gültigen Dezimalstellen und der gewünschten Länge der gepackten Zeichenfolge nach BCD. Zunächst wird das Vorzeichen ermittelt und die erste Ziffer (von rechts) ermittelt. Um den binären Wert der Ziffer (ermittelt mit dem *Chr*-Befehl) um 4 Bit nach links zu schieben, mulitplizieren wir ihn mit 16. Danach muss sichergestellt werden, dass die verbleibende Ziffernfolge eine gerade Anzahl von Stellen hat (ggfs. mit einer führenden 0 auffüllen). Per Schleife laufen wir durch diese Ziffenfolge und konvertieren ebenfalls mittels *Chr*. Jede zweite Ziffer wird wieder mit * 16 um 4 Bits verschoben.

7 Die librfc32.dll

Aus der Komma-zahl eine Ganz-zahl machen

Gemäß dem Vor-zeichen und der ersten Ziffer das erste Byte erzeugen

Pro zwei Zeichen ein Zielbyte er-zeugen und ins Ergebnis schreiben

Ggfs. mit Null-Werten auffüllen

```
Public Function ConvertDblToBCD(Value As Double, _
    PackedLength As Long, Decimals As Long) As String

Value = Int(Value * 10 ^ Decimals)

Dim ValueString As String
ValueString = CStr(Value)
Dim tempString As String

If Value < 0 Then
    tempString = _
        Chr(Val(Right(ValueString, 1)) * 16 + 13)
Else
    tempString = _
        Chr(Val(Right(ValueString, 1)) * 16 + 12)
End If

ValueString = _
    Mid(ValueString, 1, Len(ValueString) - 1)

If Len(ValueString) Mod 2 = 1 Then
    ValueString = "0" & ValueString
End If

Dim x As Long
Dim OneByte As String

For x = Len(ValueString) To 1 Step -2
    OneByte = _
        Chr(Val(Mid(ValueString, x - 1, 1)) * 16 + _
        Val(Mid(ValueString, x, 1)))
    tempString = OneByte & tempString
Next x

ConvertDblToBCD = _
    Right(String(PackedLength, Chr(0)) & _
    tempString, PackedLength)

End Function
```

7.1 Client-Anwendungen

Die Gegenrichtung, also eine Kette von gepackten Bytes wieder in einen Double-Wert konvertieren, ist etwas einfacher. Hierbei kommt uns der *Hex*-Befehl zu Gute. Da in der gepackten Bytefolge pro Tetrade nur Werte von 0 bis 9 stehen können, entspricht das Entpacken dem Konvertieren in die hexadezimale Darstellung. Wir brauchen also nur den Hex-Wert hintereinander hängen. Falls die linke Tetrade 0 ist, muss natürlich eine führende 0 davorgehängt werden, damit uns keine Ziffer verloren geht. Das Vorzeichen entspricht nach der Hex-Konvertierung einem D (-) oder einem C (+).

```
Public Function ConvertBCDToDbl(BCD As String, _
    Decimals As Long) As Double

Dim length As Long
Dim Number As String
Dim res As Double

length = Len(BCD)
Dim x As Long
For x = 1 To length
    Number = Number + _
        Right("0" & Hex(Asc(Mid(BCD, x, 1))), 2)
Next x

res = CDec(Mid(Number, 1, Len(Number) - 1))

If Right(Number, 1) = "D" Then
    res = -1 * res
End If

ConvertBCDToDbl = res / (10 ^ Decimals)

End Function
```

Jedes gepackte Byte nach hexadezimal konvertieren und hintereinander hängen

Vorzeichen prüfen und Ergebnis entsprechend anpassen

Gewünschte Anzahl der Nachkommastellen realisieren

Sie finden zur Anwendung von gepackten Nummern ein Beispiel am Ende von Kapitel 7.1.

7.1.9 Logoff

RfcClose	
Declare Sub RfcClose Lib "librfc32.dll" _ (ByVal hRfc As Long)	
hRFC	RFC-Session-Handle
Rückgabe	0 bei Erfolg, größer 0 im Fehlerfall

RfcClose beendet die Verbindung zu R/3 und gibt eventuell reservierten Speicher frei.

7.1.10 Beispiel: RFC_READ_TABLE

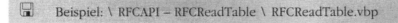
Beispiel: \ RFCAPI – RFCReadTable \ RFCReadTable.vbp

Nachfolgendes Beispiel zeigt die Ansteuerung des Funktionsbausteins RFC_READ_TABLE. Es ist entsprechend auskommentiert, um alle Aspekte der Programmierung, die wir auf den letzten Seiten diskutiert hatten, wiederzufinden.

```
Dim x As Long
Dim ConString As String
Dim hRfc As Long
Dim ret As Long
Dim Error As RFC_ERROR_INFO_EX
```

Anmeldung an einem Applikationenserver

```
ConString = "ASHOST=Lovemachine " & _
    "SYSNR=0 " & _
    "CLIENT=0 " & _
    "USER=Theobald " & _
    "PASSWD=pw " & _
    "LANG=D TRACE=1"
```

7.1 Client-Anwendungen

RFC-Verbindung öffnen

```
hRfc = RfcOpenEx(ConString, Error)

If hRfc = 0 Then
    ' im Fehlerfall die Fehlermeldung abfragen und ausgegebn
    MsgBox "Logon failed " & vbCrLf & _
        Error.Message
    Exit Sub
End If
```

Genügend Speicher für die Parameter-Übergabe reservieren

```
Dim hSpace As Long
hSpace = RfcAllocParamSpace(2, 0, 2)

Dim ParamName As String
Dim ParamValue As String

ParamName = "QUERY_TABLE"
ParamValue = "T005T"
ret = RfcAddExportParam(hSpace, 0, ParamName, Len(ParamName), _
    RFC_CHAR, Len(ParamValue), ParamValue)
If ret <> RFC_OK Then
    MsgBox "Fehler in RfcAddExportParam 1": Exit Sub:
End If


ParamName = "DELIMITER"
ParamValue = "|"
ret = RfcAddExportParam(hSpace, 1, ParamName, Len(ParamName), _
    RFC_CHAR, Len(ParamValue), ParamValue)
If ret <> RFC_OK Then
    MsgBox "Fehler in RfcAddExportParam 2": Exit Sub:
End If
```

7 Die librfc32.dll

Die geforderte Datenbankselektion soll nur zwei Felder zurückgeben, nämlich das Land und die Länderbezeichnung

```
Dim hIT1 As Long
Dim iLine As Long
Dim str_fields As FIELDS

hIT1 = ItCreate("FIELDS", Len(str_fields), 0, 0)
If hIT1 = 0 Then MsgBox "Fehler bei ItCreate !!"

str_fields.FIELDNAME = "LAND1"
iLine = ItAppLine(hIT1)
CopyMemoryWrite iLine, str_fields, Len(str_fields)

str_fields.FIELDNAME = "LANDX"
iLine = ItAppLine(hIT1)
CopyMemoryWrite iLine, str_fields, Len(str_fields)

ret = RfcAddTable(hSpace, 0, "FIELDS", _
    Len("FIELDS"), 0, Len(str_fields), hIT1)
If ret <> RFC_OK Then
    MsgBox "Fehler in RfcAddTable 1": Exit Sub: End If
```

Die Tabelle DATA wird nach dem Aufruf die Ergebnismenge der DB-Selektion entgegennehmen

```
Dim hIT2 As Long
hIT2 = ItCreate("DATA", 512, 0, 0)
If hIT2 = 0 Then MsgBox "Fehler bei ItCreate 2 !!"

ret = RfcAddTable(hSpace, 1, "DATA", _
    Len("DATA"), 0, 512, hIT2)
If ret <> RFC_OK Then
    MsgBox "Fehler in RfcAddTable 2": Exit Sub: End If
```

eigentlicher Aufruf

```
Dim Exception As String
Exception = Space(255) & vbNullChar

ret = RfcCallReceiveExt(hRfc, hSpace, _
    "RFC_READ_TABLE", Exception)

If ret = RFC_FAILURE Then
    MsgBox "RFC_FAILURE"
    Exit Sub
```

264

7.1 Client-Anwendungen

```
        ElseIf ret <> RFC_OK Then
            MsgBox "Exception: " & Exception
            Exit Sub
        End If
```

Um im Ausgabe-Bild die beiden List-Controls zu füllen, laufen wir einmal über die Datentabelle DATA und einmal über die Fields-Tabelle

```
        Dim str_data As DATA
        For x = 1 To ItFill(hIT2)
            iLine = ItGetLine(hIT2, x)
            If iLine > 0 Then
                CopyMemoryRead str_data, iLine, Len(str_data)
                Out.List1.AddItem Trim(str_data.WA)
            End If
        Next x

        For x = 1 To ItFill(hIT1)
            iLine = ItGetLine(hIT1, x)
            If iLine > 0 Then
                CopyMemoryRead str_fields, iLine, _
                    Len(str_fields)
                Out.List2.AddItem Trim(_
                    str_fields.FIELDNAME) & _
                    " -> Länge: " & str_fields.LENGTH & _
                    " -> Typ: " & str_fields.TYPE
            End If
        Next x

        Out.Show

        RfcClose hRfc
```

7 Die librfc32.dll

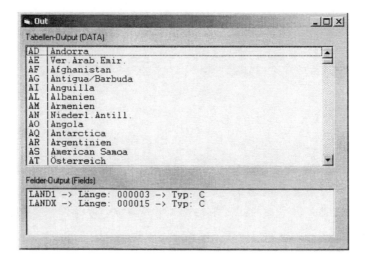

Abb. 7.5: Output des Beispielprogramms

7.1.11 Beispiel: Preisfindung mit BAPI_SALESORDER_SIMULATE

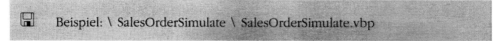

Im Kapitel 4 haben wir bereits Business Objekte und deren Methoden, so genannte BAPIs, ausführlich kennen gelernt. Das Business Objekt *SalesOrder*, mit seinem BAPI *Simulate* soll uns im folgenden Beispiel beschäftigen. Der zugehörige Funktionsbaustein lautet BAPI_SALESORDER_SIMULATE. Wie der Name bereits vermuten lässt, simuliert er einen Kundenauftrag. Der Sinn und Zweck einer solchen Simulation liegt darin, sich Informationen (z.B. über Lieferfähigkeit oder Preisgestaltung) zu beschaffen, ohne gleich einen Kundenauftrag tatsächlich anlegen zu müssen.

Das kleine Tool des folgenden Beispiels erfordert vom Anwender die Eingabe einer Kundennummer, einer Materialnummer und der gewünschten Menge. Mit diesen Angaben wird dann mit Hilfe von BAPI_SALESORDER_SIMULATE die komplette Preisfindungsmaschinerie in Gang gebracht und liefert so einen verbindlichen Preis zu den gemachten Angaben.

BAPIs haben häufig sehr viele und sehr komplizierte Übergabe-Tabellen und Strukturen. Aus diesem Grund eignet es sich gut dafür, das Gelernte der letzten Kapitel ausführlich zu testen.

Beginnen wir zunächst mit der Deklaration der erforderlichen Strukturen. BAPISDHEAD wird in etlichen BAPIs des SD-Moduls genutzt und dient zur Übergabe des Auftragskopfes. Sie enthält zum Beispiel die Auftragsart (DOC_TYPE). Die BAPIITEM-Struktur wird später für die Übergabe-Tabelle ORDER_ITEMS_IN genutzt. Sie enthält pro Auftragsposition einen Eintrag (z.B. mit der gewünschten Materialnummer und der gewünschten Menge). BAPIRETURN dagegen ist rein administrativer Natur. Wenn innerhalb der Anfrage ein Fehler auftritt, dient diese Strukur zur Übergabe der Fehlermeldung. Bleibt uns noch BAPIPARTNR für die Partner-Tabelle. Sie enthält die Kundennummer des Partners, der die Ware erhalten soll. Bei Bedarf können hier mehrere Einträge vorgenommen werden (z.B. separate Debitorennummern für den, der die Ware bekommen soll, und für den, der sie bezahlt), daher wird diese Angabe später als Tabelle und nicht als reine Struktur übergeben. Die Strukuren sind hier aus Platzgründen gekürzt dargestellt. Sie enthalten einige hundert Elemente.

```
Type BAPISDHEAD
   DOC_NUMBER  As String * 10
   DOC_TYPE    As String * 4
   COLLECT_NO  As String * 10
   SALES_ORG   As String * 4
   DISTR_CHAN  As String * 2
   DIVISION    As String * 2
   SALES_GRP   As String * 3
   [ ... ]
End Type

Type BAPIITEMIN
   ITM_NUMBER  As String * 6
   HG_LV_ITEM  As String * 6
   [ ... ]
End Type

Type BAPIRETURN
   TYPE   As String * 1
   CODE   As String * 5
   [ ... ]
End Type
```

7 Die librfc32.dll

```
Type BAPIPARTNR
    PARTN_ROLE  As String * 2
    PARTN_NUMB  As String * 10
    [ ... ]
End Type
```

Darüber hinaus ist mit BAPICOND noch eine weitere Struktur nötig. In einer Tabelle werden beim Baustein-Aufruf die Konditionen zurückgegeben, unter anderem auch der Netto-Preis, der ja den Output unseres kleinen Preis-Anfrage-Tools bildet.

```
Type BAPICOND
    ITM_NUMBER    As String * 6
    COND_ST_NO    As String * 3
    COND_COUNT    As String * 2
    COND_TYPE     As String * 4
    COND_VALUE    As String * 15
    CURRENCY      As String * 5
    [ ... ]
End Type
```

Bei der Gelegenheit sehen wir uns das Element COND_VALUE an. Es enthält die Angabe eines Betrags in Form einer gepackten Zahl. Abbildung 7.6 zeigt die Struktur im Data Dictionary. Dort ist eine Länge von 28 Byte angegeben. Totzdem müssen wir in unsere VB-Struktur die Länge 15 wählen, da es sich um eine gepackte Zahl handelt. 28 Ziffern ergeben 14 Bytes gepackt. Hinzu kommt noch das Vorzeichen.

7.1 Client-Anwendungen

Komponente	R.typ	Komponententyp	DTyp	Länge	DezSt.	Kurzbeschreibung
ITM_NUMBER		KPOSN	NUMC	6	0	Konditionspositionsnummer
COND_ST_NO		STUNR	NUMC	3	0	Stufennummer
COND_COUNT		DZAEHK	NUMC	2	0	Zähler Konditionen
COND_TYPE		KSCHA	CHAR	4	0	Konditionsart
COND_VALUE		BAPIKBETR1	DEC	28	9	Konditionsbetrag
CURRENCY		WAERS	CUKY	5	0	Währungsschlüssel
COND_UNIT		KMEIN	UNIT	3	0	Konditionsmengeneinheit

Abb. 7.6 © SAP AG: Struktur BAPICOND

Jede Struktur, die als Export an einen Funktionsbaustein übergeben wird, muss vor der Übergabe mit Initialwerten belegt werden, wenn keine explizite Wertangabe erfolgen soll. Dies gilt für alle Elelemente, die vom Typ P oder N sind. P-Elelemente müssen explizit auf 0 gesetzt werden und N-Elemente auf 0000... gemäß Ihrer Länge. Folgende Funktion zeigt eine Standard-Routine zum initialen Füllen der BAPISHEAD-Struktur. Würde man dieses initiale Füllen nicht tun, würde uns R/3 die Übergabe mit einem Kurzdump quittieren. Schießlich wären dann ja bestimmte Felder mit Werten gefüllt, die der jeweilige Datentyp gar nicht zulassen würde.

```
Public Sub InitHeaderInStruct(_
   ByRef HeaderIn As BAPISDHEAD)
   HeaderIn.DOC_NUMBER = ""
   HeaderIn.DOC_TYPE = ""
   [ ... ]
   HeaderIn.REQ_DATE_H = "00000000"
   [ ... ]
   HeaderIn.CD_VALUE1 = ConvertDblToBCD(0, 12, 0)
   HeaderIn.CD_P_UNT1 = "00000"
   HeaderIn.CD_D_UNT1 = ""
   [ ... ]
End Sub
```

Im folgenden nun der komplette, kommentierte Quellcode für den Aufruf von BAPI_SALESORDER_SIMULATE. Abbildung 7.7

zeigt die Oberfläche des Beispielprogramms nach der Ausführung.

```
Dim x As Long
Dim ConString As String
Dim hRfc As Long
Dim ret As Long
Dim Error As RFC_ERROR_INFO_EX

' Anmeldung an einem Applikationenserver
ConString = "ASHOST=Hamlet " & _
    "SYSNR=11 " & _
    "CLIENT=800 " & _
    "USER=Theobald " & _
    "PASSWD=pw " & _
    "LANG=D"
```

RFC-Verbindung öffnen

```
hRfc = RfcOpenEx(ConString, Error)

If hRfc = 0 Then
    MsgBox "Logon failed " & vbCrLf & _
        Error.MESSAGE
    Exit Sub
End If
```

Speicher für die Übergabe reservieren

BAPISHEAD deklaraieren und initial füllen

```
Dim hSpace As Long
hSpace = RfcAllocParamSpace(1, 1, 3)

Dim ParamName As String
Dim HeaderIn As BAPISDHEAD

InitHeaderInStruct HeaderIn
```

Auftragsart und den Vertiebsbereich füllen

```
ParamName = "ORDER_HEADER_IN"
HeaderIn.DOC_TYPE = "TA"
HeaderIn.SALES_ORG = "1000"
HeaderIn.DISTR_CHAN = "10"
HeaderIn.DIVISION = "00"
```

7.1 Client-Anwendungen

Die Kundenbestellnummer ist ein Pflichtfeld. Wir setzen sie auf einen Dummy-Wert, um den Fehler zu unterdrücken

```
HeaderIn.PURCH_NO = "4711"

ret = RfcAddExportStructure(hSpace, 0, _
    ParamName, Len(ParamName), _
    RFC_CHAR, Len(HeaderIn), HeaderIn)
If ret <> RFC_OK Then
    MsgBox "Fehler in RfcAddExportParam 1": Exit Sub:
End If
```

Jetzt die Items-Tabelle mit einer Position füllen (Materialnummer und Menge). Bitte beachten: Diese Menge ist keine gepackte Zahl.

```
Dim hIT1 As Long
Dim iLine As Long
Dim OrderItemIn As BAPIITEMIN

InitItemStruct OrderItemIn

hIT1 = ItCreate("BAPIITEMIN", Len(OrderItemIn), 0, 0)
If hIT1 = 0 Then MsgBox "Fehler bei ItCreate !!"

OrderItemIn.MATERIAL = txtMaterialNr.Text
OrderItemIn.REQ_QTY = txtMenge.Text & "000"
iLine = ItAppLine(hIT1)
CopyMemoryWrite iLine, OrderItemIn, Len(OrderItemIn)

ret = RfcAddTable(hSpace, 0, "ORDER_ITEMS_IN",
Len("ORDER_ITEMS_IN"), 0, _
    Len(OrderItemIn), hIT1)
If ret <> RFC_OK Then
    MsgBox "Fehler in RfcAddTable 1": Exit Sub: End
If
```

Jetzt wird die Partnertabelle gefüllt (Partnerrolle AG ist der Auftraggeber)

```
Dim hIT2 As Long
Dim iLine2 As Long
Dim Partners As BAPIPARTNR

InitPartnerStruct Partners

hIT2 = ItCreate("BAPIPARTNR", Len(Partners), 0, 0)
If hIT2 = 0 Then MsgBox "Fehler bei ItCreate 2 !!"

Partners.PARTN_ROLE = "AG"
Partners.PARTN_NUMB = txtKundenNr.Text
```

7 Die librfc32.dll

```
            iLine2 = ItAppLine(hIT2)
            CopyMemoryWrite iLine2, Partners, Len(Partners)

            ret = RfcAddTable(hSpace, 1, "ORDER_PARTNERS", _
                Len("ORDER_PARTNERS"), 0, Len(Partners), hIT2)
            If ret <> RFC_OK Then
                MsgBox "Fehler in RfcAddTable 2": Exit Sub: End
            If
```

ORDER_CONDITION_EX enthält nach dem Aufruf unsere gesuchte Kondition

```
            Dim Price As BAPICOND
            Dim hIT3 As Long
            hIT3 = ItCreate("BAPICOND", Len(Price), 0, 0)
            ret = RfcAddTable(hSpace, 2, "ORDER_CONDITION_EX", _
                Len("ORDER_CONDITION_EX"), 0, Len(Price), hIT3)
            If ret <> RFC_OK Then
                MsgBox "Fehler in RfcAddTable 2": Exit Sub: End
            If
```

Empfangsstruktur RETURN anmelden

```
            Dim BapiRet As BAPIRETURN
            ret = RfcDefineImportParam(hSpace, 0, "RETURN", _
            Len("RETURN"), 0, Len(BapiRet))
```

Jetzt erfolgt der eigentliche Aufruf

```
            Dim Exception As String
            Exception = Space(255) & vbNullChar

            ret = RfcCallReceiveExt(hRfc, hSpace, _
                "BAPI_SALESORDER_SIMULATE", Exception)

            If ret <> RFC_OK Then
                MsgBox "Exception: " & Exception
                Exit Sub
            End If

            ret = RfcGetImportStructure(hSpace, 0, BapiRet)
            If ret <> RFC_OK Then
                MsgBox "Fehler in RfcGetImportParam": Exit Sub:
            End If
```

Auf BAPI-Fehler prüfen

```
            If Trim(BapiRet.MESSAGE) <> "" Then
                MsgBox (BapiRet.MESSAGE)
                Exit Sub
```

7.2 Server-Anwendungen

```
        End If

        For x = 1 To ItFill(hIT3)
            iLine = ItGetLine(hIT3, x)
            If iLine > 0 Then
                CopyMemoryRead Price, iLine, Len(Price)
                If Price.COND_TYPE = "PR00" Then
                    txtPreis.Text = _
                        ConvertBCDToDbl(Price.COND_VALUE, 9)
                End If
            End If
        Next x

        RfcClose hRfc
```

Einmal durch die Konditionentabelle laufen und den Nettopreis rausfischen

Abb. 7.7: Beispielprogramm zu BAPI_SALESORDER_SIMULATE

7.2 Server-Anwendungen

Server-Anwendungen funktionieren im Prinzip genauso wie Client-Anwendungen, nur andersherum. Nach dem Start registriert sich der Server am SAP-System mit seiner Programm-ID. Diese verweist auf eine Destination, die ab dem Moment der Registrierung als Funktionsbaustein-Destination von ABAP-Seite aus zur Verfügung steht. (Das Administrieren von Destinationen wird im Anhang erläutert).

7 Die librfc32.dll

Schleifen-durchläufe

Nach erfolgter Registrierung verfällt der Server in eine *RFCListen*-Endlos-Schleife, solange bis vom SAP-System eine Funktion aufgerufen wird. Im Falle eines Funktionsaufrufes wird mit Hilfe von *RFCGetNameEx* der Funktionsname ermittelt, dessen Aufruf der Client beim Server angefordert hat. Je nach dem reagiert der Server und ruft die jeweilige Visual-Basic-Funktion, die dann alles weitere regelt.

Die Funktion wird abgearbeitet, um dann in die Endlos-Schleife zurückzukehren. Dieser Kreislauf wiederholt sich, bis die Verbindung nicht mehr aufrecht erhalten werden kann oder soll (beispielsweise im Fehlerfall).

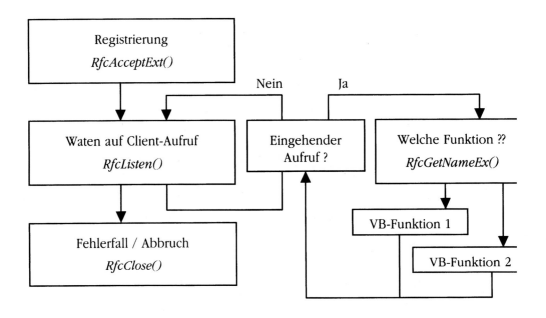

Abb. 7.4: Ablauflogik eines RFC-Server mit *Listen*-Schleife

Jede Funktion, die einem Client zur Verfügung gestellt wird, sollte wegen der Übersichtlichkeit in genau eine Visual-Basic-Funktion gepackt werden. Die API-Aufrufe dort erinnern an unsere Client-Anwendung vom letzten Kapitel.

Ablauf der Server-seitigen Daten-verarbeitung

Abb. 7.5 zeigt den typischen Ablauf innerhalb der zuständigen VB-Funktion. Nachdem die Import-Parameter und die erwarteten Tabellen definiert sind, werden die Daten des Aufrufs mit *RfcGetDataExt* empfangen. Nach der Verarbeitung werden die zu exportierenden Parameter wie gewohnt mit *RfcAddExportParam*

7.2 Server-Anwendungen

gesetzt und die Tabelleninhalte entsprechend manipuliert. *RfcSendDataEx* übernimmt das Zurücksenden der Daten. Sollte während der Verarbeitung ein Fehler auftreten, wird mit *RfcRaise* eine Exception im aufrufenden System ausgelöst. Als Fehler gelten in diesem Fall auch logische Fehler, beispielsweise Inkonsistenzen in den übergebenen Daten, deren Ursache betriebswirtschaftlicher und nicht technischer Natur ist.

Alle zugehörigen Zwischenschichten dieser Abwicklung, z.B. die qRFC- oder die tRFC-Schicht sind ebenfalls in der Lage, von sich aus Exceptions auszulösen. Im Anhang ist ein Screen-Shot zu sehen, der einen fehlgeschlagenen Funktionsaufruf zeigt, dessen Exception nicht vom Server stammt, sondern von einer zwischengelagerten Schicht.

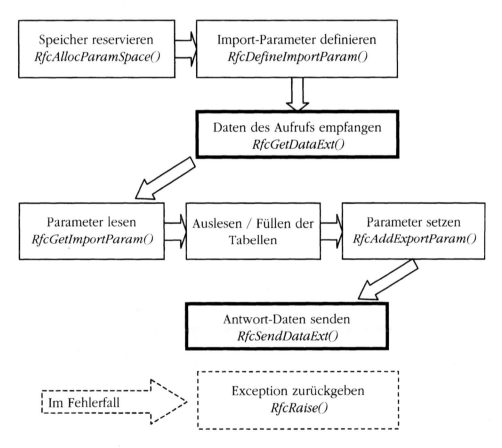

Abb. 7.5: Ablauflogik innerhalb eines einzelnen Server-Baustein-Aufrufs

7.2.1 Funktionen der Listen-Schleife

RfcAcceptExt	

Declare Function RfcAcceptExt _
     Lib "librfc32.dll" _
     (ByVal Args As String) As Long	

Args	ConnectionString wie unten erklärt Rückgabe
Rückgabe	0 bei Fehler, ansonsten ein RFC-Handle das später wieder benötigt wird.

RFCAcceptExt registriert den Server am SAP-Gateway. Es ist ein Connection-String zu übergeben, aus dem das Zielsystem hervorgeht und das die Pogramm-ID enthält, die in der anzusteuernden Destination hinterlegt ist

```
-a<Programm-ID> -g<Applikationenserver>
-x<Gateway-Service> -t
```

-a   Programm-ID

-g   Host-Rechner / Applikationenserver, an dem angemeldet werden soll

-x   sapgwXX, wobei XX durch die Systemnummer zu ersetzen ist

-t   schaltet bei Bedarf das Tracing ein

Die RFC-Session wird durch das RFC-Handle *hRFC* identifiziert. Bei praktisch allen Folgeaufrufen muss dieses Handle wieder mit angegeben werden. Es ist durchaus auch möglich, mehrere Empfangsprozesse zu initiieren, die in unterschiedlichen Programm-Threads laufen. In diesem Fall sind die RFC-Handles entsprechend zu verwalten.

7.2 Server-Anwendungen

RfcListen	
RfcWaitForRequest	

Declare Function RfcListen Lib "librfc32.dll" _
     (ByVal hRFC As Long) As Long
 	
 Declare Function RfcWaitForRequest _
     Lib "librfc32.dll"
     (ByVal hRFC As Long, ByVal wTime As Long) _
     As Long	

hRFC	RFC-Handle
wTime	Zeit in Sekunden der Verzögerung

Rückgabe	• RFC_OK(0)
	    einkommender Aufruf
	 • RFC_RETRY(7)
	    kein Aufruf, kein Fehler
	 • Sonstige
	    Fehler

RfcListen prüft, ob aktuell ein Funktionsaufruf zur Abarbeitung ansteht. Die Rückgabe RFC_RETRY sollte das aufrufende Programm dazu veranlassen, weiter in der Schleife zu bleiben. RFC_OK signalisiert einen einkommenden Aufruf.

Analog zu *RFCListen* funktioniert *RfcWaitForRquest*, allerdings kann hier noch eine Verzögerungszeit in Sekunden mitgegeben werden. Der Einsatz von *RfcWaitForRquest* ist sinnvoll, wenn hundertprozentige Echtzeit-Verarbeitung nicht nötig ist und die CPU-Ressourcen geschont werden sollen.

RfcGetName	

Declare Function RfcGetName Lib "librfc32.dll" _
     (ByVal hRFC As Long, _
     ByVal FunctionName As String) As Long	

hRFC	RFC-Handle

FunctionName	Name der aufgerufenen Funktion
Rückgabe	• RFC_OK(0) Erfolg • Sonstige Fehler

Nach Rückgabe von RFC_OK der Funktion *RfcListen* oder *RfcWaitForRequest* kann mit *RfcGetName* der Name der aufgerufenen Funktion ermittelt werden.

7.2.2 Funktionen der Rückantwortübermittlung

Die Funktionen *RfcAllocParamSpace*, *RfcDefineImportParam*, *RfcGetImportParam*, *RfcAddTable*, *RfcAddExportParam* und *RfcFreeParamSpace* werden für die Antwortübermittlung benötigt, wurden aber im Zusammenhang mit der Client-Programmierung einige Seiten weiter vorne bereits diskutiert. Sie tauchen im Folgenden nicht noch einmal auf.

RfcGetDataExt	
``Declare Function RfcGetDataExt Lib "librfc32.dll" _
(ByVal hRFC As Long, _
ByVal hSpace As Long) As Long```	
hRFC	RFC-Handle
hSpace	Handle auf den mit *RfcAllocParamspace* reservierten Speicherbereich für den Parameteraustausch.
Rückgabe	• RFC_OK(0) Erfolg • Sonstige Fehler

RfcGetDataExt empfängt die Import-Parameter und die übergebenen Tabellen und stellt sie in den mit *RfcAllocParamspace* reservierten Speicherbereich für den Parameteraustausch.

7.2 Server-Anwendungen

RfcGetTableHandle	

Declare Function RfcGetTableHandle _
    Lib "librfc32.dll" _
    (ByVal hSpace As Long, _
    ByVal tableno As Long) As Long	

hSpace	Handle auf den mit *RfcAllocParamspace* reservierten Speicherbereich für den Parameteraustausch.

Rückgabe	• >0
	   Handle auf eine interne Tabelle
	 • 0
	   Fehler

RfcGetTableHandle gibt das *ithandle* auf eine interne Tabelle zurück. Diese Funktion wird für die Tabellenauswertung bei RFC-Servern benötigt. Die Tabelle muss zwar vor *RfcGetDataExt* mit *RfcAddTable* angemeldet werden, aber das Erzeugen mittels *ITCreate* macht keinen Sinn.

RfcSendDataExt	

Declare Function RfcSendDataExt _
    Lib "librfc32.dll" _
    (ByVal hRFC As Long, _
    ByVal hSpace As Long) As Long	

hRFC	RFC-Handle
hSpace	Handle auf den mit *RfcAllocParamspace* reservierten Speicherbereich für den Parameteraustausch.

Rückgabe	• >0
	   Handle auf eine interne Tabelle
	 • 0
	   Fehler

7 Die librfc32.dll

RfcSendDataExt sendet nach der Verarbeitung die Export-Parameter und die Übergabe-Tabellen zurück an den aufrufenden Partner.

RfcRaise	
Declare Function RfcRaise Lib "librfc32.dll" _ (ByVal hRFC As Long, _ ByVal Exception As String) As Long ByVal hSpace As Long) As Long	
hRFC	RFC-Handle
Exception	Zeichenfolge der Exception

Rückgabe	• RFC_OK(0)
	   OK
	 • Sonstige
	   Fehler

Bei aufgetretenen Fehlern und inkonsistenter Parameter-Übergabe löst *RfcRaise* im aufrufenden (ABAP-)Programm eine Exception aus.

Beispiel

```
Dim ret as Long
Dim Exc as String

Exc = "UNDEFINIERBARER_FEHLER"

ret = RfcRaise(hRFC, Exc)
```

7.2.3 Beispielserver ReadFile / Visual-Basic-Seite

 Beispiel: \ RFCAPI - Server1 \ Server.vbp

Wir wollen nun einen Beispielserver schreiben, der dem Client den Funktionsbaustein Z_READFILE zur Verfügung stellt. Im

7.2 Server-Anwendungen

Übergabe-Parameter FILENAME soll der Pfad zu einer Text-Datei stehen. Der Server wird diese Datei auslesen und deren Inhalt in die Tabelle FILECONTENT schreiben. Die Anzahl der geschriebenen Zeilen wird dann im Export-Parameter LINECOUNT mit zurückgegeben.

Der Quellcode zeigt zuerst die Registrierung am Gateway, um dann die Listen-Schleife aufzubauen. Je nach Rückgabewert von Listen wird im Fall eines Client-Aufrufs zuerst mit *RfcGetNameExt* der Name der aufgerufenen Funktion ermittelt und aufgrund dieser Information entsprechend in die VB-Prozeduren verzweigt, in unserem Fall gibt es nur eine, nämlich Z_READFILE.

```
Dim hRFC As Long
Dim ret As Long
Dim ConString As Variant
Dim FunctionName As String
FunctionName = Space(255) & vbNullChar

ConString = "-aschnitte_test -gschnitte -xsapgw14 -t"

hRFC = RfcAcceptExt(ConString)
If hRFC = 0 Then
    Out "Fehler bei der Anmeldung am Gateway": Exit Sub
Else
    Out "Registrierung erfolgreich"
End If

ret = RFC_RETRY

Do While ret = RFC_RETRY Or ret = RFC_OK
    DoEvents
    ret = RfcListen(hRFC)
    If ret = RFC_OK Then
        ' Aufruf empfangen
        Out "Aufruf empfangen"
        ret = RfcGetNameEx(hRFC, FunctionName)

        Out "RFCGetName: " & FunctionName

        If Left(FunctionName, 10) = "Z_READFILE" Then
```

7 Die librfc32.dll

```
                ret = Z_READFILE(hRFC)
            End If

            ret = RfcListen(hRFC)
        End If
Loop

Out "Schleifenende"

RfcClose hRFC
```

Die VB-Funktion Z_READFILE ist zuständig für das Abarbeiten der Funktion. Wir besorgen uns zuerst einen genügend großen Speicherbereich mit *RfcAllocSpace* und definieren den Import-Parameter FILENAME. *RfcGetDataExt* empfängt die Daten, und die eigentliche Abarbeitung, nämlich das Auslesen der Datei mit Übergabe in die Tabelle, erfolgt.

```
Public Function Z_READFILE(ByVal hRFC As Long) _
    As Long
Out.Out "Z_READFILE aufgerufen"

Dim hSpace As Long
Dim ret As Long


hSpace = RfcAllocParamSpace(1, 1, 1)
If hSpace = 0 Then Z_READFILE = 1: Exit Function

ret = RfcDefineImportParam(hSpace, 0, "FILENAME",
Len("FILENAME"), RFC_CHAR, 100)
If ret <> RFC_OK Then GoTo Fehler

ret = RfcGetDataExt(hRFC, hSpace)

If ret <> RFC_OK Then GoTo Fehler

Dim Dateiname As String * 100

ret = RfcGetImportParam(hSpace, RFC_CHAR, Dateiname)
```

7.2 Server-Anwendungen

```
Dim linecount As String * 4
linecount = CStr(30)

Dim handle As Long
Dim Buffer As String
Dim str_filecontent As FILECONTENT
Dim hIT As Long
Dim x As Long
Dim iLine As Long

hIT = ItCreate("FILECONTENT", 204, 0, 0)
handle = FreeFile()

Open Dateiname For Input As #handle

Do While Not EOF(handle)
    x = x + 1
    Line Input #handle, Buffer
    str_filecontent.LINENUMBER = x
    str_filecontent.Buffer = Buffer
    iLine = ItAppLine(hIT)
    CopyMemoryWrite iLine, str_filecontent,
Len(str_filecontent)
Loop

Close #handle
```

Die Tabelle wird mit *RfcAddTable* und der Export-Parameter LINECOUNT mit *RfcAddExportParam* in den Übergabespeicherbereich *hSpace* geschoben, um dann den Aufruf mit *RfcSendDataExt* abzuschließen und die Daten an den Client zu übermitteln.

```
ret = RfcAddTable(hSpace, 0, "FILECONTENT", _
    Len("FILECONTENT"), 0, _
    Len(str_filecontent), hIT)

linecount = x
```

7 Die librfc32.dll

```
ret = RfcAddExportParam(hSpace, 0, "LINECOUNT",
Len("LINECOUNT"), RFC_CHAR, 4, linecount)

ret = RfcSendDataExt(hRFC, hSpace) 'RFC_OK

ret = RfcFreeParamSpace(hSpace)

Z_READFILE = RFC_OK

Exit Function
```

Im Fehlerfall lösen wir eine Exception aus.

```
Fehler:

Z_READFILE = RFC_FAILURE

ret = RfcRaise(hRFC, "ALLGEMEINER_FEHLER")

Out.Out "Fehler"

End Function
```

7.2.4 Beispielserver ReadFile / ABAP-Seite

Sehen wir uns die Client-Seite im SAP-System an. Über eine Benutzereingabe (PARAMETERS-Anweisung) kann der Anwender einen Datei-Pfad spezifizieren. Es wird ein strukturierter Datentyp namens FILECONTENT deklariert, der dann auf die interne Tabelle IT_FILECONTENT abgebildet wird.

```
REPORT   Z_READ_RFC_FILE

PARAMETERS PFILE(100) TYPE C DEFAULT
'c:\Schiller.txt'.

DATA LCOUNT(4) TYPE C.
```

7.2 Server-Anwendungen

```
DATA BEGIN OF FILECONTENT.
DATA LINENUMBER(4) TYPE C.
DATA BUFFER(200) TYPE C.
DATA END OF FILECONTENT.

DATA IT_FILECONTENT LIKE FILECONTENT OCCURS 0 WITH
HEADER LINE.
```

Zum START-OF-SELECTION-Zeitpunkt wird der Remote-Baustein in der angegebenen Destination aufgerufen. Die Abfrage der Systemvariable *sy-subrc* gibt Auskunft über den Erfolg des Aufrufs. Im Erfolgfall wird der Export-Parameter LINECOUNT und über eine LOOP-Schleife die Tabelle FILECONTENT ausgegeben.

```
START-OF-SELECTION.

   WRITE: / 'Z_READFILE wird aufgerufen !!'.

   CALL FUNCTION 'Z_READFILE'
   DESTINATION 'KMS_TEST'
   EXPORTING
      FILENAME = PFILE
   IMPORTING
      LINECOUNT = LCOUNT
   TABLES
      FILECONTENT = IT_FILECONTENT
   EXCEPTIONS
      ALLGEMEINER_FEHLER = 1
      OTTHERS = 2.

   IF SY-SUBRC = 0.

      WRITE: / SY-ULINE, 'Größe der gelesen Datei: ',
            LCOUNT , ' Zeilen'.
      WRITE: / SY-ULINE.

      LOOP AT IT_FILECONTENT.
         WRITE / IT_FILECONTENT-BUFFER.
      ENDLOOP.
```

ELSE.

WRITE: / 'Es ist ein Fehler aufgetreten'.

ENDIF.

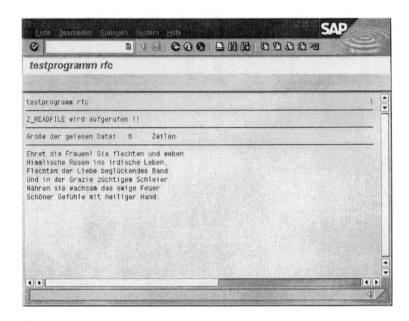

Abb. 7.6 © SAP AG : Output des Beispielprogramms

7.2.5 Die Königsklasse: transaktionaler IDOC-Empfang

Im letzten und aufwendigsten Beispiel werden wir zum einen die Transaktionsverarbeitung bei eingehenden Funktionsaufrufen diskutieren, als auch eine neue Art der Listen-Schleife. Unser Server soll ein vollwertiges Programm zum Empfangen von IDOCs werden. Aus diesem Grund wird er den Funktionsbaustein IDOC_INBOUND_ASYNCHRONOUS zur Verfügung stellen.

Alternativen zu RfcGetName

Wir haben in den vorangegangenen Beispielen mit *RfcGetName* herausfinden können, welche Funktion gerade von Client aufgerufen wird. Dies können wir auch die RFC-Bibliothek selbst erledigen lassen, indem wir mit dem Aufruf *RfcInstallFunction* eine vom Server zur Verfügung gestellte Funktion mit einer Visual-Basic-Funktion verknüpfen. An *RfcInstallFunction* wird ein Function-Pointer übergeben, der es der *librfc32.dll* erlaubt,

7.2 Server-Anwendungen

bei Bedarf genau dort einzusteigen. Den Function-Pointer besorgen wir uns über den *AddressOf*-Operator. Analog dazu werden die 4 Funktionen für das Transaktions-Management implementiert.

Abb. 7.7 zeigt die Ablauflogik eines transaktionalen RFC-Aufrufs in Verbindung mit den Callback-Funktionen.

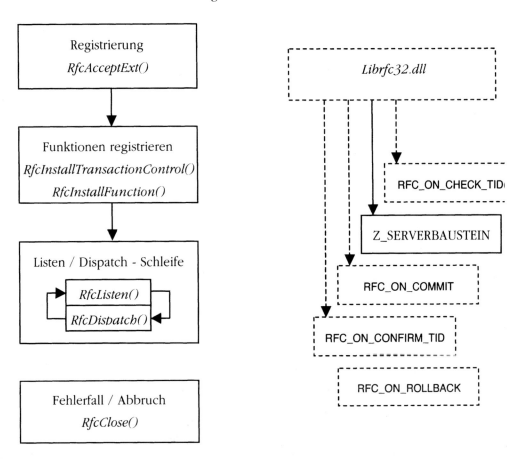

Abb. 7.7: Ablauflogik transaktionale RFC-Anfrage

7 Die librfc32.dll

RfcInstallFunction	

Declare Function RfcInstallFunction _
   Lib "librfc32.dll" _
   (ByVal Name As String, _
   ByVal FunctionPtr As Long, _
   ByVal Doku As String) As Long	

Name	Name der Funktion
FunctionPtr	Zeiger auf die VB-Funktion, die aufgerufen werden soll
Doku	Kurzer Beschreibungstext zu Dokumentationszwecken (kann in der SM59 angesehen werden, wenn man dort auf *Funktionsliste* klickt)
Rückgabe	• RFC_OK(0) Erfolg • Sonstige Fehler

RfcInstallFunction meldet eine aufrufbare Funktion am SAP-System an. Im Beispiel sehen wir den Funktionsrumpf der korrespondierenden VB-Funktion. Sie muss als *public* in einem Modul hinterlegt werden.

Beispiel

```
Public Function Z_SERVERBAUSTEIN (ByVal hRFC _
      As Long) As Long

   ...
   Code zur Abarbeitung des Aufrufs
   ...

   Z_SERVERBAUSTEIN = RFC_OK

End Function
```

7.2 Server-Anwendungen

```
Sub Main

    RfcInstallFunction "Z_SERVERBAUSTEIN", _
        AddressOf Z_SERVERBAUSTEIN, _
        "Baustein für Testzwecke"
    ...

End Sub
```

RfcInstallTransactionControl	
Declare Sub RfcInstallTransactionControl _ Lib "librfc32.dll" _ (ByVal onCheckTid As Long, _ ByVal onCommit As Long, _ ByVal onRollback As Long, _ ByVal onConfirmTid As Long)	
OnCheckTid	Funktionszeiger für die Initialisierung der Transaktion
onCommit	Funktionszeiger für die Bestätigung der Transaktion
onRollback	Funktionszeiger für ein fehlerbedingtes Storno der Transaktion
onConfirmTid	Funktionszeiger für das Ende der Transaktion, auch auf Client-Seite

Die 4 Funktionen, die mittels *RfcInstallTransactionControl* angemeldet werden, bilden das Transaktionsmanagement. Analog zu *RfcInstallFunction* müssen die VB-Funktionen der im Beispiel gezeigten Schnittstelle entsprechen. Wird von Ihnen etwas anderes als RFC_OK = 0 zurückgegeben, bricht die Client die Transaktion ab und rollt zurück. Dem entsprechend muss die Server-Seite zurückrollen, falls RFC_ON_ROLLBACK aufgerufen wird.

```
Public Function RFC_ON_CHECK_TID _
    (transactionId As Long) As Long

    ' Merken der TID. Falls TID schon vorhanden
```

```
                    ' und abgearbeitet, Rückgabewert größer 0
                    ' zurückgeben

                    RFC_ON_CHECK_TID = RFC_OK
End Function

Public Function RFC_ON_COMMIT_ _
            (transactionId As Long) As Long

    ' Der Datenänderungen die der Funktionsaufruf
    ' auslöst jetzt persistent speichern.
    . RFC_ON_COMMIT = RFC_OK
End Function

Public Sub RFC_ON_CONFIRM_TID_ _
            (transactionId As Long)

                    ' TID löschen, da Transaktion nun auch
                    ' Client-seitig bestätigt
End Sub

Public Function RFC_ON_ROLLBACK_ _
            (transactionId As Long) As Long

                    ' Datenänderungen des Funktionsaufrufs
                    ' verwerfen

                    RFC_ON_ROLLBACK = RFC_OK
End Function

Sub Main

            ...
                    RfcInstallTransactionControl _
                        AddressOf RFC_ON_CHECK_TID, _
                        AddressOf RFC_ON_COMMIT, _
                        AddressOf RFC_ON_ROLLBACK, _
                        AddressOf RFC_ON_CONFIRM_TID
            ...

End Sub
```

7.2 Server-Anwendungen

RfcDispatch	

Declare Function RfcDispatch _
    Lib "librfc32.dll" _
    (ByVal hRFC As Long) As Long	

hRFC	RFC-Handle
RFC-Handle	RFC_OK=0 bei Erfolg, sonst Fehler

RfcDispatch veranlasst die *libRFC32.dll*, einen eingehenden Aufruf auf die angemeldeten VB-Funktionen zu mappen. In Zusammenarbeit mit *RfcListen* ergibt sich immer folgendes Schleifenkonstrukt, unabhängig davon, wie viele Funktionen gemappt sind.

Beispiel

```
Do While ret = RFC_OK
    ret = RFC_RETRY
    Do While ret = RFC_RETRY
        DoEvents
        ret = RfcListen(hRFC)
    Loop
    ret = RfcDispatch(hRFC)
Loop
```

7.2.6 Beispiel: Der IDOC-Server

Die *Listen / Dispatch* – Schleife sollte kein Problem darstellen. Die Vorarbeit mit *RfcAccept* entspricht dem früheren Beispiel.

```
Dim hRFC As Long
Dim ret As Long
Dim ConString As Variant
Dim FunctionName As String
FunctionName = Space(255) & vbNullChar
```

Registrierung am Gateway

```
ConString = "-arfc.test -gLovemachine -xsapgw10 -t"

hRFC = RfcAcceptExt(ConString)
```

```
If hRFC = 0 Then
    Out "Fehler bei der Anmeldung am Gateway"
    Exit Sub
Else
    Out "Registrierung erfolgreich"
End If


RfcInstallTransactionControl _
   AddressOf RFC_ON_CHECK_TID, _
   AddressOf RFC_ON_COMMIT, _
   AddressOf RFC_ON_ROLLBACK, _
   AddressOf RFC_ON_CONFIRM_TID

RfcInstallFunction "IDOC_INBOUND_ASYNCHRONOUS", _
   AddressOf IDOC_INBOUND_ASYNCHRONOUS, _
   "IDOC-Empfangsbaustein"
```

Dispatch-Schleife

```
Do While ret = RFC_OK
   ret = RFC_RETRY
   Do While ret = RFC_RETRY
      DoEvents
      ret = RfcListen(hRFC)
   Loop
   ret = RfcDispatch(hRFC)
Loop


Out "Schleifenende ret = " & ret

RfcClose hRFC
```

Wesentlich interessanter gestaltet sich die Funktion IDOC_INBOUND_ASYNCHRONOUS. Sie empfängt 2 Tabellen: EDI_DC40 enthält die Header-Daten des Idocs (wie Sende- und Empfangssystem oder weitere Partnervereinbarungen). EDI_DD40 enthält die eigentlichen IDOC-Daten in Datenblöcken zu 1000 Bytes. Wie dort die einzelnen Felder angeordnet sind, ist der IDOC-Definition zu entnehmen. Im Deklarationsteil des Moduls definieren wir zunächst zwei strukturierte Datentypen, die den beiden Empfangstabellen entsprechen.

```
Type EDI_DC40
  TABNAM As String * 10
  MANDT As String * 3
  DOCNUM As String * 16
  DOCREL As String * 4
  STATUS As String * 2
  DIRECT As String * 1
  OUTMOD As String * 1
  EXPRSS As String * 1
  TEST As String * 1
  IDOCTYP As String * 30
  CIMTYP As String * 30
  MESTYP As String * 30
  MESCOD As String * 3
  MESFCT As String * 3
  STD As String * 1
  STDVRS As String * 6
  STDMES As String * 6
  SNDPOR As String * 10
  SNDPRT As String * 2
  SNDPFC As String * 2
  SNDPRN As String * 10
  SNDSAD As String * 21
  SNDLAD As String * 70
  RCVPOR As String * 10
  RCVPRT As String * 2
  RCVPFC As String * 2
  RCVPRN As String * 10
  RCVSAD As String * 21
  RCVLAD As String * 70
  CREDAT As String * 8
  CRETIM As String * 6
  REFINT As String * 14
  REFGRP As String * 14
  REFMES As String * 14
  ARCKEY As String * 70
  SERIAL As String * 20
End Type
```

```
Type EDI_DD40
   SEGNAM As String * 30
   MANDT As String * 3
   DOCNUM As String * 16
   SEGNUM As String * 6
   PSGNUM As String * 6
   HLEVEL As String * 2
   SDATA As String * 1000
End Type
```

Mit *RFCAllocspace* reservieren wir uns den entsprechenden Speicher für die beiden Tabellen, die wir *RfcAddTable* für die Übergabe initialisieren und per *RfcGetData* empfangen.

Diese internen Tabellen wurden nicht – wie wir das bereits kennengelernt haben – mit *ItCreate* erzeugt, aus diesem Grund besorgen wir uns mit Hilfe von *RfcGetTableHandle* die entsprechenden Tabellen-Handles.

```
Public Function IDOC_INBOUND_ASYNCHRONOUS( _
    ByVal hRFC As Long) As Long

Dim hSpace As Long
Dim ret As Long


hSpace = RfcAllocParamSpace(0, 0, 2)
If hSpace = 0 Then
    IDOC_INBOUND_ASYNCHRONOUS = 1: Exit Function
End If

Dim str_EDI_DC40 As EDI_DC40    ' Kontrollsatz
Dim str_EDI_DD40 As EDI_DD40    ' Datensatz

Dim hIT1 As Long
Dim hIT2 As Long

Dim x As Long

Dim iLine As Long
```

7.2 Server-Anwendungen

```
ret = RfcAddTable(hSpace, 0, "IDOC_CONTROL_REC_40",_
    Len("IDOC_CONTROL_REC_40"), 0, _
    Len(str_EDI_DC40), hIT1)

ret = RfcAddTable(hSpace, 1, "IDOC_DATA_REC_40",_
    Len("IDOC_DATA_REC_40"), 0, _
    Len(str_EDI_DD40), hIT2)

ret = RfcGetDataExt(hRFC, hSpace)
If ret <> RFC_OK Then GoTo Fehler

hIT1 = RfcGetTableHandle(hSpace, 0)
hIT2 = RfcGetTableHandle(hSpace, 1)
```

Der Rest ist Routine. Über die Standard-Schleife werden Kontroll- und Datensatz ausgelesen und dann bei Bedarf zerlegt oder je nach Anforderung weiterverarbeitet.

Kontrollsatz auslesen

```
For x = 1 To ItFill(hIT1)
    iLine = ItGetLine(hIT1, x)
    If iLine > 0 Then
        CopyMemoryRead str_EDI_DC40, iLine, _
            Len(str_EDI_DC40)
        Debug.Print "IdocNr: " & str_EDI_DC40.DOCNUM
    End If
Next x
```

Datenblöcke auslesen

```
For x = 1 To ItFill(hIT2)
    iLine = ItGetLine(hIT2, x)
    If iLine > 0 Then
        CopyMemoryRead str_EDI_DD40, iLine, _
            Len(str_EDI_DD40)
        Debug.Print "Segment: " & str_EDI_DD40.SEGNAM
        Debug.Print "SegmentNt: " & _
            str_EDI_DD40.SEGNUM
        Debug.Print "Daten: " & str_EDI_DD40.SDATA
        LogToFile str_EDI_DD40.SDATA
    End If
Next x
```

7 Die librfc32.dll

Server-Antwort senden

```
ret = RfcSendDataExt(hRFC, hSpace)

ret = RfcFreeParamSpace(hSpace)

IDOC_INBOUND_ASYNCHRONOUS = RFC_OK

Exit Function
```

Im Fehlerfall eine entsprechende Exception an das aufrufende System zurückgeben.

```
Fehler:

IDOC_INBOUND_ASYNCHRONOUS = RFC_FAILURE

ret = RfcRaise(hRFC, "ALLGEMEINER_FEHLER")

Out.Out "Fehler"

End Function
```

A Anhang

A.1 RFC-Destinationen pflegen

RFC-Destinationen sind logische Ziele innerhalb eines SAP-Systems, in denen Funktionsbausteine aus ABAP heraus aufgerufen werden können.

Um der ABAP-Laufzeitumgebung zu vermitteln, dass ein Funktionsbaustein nicht im eigenen, sondern in einem fremden System aufgerufen werden soll, verwenden wir das Schlüsselwort DESTINATION und spezifizieren so das Zielsystem.

```
CALL FUNCTION <func> DESTINATION <dest>.
```

Die Verwaltung von RFC-Destination erfolgt über die Transaktion SM59 (*Werkzeuge -> Administration -> Netzwerk -> RFC-Destinationen*).

Der Name der Destination kann beliebig sein, unter ihm wird später das externe Subsystem (z.B. beim Funtionsbaustein-Aufruf) eindeutig identifiziert. Es gibt RFC-Destinationen auch in Form externer SAP-Systeme, aber in unserem Fall wählen Sie T als Verbindungstyp, da es sich um ein nicht-SAP-System handelt, das sich von außen Anmelden wird.

Auf dem zweiten Bild (bestätigen mit *Enter*) muss *Registrierung* als Aktivierungsart angeklickt werden, was soviel bedeutet, dass sich der Server von sich aus registriert und nicht bei Bedarf vom Quell-SAP-System angestartet wird (Abb. A.2). Für letzteres ist ein entsprechender Gateway-Service nötig. Mit der angegebenen Programm-ID wird sich der RFC-Server später registrieren und so seinen Dienst anbieten (wie es sich für einen Server gehört).

A Anhang

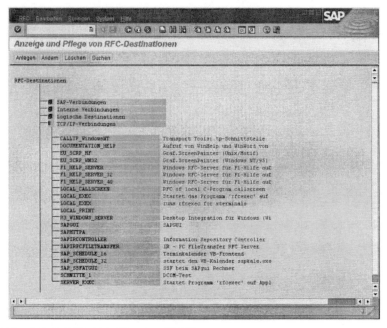

Abb. A.1 © SAP AG: Einstieg SM59

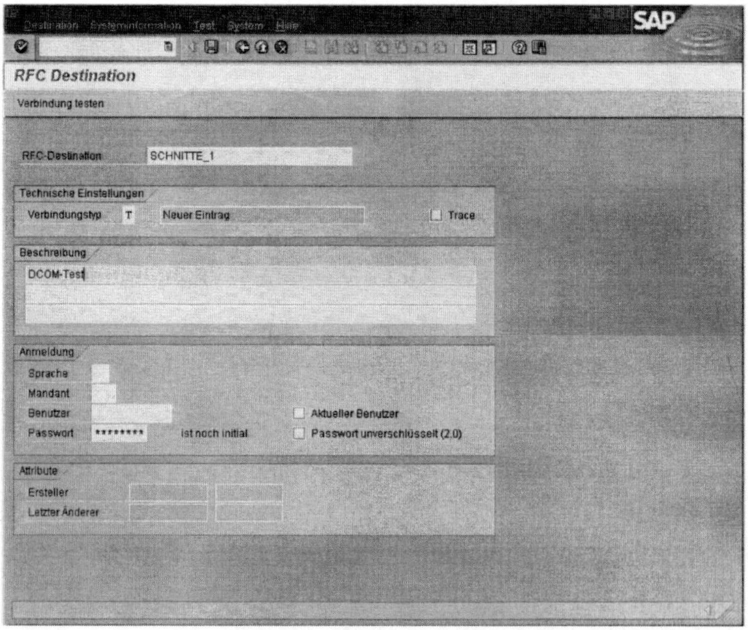

Abb. A.2 © SAP AG: Destination definieren

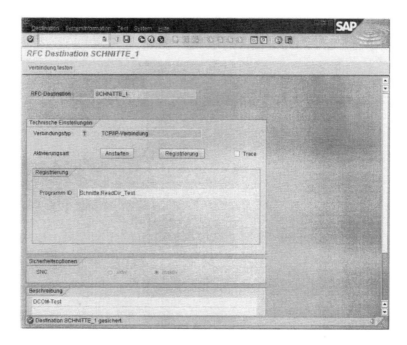

Abb. A.3 © SAP AG: Programm ID setzen

Die Destination ist jetzt vollständig definiert und kann gesichert werden.

Über die Menü-Leiste stehen noch einige andere, administrative Funktionen zur Verfügung. So zum Beispiel ein Testmodus, um zu prüfen, ob die Destination im Moment erreichbar ist, und eine Funktionsliste, die die verfügbaren Funktionsbausteine der Destination ermittelt.

A.2 tRFC-Monitor

Über die Transaktion SM58 (*Werkzeuge -> Administration -> Verwaltung -> Monitor -> Transaktionaler RFC*) steigen wir in den tRFC-Monitor ein. Dort kann gemäß verschiedener Selektionskriterien die tRFC-Schicht abgefragt werden.

A Anhang

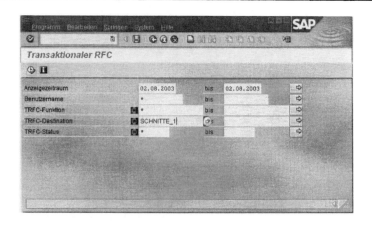

Abb. A.4 © SAP AG: Einstieg in den tRFC-Monitor

In der Ergebnis-Ausgabe sehen wir nun alle Funktionsaufrufe, die in der tRFC-Schicht hängen. So wie hier im Beispiel ein Funktionsaufruf zum Senden eines Idocs mit IDOC_INBOUND_ASYNCHRONOUS. Das Zielsystem ist nicht erreichbar bzw. nicht registriert, aus diesem Grund läuft der Aufruf auf einen Fehler.

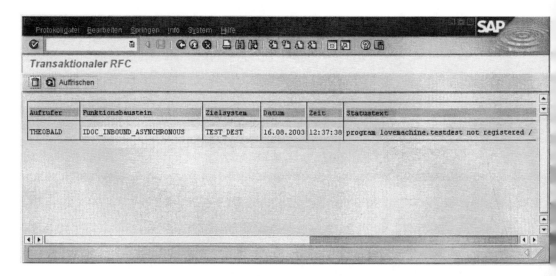

Abb. A.5 © SAP AG: Fehlerhafter Funktionsaufruf in der tRFC-Schicht

A.3 qRFC-Monitor

Der Überwachungsmonitor für eingehende queued-RFC-Aufrufe startet sich über den Transaktionscode SMQ2. Über einen Doppelklick können die einzelnen LUWs der jeweiligen Queue angezeigt werden. Das Aktivieren der Queue arbeitet alle Aufrufe in der entsprechenden Reihenfolge ab. Über das Menü besteht die Möglichkeit, eine Trace-Datei und eine Log-Datei anzufertigen (Abb. A.6). Abb. A.7 zeigt einen Fehler in der LUW-Abarbeitung. Der verursachende Baustein sowie der Grund für den Fehler werden angegeben. Neben der Queue kann zur Fehler-Findung auch die SM13, der Verbuchungsmonitor, zu Rate gezogen werden. Oftmals verstecken sich knifflige Fehler auch dort.

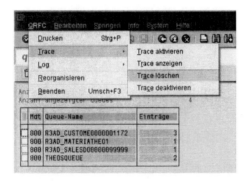

Abb. A.6 © SAP AG: Trace-Steuerung in der SMQ2

```
Auswertung von qRFC-Log
================================================================
QTYPE  : INBOUND                           DATE :03.10.2003  TIME :01:01:23
CLIENT : 800       USER: THEOBALD         QDATE:04.09.2003  QTIME:13:59:53
TID    : C0A8017B04DC3F5729400015B        ORGTID: C0A8017B04D03F5729390035
QSTATE : SYSFAIL   BJOB: N   QEVENT: N    DEST: DTZ_800
EMESS  : Der Funktionsbaustein "BAPI_CRM_SAVE" ist nicht vorhanden
         00000001 / R3AD_CUSTOME0000001172   / BAPI_CRM_SAVE
================================================================
```

Abb. A.7 © SAP AG: Fehler in der LUW-Abarbeitung

A.4 IDOC-Tabellen

A.4.1 Kontrollstruktur EDI_DC40

Name	Offset	Länge	Erklärung
TABNAM	1	10	Name der Tabellenstruktur
MANDT	11	3	Mandant
DOCNUM	14	16	Nummer des IDocs
DOCREL	30	4	SAP-Release des IDocs
STATUS	34	2	Status des IDocs
DIRECT	36	1	Richtung
OUTMOD	37	1	Ausgabemodus
EXPRSS	38	1	Übersteuerung im Eingang
TEST	39	1	Testkennzeichen
IDOCTYP	40	30	Name des Basistyps
CIMTYP	70	30	Erweiterung
MESTYP	100	30	Nachrichtentyp
MESCOD	130	3	Nachrichtenvariante
MESFCT	133	3	Nachrichtenfunktion
STD	136	1	EDI-Standard, Kennzeichen
STDVRS	137	6	EDI-Standard, Version und Release
STDMES	143	6	EDI-Nachrichtentyp
SNDPOR	149	10	Absenderport (SAP-System bzw. externes Subsystem je nach Richtung)
SNDPRT	159	2	Partnerart des Absenders
SNDPFC	161	2	Partnerrolle des Absenders
SNDPRN	163	10	Partnernummer des Absenders

A.4 IDOC-Tabellen

SNDSAD	173	21	Absenderadresse (SADR)
SNDLAD	194	70	Logische Adresse des Absenders
RCVPOR	264	10	Empfängerport
RCVPRT	274	2	Partnerart des Empfängers
RCVPFC	276	2	Partnerrolle des Empfängers
RCVPRN	278	10	Partnernummer des Empfängers
RCVSAD	288	21	Empfängeradresse (SADR)
RCVLAD	309	70	Logische Adresse des Empfängers
CREDAT	379	8	Erstellungsdatum
CRETIM	387	6	Erstellungsuhrzeit
REFINT	393	14	Übertragungsdatei (EDI Interchange)
Gesamtlänge: 406 Bytes + 2 Bytes (char(13) + char(10) für den Zeilenumbruch) = 108 Bytes			

A.4.2 Datenstruktur EDI_DD40

Name	Offset	Länge	Erklärung
SEGNAM	1	30	Segment (externer Name)
MANDT	31	3	Mandant
DOCNUM	34	16	Nummer des IDocs
SEGNUM	50	6	Segmentnummer
PSGNUM	56	6	Nummer des übergeordneten Segments
HLEVEL	62	2	Hierarchieebene des SAP-Segments
SDATA	64	1000	Anwendungsdaten
Gesamtlänge: 1063 Bytes + 2 Bytes (char(13) + char(10) für den Zeilenumbruch) = 1065 Bytes			

A Anhang

A.4.3 **Satzbeschreibung zu dem EDI_DD40-Anwendungsdatenblock**

Die äußere Beschaffenheit eines Idocs ist immer gleich und durch die beiden Tabellen der vergangenen beiden Seiten definiert. Der variable Teil, also die Struktur des Anwendungsblocks variiert natürlich je nach Idoc-Typ. Die entsprechende Dokumentation lässt sich mit Hilfe der Transaktion WE60 abrufen. Im Einstiegsbild ist der Basis-Typ des Idocs anzugeben.

Wir haben im Kapitel zum .NET.Connector in der Diskussion zur Klasse *SAPIdocSender* ein Idoc des Basis-Typs SYSTAT01 versendet. Abb. A.8 zeigt die Dokumentation zum Segment E1STATS, welches im Beispielprogramm gefüllt wurde.

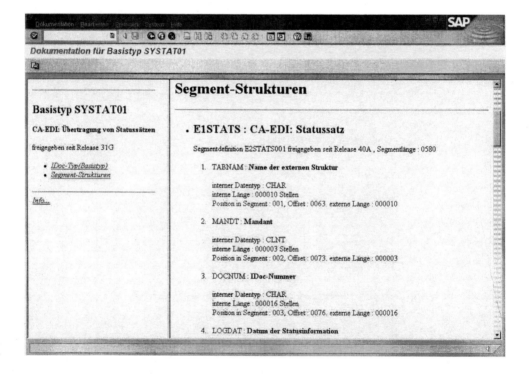

Abb. A.8 © SAP AG

A 5 SAP-Hinweise

SAP bietet den Systemverantwortlichen seiner Kunden eine umfangreiche Datenbank an, in der Fehler oder oft gestellte Fragen zu allen SAP-Produkten beschrieben werden. Erreichbar ist dieses Hinweis-System im Web unter service.sap.com. Zur Anmeldung müssen Sie SAP-Kunde sein und Ihre Installationsnummer parat haben.

Zum Thema RFC alleine gibt es mittlerweile Hunderte von Hinweisen, die sich teilweise auch ständig ändern. Im Folgenden sind einige aufgelistet, die nicht nur spezielle Probleme lösen, sondern in allgemeiner Art auf bestimmte Teilbereiche eingehen. Die Hinweisnummer ist jeweils mit angegeben. In jedem Fall lohnt es sich, bei Problemen das Suchsystem mit Schlagwörtern wie RFC, DCOM-Connector, NET-Connector oder ähnlichem zu füttern und selbst zu recherchieren.

- 182805
  Abhängigkeiten der *librfc32.dll* zu anderen Dlls, die auf dem System in der entsprechenden Version vorhanden sein müssen.

- 27517
  allgemeine Informationen zur Installation des RFC-SDK

- 413708
  ständig aktualisierter Hinweis, welche Versionen der RFC-Bibliotheken im Moment aktuell sind, und unter welcher URL sie heruntergeladen werden können.

- 336693
  Übersicht, welche Schritte zu beachten sind, wenn die RFC-Bibliotheken gegen eine neuere Version ersetzt werden.

- 506603
  bekannte Probleme beim .NET-Connector und deren Lösung

- 575254
  bekannte Probleme in der Konstellation Visual Basic als Quellanwendung in Verbindung mit einem Unicode-SAP-System.

- 65325
  Informationen zum Tracing allgemein und den Umgebungsvariablen.

A.6 Senden von Test-Idocs

Das Thema Idocs und deren Administration würde allein ein ganzes Buch füllen. Aus diesem Grund sind nachfolgend nur stichpunktartig alle Schritte aufgeführt, um ein IDOC zu erzeugen, um es an die Beispiel-Server dieses Buches schicken zu können. Mit Hilfe dieses Kochrezeptes und der R/3-Dokumentation zu den angegebenen Transaktionen, sollte es möglich sein, eine entsprechende Testumgebung einzurichten.

- Eine RFC-Destination muss als Typ T eingerichtet sein (Transaktion SM59, vgl. Anhang A.1)
- Es muss ein Port der Form *Transaktionaler RFC* angelegt werden, auf den das Idoc geschickt werden kann. Der Port wird mit der gewünschten RFC-Destination verknüpft (Transaktion WE21, Abb. A.9).
- Es muss ein logisches Zielsystem eingerichtet sein. (Customizing bzw. Transaktion SPRO: *Referenz IMG -> Anwendungsübergreifend -> Verteilung -> Grundeinstellungen -> logische Systeme*)
- Das zu sendende IDOC muss in den Ausgangsparametern der Partnervereinbarungen zum logischen System hinterlegt sein. (Transaktion WE20, Abb. A.10)

Jetzt kann in der IDOC-Testumgebung (Transaktion WE19) ein IDOC erzeugt werden, das in der hinterlegten Destination den Baustein IDOC_INBOUND_ASYNCHRONOUS aufruft und die eigentlichen Daten übergibt.

Stressfrei lässt sich das Einrichten bewerkstelligen, wenn ein IDES-System vorhanden ist. Nehmen Sie am besten das logische System SALES und ergänzen Sie es um den Eingangsparameter STATUS für das Beispielszenario im Kapitel 6.

A.7 Web-Ressourcen

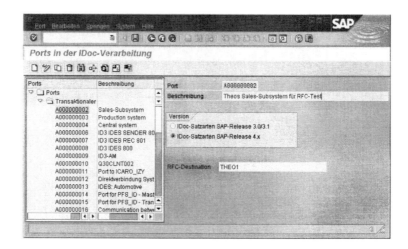

Abb. A.9 © SAP AG: Portdefinition

Abb. A.10 © SAP AG: Partnervereinbarungen

A.7 Web-Ressourcen

- **www.patrick-theobald.de**
  Weiterführende Infos zu diesem Buch, sowie Download-Möglichkeit für die Beispieldateien. Außerdem gibt es eine ausführliche und stets aktuelle Link-Liste sowie eine Seite mit veröffentlichten Leser-Fragen.

- **Ifr.sap.com**
  Vollständige Dokumentationen zu allen BAPIs und Idoc-Typen, gruppiert nach Release und Anwendungsgebiet.

- **help.sap.com**
  vollständige Online-Dokumentation zu R/3-Systemen aller gängigen Releases, hierzu gehören auch die Dokumentationen der RFC-Werkzeuge.

- **sdn.sap.com**
  Das SAP Developer Network ist eine Plattform für Entwickler. Man braucht kein SAP-Kunde zu sein, um sich zu registrieren.

- **service.sap.com**
  SAPNet (ehemals OSS). Hier werden neben den SAP-Hinweisen auch viele gängige Downloads angeboten. Beispielsweise der .NET- oder der DCOM-Connector. Für den inneren Bereich des Marketplace ist eine R/3-Installationsnummer nötig, da er ausschließlich SAP-Kunden vorbehalten ist.

- **www.dotnetpro.de**
  Homepage der gleichnamigen .NET-Zeitschrift mit vielen freien Artikeln und Zugriff auf das komplette Artikelarchiv als registrierter Abonnent.

- **www.microsoft-sap.com**
  Eine von beiden Firmen betreute Gemeinschafts-Site für Themen, die Microsoft und SAP betreffen.

- **www.vieweg-it.de**
  Web-Site des Verlages dieses Buchs.

A.8 Liste gängiger Transaktionen

Die nachfolgende Liste gängiger Transaktionscodes erhebt mit Sicherheit keinen Anspruch auf Vollständigkeit. In einem Standard-SAP-System gibt es Tausende von Transaktionen.

RFC-verwandte Transaktionen / Administration	
ST05	Tracing
SM59	RFC-Destinationen pflegen
SM58	tRFC-Monitor
SMQ2	qRFC-Eingangsqueue
SMQ3	qRFC-Ausgangsqueue
SPRO	Customizing
SM13	Überwachungsmonitor zu abgebrochenen Verbuchungen
ABAP-Entwicklung	
SE80	ABAP-Workbench
SE37	Function Builder
SWO1	Business-Object Builder
SE38	ABAP-Reports / Programme starten und ändern
SE11	Data Dictionary
SE16	Data Browser
Idocs	
WE02	Idoc-Liste
WE19	Testumgebung für Idocs

WE21	Port-Verwaltung
WE20	Partnervereinbarungen
WE60	Idoc-Dokumentation
Betriebswirtschaftliche Transaktionen, die für die in diesem Buch gezeigten Beispiele relevant sind	
MMBE	Bestandsanzeige
VA01 / 02 / 03	Kundenauftrag anlegen / ändern / ansehen
ME21 / 22 / 23	Lieferantenbestellung anlegen / anzeigen / ansehen
SU01	Benutzerverwaltung
MB01	Wareneingang buchen
MI10	Inventurdifferenz buchen
MM01 / 02 / 03	Material anlegen / ändern / ansehen
XD01 / 02 / 03	Debitor anlegen / ändern / ansehen

A.9 Datentypen

ABAP	Visual Basic	Bemerkung
C	String	
I	Long bzw. Int32	4-Byte-Integer
F	Double	
D	String(8)	Datum der Form JJJJMMTT
T	String(6)	Uhrzeit der Form SSMMss (S=Stunde, s=Sekunde)
P	Double	Hierunter fallen alle Dezimal-ähnlichen Datentypen wie *Packed*, *Currency* und *Qantity*
N	String	Dieser ABAP-Datentyp heißt zwar *Numeric*, wird aber intern auch als String behandelt. Er darf nur Ziffern enthalten. (Beispiel: Postleitzahl, Kundennummer usw.)
X	Byte()	Binärdaten o.ä.
String/ XString	String	

A.10 Frequently Asked Questions

Nachfolgende Fragen werden recht häufig im Zusammenhang mit RFC und Visual Basic gestellt. Eine stets aktuelle Liste finden Sie im Web unter www.patrick-theobald.de.

In der SE37 gibt es die Möglichkeit, zu einem Funktionsbaustein ein fertiges VB-Programm generieren zu lassen, das man dann nur noch an seine Bedürfnisse anpassen muss. Das Buch geht auf diese Möglichkeit nicht ein.

Der RFC-Generator in der SE37 erzeugt lediglich einen Code, der für VB 3.0 geeignet ist und ausschließlich auf die 16-Bit-Version der RFC-Dlls greift. Heutzutage benutzt kein Mensch mehr VB 3.0, und das Umschreiben des so erzeugten Codes ist wesentlich aufwändiger, als den gesamten Code von Hand neu zu schreiben.

Ab Release 4.7 ist dieser RFC-Generator im Übrigen überhaupt nicht mehr vorhanden. Genau aus dem oben genannten Grund.

Wo kann ich den .net-Connector runterladen?

http://service.sap.com/connectors

Dort finden Sie auch noch weitere Downloads verschiedenster SAP-Tools.

Gibts auch SAP R/3 Kommunikation mit RFC und Delphi?

Nein, das ist derzeit nicht geplant, aber Sie können zum Thema Delphi und SAP auf die Seite http://www.bapi.is-here.de zurückgreifen.

Wo ist dokumentiert, welche Tabellen die SAP-Module FI, CO und SD besitzen, welche Strukturen diese haben und evtl. was jeweils dahinter steckt?

Nirgendwo, denn das ist genau der Stein der Weisen, den es zu finden gilt. Ein durchschnittliches SAP-System besitzt etwa 70000 Tabellen. Die alle zu dokumentieren, würde eine mittlere Bibliothek füllen. Ich gehe davon aus, dass die Leute von SAP selbst das nicht immer so genau wissen.

Man muss es ausprobieren. Am besten nach folgendem Schema:

1.) Gibt es ein Business Objekt dafür und brauche ich überhaupt Wissen über die jeweilige Tabelle? Das ist natürlich der eleganteste Weg.

2.) Man muss sich die Transaktionen selbst anschauen. Wenn man auf F1 drückt und dann auf *technische Info*, gibt das eventuell Aufschluss über die dahinterliegende Tabelle.

3.) Direkt im Data Dictionary suchen (SE11). Eventuell mit * über den Beschreibungstext der Tabellen suchen.

4.) Transaktion SE49. Dort kann man den Namen einer Transaktion oder eines Programms eintragen, und dann ermittelt das Programm, welche Tabellen im Hintergrund gelesen und geschrieben werden. Diese Möglichkeit ist allerdings mit Vorsicht zu geniesen. Die Transaktion liefert nicht immer richtige Ergebnisse. In manchen Release-Ständen ist sie auch gar nicht mehr vorhanden.

5.) mit ST05 eine Trace anschalten. Danach eine Aktion durchführen (z.B. einen Auftrag erfassen), und dann die Trace anschauen. Dort kann man auch oft Aufschluss über die benutzten Tabellen bekommen und ob sie schreibend oder lesend geöffnet werden.

Warum bekomme ich beim Aufruf von RFC_READ_TABLE auf die Tabelle VBAP die Exception SYSTEM_FAILURE?

Das hat vermutlich etwas mit einzelnen Spalten in der Tabelle zu tun. Wenn Sie versuchen, Werte vom Typ f (float) abzurufen, versagt der Baustein. Das Problem lässt sich leider auch nicht anders lösen, als sich die geforderten Daten auf einem anderen Weg zu besorgen. Falls es ein BAPI dazu gibt, nehmen Sie das. Ansonsten sollten Sie in Erwägung ziehen, selbst einen Baustein zu schreiben, der die Daten beschaffen kann und das Problem mit dem float umgeht.

Ist es eigentlich erforderlich, vor dem Programmablauf, einen Verweis über das Menü Extras -> Verweise auf das SAP: Remote Function Call: COM support 1.0 type library oder eine andere ActiveX-DLL vorzunehmen?

Nein, das ist nicht zwingend nötig.

Im Buch werden diese Verweise über ein Late-Binding realisiert (mit *CreateObject*). In solch einem Fall ist kein Verweis nötig, allerdings muss dann auf das VB-eigene Intellisense verzichtet werden, weil die Objekte nur als "Object" deklariert werden.

Ein fester Verweis hat im übrigen auch den Nachteil, dass das Programm bei einem Versionswechsel der RFC-Dlls u.U. nicht mehr richtig funktioniert.

Fazit: Late Binding, also keinen Verweis eintragen, hat sich in der Praxis bewährt.

Wo bekomme ich das im Buch erwähnte MiniSAP her?

Sie erreichen den Knowledge-Shop über den Link

http://www.sap.com/company/shop/

Das im Buch (1. Auflage) angesprochene MiniSAP (Release 4.6) hat SAP aus dem Shop herausgenommen. Der Nachfolger heißt MiniWAS und entspricht dem R/3-System Release 4.7.

Im Knowledge-Shop werden 3 Versionen angeboten. Die richtige ist die 6.2 mit der Artikelnummer 50064143 (am besten über das Suchfeld suchen).

Die neuesten Infos zu diesem Thema finden Sie unter www.patrick-theobald.de.

Im Buch steht, dass das librfc32 ca. 100 Funktionen beinhaltet, wo finde ich die Beschreibung dieser Funktionen?

Im Installationsverzeichnis des SAPGui sollte es einen Unterordner *rfcsdk* geben, dort gibt es einen weiteren Unterordner *Text*. Er enthält ein Windows-Hilfe-File namens saprfc.hlp.

Nach dem Starten klicken Sie dort auf *Functions* und bekommen eine alphabetische Auflistung aller Funktionen, die die RFC-Bibliothek bietet. Allerdings nur im C-Syntax ...

Alle Funktionen, die wirklich nötig sind, werden allerdings bereits im Buch ausführlich diskutiert.

Schlagwortverzeichnis

/

/bda 90
/bde 90
/bend 90
/h 38

A

ABAP-Code 29
ABAP-Interpreter 167
ABAP-Module 36
ABAP-Workbench 37
Ablauflogik 34
ActivateQueue 139
ActiveX-Dll 132, 145
ADO-Recordsets 40
AdviseRfcGuiSink 140
Anmeldung 18
Applikationen-Server 17
Architektur 17
Asynchrone Methoden 192
asynchronous methods 169
Ausnahmen 28

B

BAPI_GOODSMVT_CREATE 204
BAPI_PO_CREATE 203
BAPI-Objekte 135
BAPI-OCX 103
Batch Input 40, 77
BDC_SUBSCR 82
BDC-Tabelle 81
Beautiful Names 169
BEGIN_COM_SESSION 151

Beispiele 16
Bestandsanzeige 206
Bestellung 205
Byte 230

C

C++-Projektdatei 132
Catalog 130
CCCatalog 160
CCMonitor 159
CCRegistry 156
char 230
Checkbox 88
CLSIDs 162
ColumnCount 53
COM4ABAP 144
CommitWork 138, 206
Confirm 138
Connection-Klasse 182, 183
Connection-Monitor 130
Connection-Ojekt 41
CreateObject 41, 136

D

Datenfreigabe 34
Datentypen 311
DCOM-Connector 40, 127
DCOM-Connector Admin 154
DeactivateQueue 139
Debugger 38
DebuggerHidden(). 195
dedicated Server 129
Destination 179, 181
Destination-Objekt 171
Destinations 129
Dialog-Programmierung 33

DimAs 136
Dump Tables 128

E

E/A-Feld 34
Early-Binding 41
EDI_DC40 293, 302
EDI_DD40 294, 303
END_COM_SESSION 153
Exception-Eigenschaft 49
Exception-Klassen 227

F

for-each-Konstrukt 52
Function-Control 41

G

GetDetail 137
GetNewTID 138
GMCode 205
GUI-Fenster 20
GUI-Status 36
GUI-Titel 38

H

HTML-basierte Administration 128

I

IDES-System 206
Idocs 229
IdocServ_BeginReceive 233
IdocServ_EndReceive 233
IDOC-Server 291
IIS 128
Installation 127

ItAppLine 251
ItCpyLine 252
ItCreate 250
ItDelete 250
ItDelLine 252
ItFill 253
ItFree 252
ItGetLine 251
ItInsLine 251
ItLeng 253
ItPutLine 253

K

Klassennamen 131
KNA1 31
Kontrollsatz 233, 237
Kurzdump 229

L

Late Binding 41
Listen / Dispatch – Schleife 291
Listen-Schleife 274
Logoff 262
Logon-Pad 18
Logon-Screen 18
LUW 144, 206

M

Management Console 128
Mandanten 18
MDAC 128
Message-Server 18
Microsoft-Transaction-Server 128
MMBE 206
Modulpools 34
Monitor 130
MTS-Role 129

N

Namensraum 131
NET-Connector 165
New 171
NO_RECORD_FOUND 228

O

Object Builder 131
Objekthierarchie 41
On-Error-Konstrukte 172

P

PAI 33
PBO 33
Platon 103
Präsentationsschicht 17
PrintObject 215
Programm-Thread 193
Proxy-Objekte 127

Q

qRFC 138, 190
qRFC-Monitor 301

R

Radio-Button 88
Read 230
Remote Debugging 140
Remote Function Call 15
Reporting 30
Resource- 128
RFC_ABAP_ 167
RFC_CALL_TRANSACTION 83
RFC_CALL_TRANSACTION_USING 89
RFC_FUNCTION_DOCU_GET 56

RFC_GET_STRUCTURE_DEFINITION 209
RFC_PING 55
RFC_READ_TABLE 131, 262
RfcAbapException 228
RfcAcceptExt 276
RfcAddExportParam 245
RfcAddTable 246
RfcAllocParamSpace 244
RfcCallReceiveExt 254
RfcClose 262
RfcCommunicationException 228
RfcDefineImportParam 255
RFC-Destinationen 297
RfcDispatch 291
RfcField 195
RfcFreeParamSpace 245
RfcGetDataExt 278
RfcGetImportParam 256
RfcGetName 277
RfcGetTableHandle 279
RfcInstallFunction 288
RfcInstallTransactionControl 289
RfcListen 277
RfcLogonException 228
RfcOpenEx 242
RfcQueueItem 190
RfcRaise 280
RFC-SDK 39
RfcSendDataExt 279
RFC-Server 214
RfcStructure 195
RfcSystemException 229
RfcTID 190
RFCUseDialog 90
RfcWaitForRequest 277
RollackWork 206

S

SAPClient 208
SAPClient-Proxy-Klassen 184
SAPConDir 162
SAP-Hinweise 305
SAPIdocReciever 229, 232

SAPIdocSender 229, 237
saplogon.ini 179
SAPLogonDestination 179, 181
saprfc.ini 44
SAPServer 223
SAPServer als Basis 214
SAPServerHost 223
SAPServerHosts 225
SAPStructure 194
SAPTable 194
Selection Screen 30
select-options 32
SELECT-Statement 32
Server-Anwendungen 273
Setting 128
SMQ2 191
Split 135, 233
START-OF-SELECTION 32
Status 237
Status-Idoc 239
Streams 229
StreamWriter 235
SubmitIdoc 239
System.AsyncCallback 193
System.Attribute 195
System.IO.Stream 229

T

T005T 134
TAB512 194, 214
Table-Control 87
Table-Objekt 53
Test-Idocs 306
TheosStreamTools 229

TID 237
ToString 233
Tracing 128
transaktionaler IDOC-Empfang 286
Transaktionrekorder 80
Transaktionsliste 309
Transaktionsmanagement 289
tRFC 138
tRFC-Monitor 299
try / catch 172
Type-Mapping 147

U

USR01 60

V

VBA-Applikationen 41
Versand 237
Visual Studio 165

W

Wareneingang 205
wdtaocx.ocx 41
wdtfuncs.ocx 41
wdtlog.ocx 41
Web-Ressourcen 308
Windows-Registry 155
WRITE 33